Erinnerungsarbeit

Erinnerungsarbeit

Geschichte und demokratische Identität in Deutschland

Herausgegeben
von
Wolfgang Ruppert

Leske Verlag + Budrich GmbH, Opladen 1982

CIP-Kurztitelaufnahme der Deutschen Bibliothek

Erinnerungsarbeit: Geschichte u. demokrat.
Identität in Deutschland / hrsg. von Wolfgang
Ruppert. – Opladen : Leske und Budrich, 1982.
ISBN 3-8100-0380-8

NE: Ruppert, Wolfgang (Hrsg.)

Gesamtherstellung: Hain-Druck GmbH, Meisenheim
Printed in Germany

Vorwort

Eine neue Suche nach Erinnerung hat eingesetzt. Dieses Buch will zu forschenden Erkundungen anregen, insbesondere zu Näherungen an die „anderen Traditionen" in der deutschen Geschichte. Es fordert zur Auseinandersetzung mit den langfristigen gesellschaftlichen und politischen Entwicklungstendenzen auf, aus denen unsere eigene Gegenwart entstanden ist, und das heißt immer auch mit unseren eigenen subjektiven Erfahrungen, unseren Lebensgeschichten. Es gilt das erstarkende Interesse an der Geschichte zur Festigung demokratischer Identität zu nutzen. Die Geschichte des „kleinen Mannes" ist in unser Sichtfeld getreten, unsere eigene Geschichte hat an Bedeutung gewonnen. Aber das öffentliche Interesse hat sich auch generell zu einer neuen vergleichenden Gesellschafts- und Kulturgeschichte hin verschoben.

Dieses Buch versammelt Ortsbestimmungen, Modelle, und es will Perspektiven entwerfen. Perspektiven für die Weiterentwicklung historischen Bewußtseins als einer kulturellen Fähigkeit den eigenen Standort und die eigene Identität im Prozeß des sich beschleunigenden sozialen Wandels bestimmen zu können: Die Aufarbeitung und Wiedergewinnung „vergessener" Kultur für die demokratischen Traditionen ist eine Aufgabe, die noch weitgehend vor uns liegt.

Einige Beiträge sind bewußt in der Form ihrer Entstehung belassen worden, in der Rede und der Auseinandersetzung vor einem Publikum. Sie wurden als Forumsbeiträge zum „Nürnberger Gespräch '79" formuliert, das ich unter dem Titel „Geschichte und demokratische Identität" zusammen mit Karl Heinz Stahl im Auftrage des Schul- und Kulturreferates der Stadt Nürnberg konzipiert und betreut habe. Es soll in diesem Werkstattcharakter deutlich bleiben, daß wir zu eigener Anstrengung gefordert sind, daß die Suche nach demokratischen Traditionen kein „fertiges" kulturelles Erbe hervorbringen kann.

Vielleicht wird der Leser vielmehr angeregt, sich mit seiner eigenen Geschichte, der seiner Familie, seiner Umgebung, in der er lebt, wohnt und arbeitet, der gesellschaftlichen Schicht und Kultur, aus der er stammt, auseinanderzusetzen.

München, Januar 1982 Wolfgang Ruppert

Inhalt

Erinnerungsarbeit in Deutschland

Wolfgang Ruppert

Die Suche nach der Erinnerung hat eingesetzt. Verschiedene geschichtliche Felder stehen scheinbar unverbunden nebeneinander: Wir erinnern uns gern an die Schulzeit, aus entsprechender Distanz an die untergegangene Staatskultur der Preußen, an den höfischen Absolutismus à la Max Emanuel und die Wittelsbacher, an die zwanziger oder fünfziger Jahre, erst in jüngster Zeit auch an die Arbeiterbewegung und die Arbeiterkultur. Auschwitz und Dresden aber sind schmerzbesetzt, noch weitgehend der Verdrängung unterworfen, erst ansatzweise der Trauerarbeit zugänglich. Wie nahe diese Erinnerungen sind, begreifen wir, wenn in den Gesichtern der Überlebenden die traumatische Unaussprechlichkeit des Erlittenen wiederkehrt.

Es gibt einigen Anlaß sich zu wundern: Je perspektiveloser die gesellschaftliche Entwicklung der Industrienationen in der zweiten Hälfte der siebziger und achtziger Jahre scheint, je mehr die vom Durchbruch der Mikroprozessoren bestimmte dritte Industrialisierungsphase sich als verstärkte Rationalisierung der Arbeitsstrukturen und beschleunigter sozialer Wandel erweist, desto mehr ist die kulturelle Bedeutung der Geschichte im Verhältnis zur Reformphase um 1970 wieder gewachsen. Was bedeutet dies? Hat Geschichte etwa eine kompensatorische Funktion übernommen, die gerade von der gesellschaftlichen Wirklichkeit der achtziger Jahre, der neuen Existenzangst und individuell erfahrenen strukturellen Krise ablenkt? Während man in den fünfziger und sechziger Jahren die mit dem Nationalsozialismus belastete Vergangenheit zugunsten der einseitigen Betonung des industriellen Massenkonsums als Legitimation für die Gesellschaft der Bundesrepublik zu verdängen suchte, dient Geschichte heute gewiß auch vielfach der Flucht, jedenfalls wenn sie zum Medium der Vorstellung einer heilen Welt wird. Die in den siebziger Jahren entstandene Mode der Nostalgie bedeutet Verklärung der Erinnerung. Doch zugleich spüren wir darin auch ein starkes Orientierungsbedürfnis. Orientierung in unserer eigenen gegenwärtigen Realität durch die Beschäftigung mit früheren Lebensformen? Wie muß diese Erinnerungsarbeit aussehen, die aufklären aber auch identitätssichernde Funktionen in unserer Kultur der Gegenwart einnehmen kann?

Bezeichnenderweise wurde die Geschichtswissenschaft in ihren traditionellen Darstellungsformen vom Boom der historischen Literatur kaum berührt. Die Auflagenzahlen der meisten Fachhistoriker sind nicht nennenswert gestiegen. Letzlich ist dies ein entscheidender Indikator für kulturellen Einfluß, der über die Fachöffentlichkeit hinausgeht, den stattdessen journalisitisch arbeitende Autoren auf die Geschichtsbilder der breiten Bevölkerung ausüben. Daß dies nicht so sein muß, sehen wir an der größeren Wirksamkeit französischer und englischer Historiker, aber auch an den Werken Theodor Mommsens, der stilistisches Darstellungsvermögen mit differenzierter Quellentreue zu verbinden wußte und um 1900 für breite bürgerliche Schichten lesbar war.

Für die politische Kultur der Gegenwart scheint es mir von großer Bedeutung zu sein, daß mit den sich verändernden Fragestellungen, durch den Einbezug von Gesellschafts- und Kulturgeschichte,[1] sich zugleich auch neue Formen der Erarbeitung und Präsentation geschichtlicher Prozesse entwickeln. Denn mit Strukturdarstellungen der langfristigen gesellschaftlichen und kulturellen Entwicklung kann sichtbar werden, wie unsere gegenwärtigen Lebens- und Arbeitsverhältnisse entstanden sind und was wir aus früheren Entwicklungsphasen in unserer gegenwärtigen Umwelt und Kultur hiervon vorfinden. Wir können die Frage nach sinnvollen, möglicherweise unterschiedlichen Entwicklungsalternativen für die Zukunft hiervon nicht ablösen. Sie ergibt sich aus der Beschreibung längerfristiger struktureller Tendenzen. Erinnerungsarbeit in der Geschichte von Lebenszusammenhängen muß über die bloße Nostalgie oder historistische Requisitenschau hinausführen. Ihre Weiterentwicklung ist notwendig, weil die zunehmende Anonymisierung und Auflösung traditionaler sozialer und kultureller Bindungen neue Möglichkeiten der Selbstversicherung fordert. Erinnerungsarbeit zur Klärung und Stabilisierung von demokratischer Identität muß als Ziel historisch-politischer Bildungsarbeit aber über die intellekturell gebildeten Bevölkerungsschichten hinausführen.

Die nationalistischen Geschichtsmythen sind tot. Sie waren an nationalen Ereignissen wie der Reichsgründung von 1870/71, an politischen Führerpersönlichkeiten wie Bismarck oder Hindenburg, aber auch an der personalisierten Macht des mittelalterlichen deutschen Kaisertums orientiert. Wallfahrten zu nationalen Gedenkstätten dienten zu ihrer Beschwörung: Hermannsdenkmal, Loreley oder Völkerschlachtdenkmal bei Leipzig. Sie waren von den alltäglichen Erfahrungen der „kleinen Leute" entrückt, auf die Entstehungsgeschichte des Nationalstaates konzentriert. Die herrschenden Dynastien erschienen als alleinig bestimmende Kräfte des politischen Handelns. Die Funktion dieser Denkmäler war es, zur Glorifizierung der Macht und zur Vergötzung des autoritären Obrigkeitsstaates aufzurufen. In ihrer Gestaltung wurde dieser ideologische Auftrag in monumentalischer „Überhöhung" sichtbar.

Erinnerungsarbeit zum Nutzen einer an demokratischer Identität interessierten politischen Kultur muß anders aussehen. Die Ausgangsbedingungen sind eben nicht durch die Siege demokratischer Bewegungen und ihrer Führerfiguren geprägt, sondern durch „gebrochene" Ansätze, die kaum Heroisierungen zuließen. Entsprechend gibt es keine demokratischen Gedenkstätten in Deutschland. Die Begründung eines Museums für die deutschen Freiheitsbewegungen im Rastätter Schloß konnte zwar auf Initiative Gustav Heinemanns in Angriff genommen werden, muß aber mit der minimalen Ausstattung die hierfür geschaffen wurde, als gescheitert gelten. Dies ist gewiß kennzeichnend für das verkümmerte demokratische Geschichtsbewußtsein, insbesondere der Kulturpolitiker der deutschen Sozialdemokratie, in deren Geschichte die stärkste demokratische Tradition „verschüttet“ ist. Die Paulskirche in Frankfurt als Sitz der ersten deutschen Nationalversammlung in der Revolution von 1848/49 wird zwar als symbolischer Versammlungsort genutzt, eine damit verbundene Erinnerungsarbeit findet aber nicht statt.

Von den neueren Formen der Sozial- und Kulturgeschichte könnte ein solcher Impuls zur Demokratisierung des Geschichtsbewußtseins verstärkt werden. Es kommt jedoch entscheidend darauf an, ob diese Ansätze in aufklärender Absicht verfolgt und adäquate Vermittlungsformen gefunden werden. Die Gegenstandsbereiche können auf Interesse in breiten Schichten der Bevölkerung rechnen: denn mit der Aufklärung des Wandels von Lebenszusammenhängen, der konkreten Lebens- und Arbeitssituationen, stellen wir Bezüge zu unserer eigenen individuellen wie kollektiven Erinnerung her, vermitteln Erfahrungen und vergewissern uns in dieser Kommunikation unserer Identität.[2] Tendenzen dieser Art von Erinnerungsarbeit konnten sich in der historischen wie volkskundlichen Feldforschung, aber auch der musealen und schulischen Bildungsarbeit im letzten Jahrzehnt stärker herausbilden.

Gustav Heinemann gilt nach wie vor zurecht als Kronzeuge von Versuchen zur Bewußtmachung der verschütteten demokratischen Bewegungen in der deutschen Geschichte.[3] Mit den Siegen der antidemokratischen Kräfte und ihrer obrigkeitsstaatlichen oder nationalistischen Geschichtsbilder wurde zugleich immer wieder die Erinnerung an demokratische Ziele und Organisationsformen der Massenkultur zurückgedrängt oder in mancher Hinsicht vernichtet. Das gesellschaftliche Zusammenleben strukturierende Prinzipien wie Gleichheitsgrundsatz, Menschenrechte, demokratische Willensbildung von unten, Selbstorganisation, Gewaltenteilung sind als Elemente demokratischer Massenkultur in unterschiedlichen Phasen schon in Herausbildung gewesen: die Bauernkriege als antifeudalistische Rebellion trugen starke Formen von Selbstorganisation; Aufklärung[4] und bürgerliche Freiheitsbewegung mit ihren Höhepunkten im Vormärz und in der Revolution von 1848/49 waren auf den Versuchen der Durchsetzung naturrechtlicher Freiheitsrechte gegründet; die Arbeiter- und Gewerkschaftsbewegung sah in der Realisierung des Gleichheitsgrundsatzes, vor allem bei politischen, aber auch wirtschaftlichen Entscheidungen, die wichtigste Voraussetzung zur Verbesserung der Lebensverhältnisse.

Ein wichtiges Instrument zur Popularisierung der neuen Fragestellungen wurde der jährliche Geschichtswettbewerb des Bundespräsidenten, der sich aufgrund der moralischen Autorität Gustav Heinemanns etablieren konnte. In den letzten Jahren haben sich die Themenstellungen der ursprünglich demokratische Bewegungen vor Ort erfragenden Wettbewerben hin zu sozial- und alltagsgeschichtlichen Arbeitsfeldern hin weiterentwickelt. Die Schüler konnten die Spuren in der eigenen, bekannten Lebenswelt über Gespräche mit älteren Menschen oder Besuchen in lokalen Heimatarchiven erforschen: beispielsweise „Wohnen im Wandel“[5] oder „Alltag im Nationalsozialismus“. Die Wirkung dieses sozialgeschichtlichen Ansatzes auf das Geschichtsverständnis in den Schulen ist unverkennbar.

Die Entwicklung dieser neuen Themenfelder ist ein ganz wesentlicher kultureller Vorgang. Geschichte war immer Erinnerungsarbeit. Sie konzentrierte sich in ihrer Entwicklung im Obrigkeitsstaat traditionell auf die Leistungen der „Großen“, der Könige, Fürsten, Feldherren und Staatsmänner, auf die „Schicksalsdaten“ der nationalen Geschichte, die zur Entwicklung des Nationalstaates oder nationaler „Größe“ beigetragen hatten. Dabei ging die Erinnerung an gleichzeitige politische und gesellschaftliche Prozesse „unter“, verloren oder wurde unterdrückt. Wir müssen uns vergegenwärtigen: Es ist eine Tatsache, deren Folgen unsere eigene Gegenwart berühren, daß die Geschichte der deutschen Nation durch die Siege der autoritär-obrigkeitsstaatlichen Kräfte bestimmt wurde und eben nicht von einem politischen Durchbruch der bürgerlichen Freiheitsbewegung oder der demokratisierenden Arbeiterbewegung. Doch gegeben hat es sie und ohne dem Wirken ihrer Vertreter wäre die Nachkriegsgesellschaft nicht denkbar.

Es war ein langsamer Prozeß der politischen Entwicklung, getragen von einer Minderheit der deutschen Bevölkerung, die ihr politisches Programm vertreten und dabei vielfach persönliche Nachteile riskierten oder hinnehmen mußten. Aber ihr Wirken hat dennoch die politische Kultur verändert, trotz der immer wieder rückläufigen Einbrüche und Niederlagen, zuletzt im Nationalsozialismus, gerade deswegen ist es von Bedeutung, daß wir uns heute an deren Arbeit – als der Voraussetzung für unsere Gegenwart – erinnern.

Eines steht dabei allerdings im Weg: wir müßten uns vom – vielleicht deutschen – Bedürfnis befreien, uns immer mit den siegreichen Mehrheiten identifizieren zu wollen. Gewiß fällt uns dies leichter, wenn wir uns mit der Tatsache konfrontieren, daß Hitler und die nationalsozialistische Partei als Massenbewegung zeitweise – mindestens bis zum Kriegsbeginn 1939 – Mehrheiten der deutschen Bevölkerung hinter sich hatten. Es galt für diese Mehrheit allenfalls als Schönheitsfehler, daß es Konzentrationslager gab und in der Öffentlichkeit gegen Gruppen bisheriger Mitbürger wie Juden, Sozialdemokraten, u.a. gehetzt und mit Verfolgung vorgegangen wurde. Der Tonfall des Regimes war in den Zeitungen zu lesen und erreichte über den „Volksempfänger" durch Rundfunkübertragung die Familie zuhause. Die NS-Organisationen propagierten die Feindbilder in ihren Aktionen lautstark, Rassismus und staatsoffiziell verkündeter Terror gegen Minderheiten waren im Alltagsleben überall gegenwärtig. Daß manche Zeitgenossen heute behaupten, sie hätten vom NS-Terror nichts gewußt, hängt wohl gerade damit zusammen, daß dieser in der Öffentlichkeit als Normalität präsent war.

Umso wichtiger ist es, die Formen des Widerstandes sichtbar zu machen. Denn nicht nur die wenigen organisierten großen Aktionen – wie der 20. Juli 1944 – sondern eben auch der „kleine Widerstand" im Alltag zeigt moralisch-politisches Handeln: die Unterstützung für den gedemütigten ehemaligen sozialdemokratischen Gewerkschafter, für den verhöhnten, bedrohten jüdischen Nachbarn oder Bekannten. Solches Eintreten nicht nur für die eigenen Interessen, sondern gegen die brutale Mißachtung des Lebens- und Selbstentfaltungsrechtes anderer Menschen und Gruppen konnte in christlichen und aufgeklärt-bürgerlichen Wertvorstellungen aber auch in der humanistischen Tradition der Arbeiterbewegung wurzeln. Es erforderte in jedem Falle die Fähigkeit zur „Zivilcourage" – in der deutschen Sprache ein Fremdwort – und ist bis heute meist unbekannt geblieben. Oft war es ein vereinzelter, manchmal hilfloser und aussichtsloser Widerstand, zu dem sich Deutsche und Angehörige anderer Nationalitäten entschieden. Dies kann überall stattgefunden haben, in jedem Stadtteil oder Dorf. Wir wissen oftmals deswegen nichts davon, weil es mit dem Tod des oder der Betreffenden endete und das Wissen nicht weitergegeben werden konnte oder aber, weil es einfach bisher nicht erzählt und dokumentiert wurde. Manchmal hat auch die Verdrängung von Erfahrungen, die mit dem Leben unter dem Nationalsozialismus zusammenhängen, aber auch der Druck der bis 1945 aktiven „Nazis" oder ihrer „unpolitischen" Sympathisanten in der Nachkriegszeit die Tradierung verhindert. Mindestens bis in die fünfziger Jahre hinein haben nationalsozialistische Werturteile auf „vorpolitischer" Ebene vielfach weiterbestanden – sofern sie dem „gesunden Volksempfinden" entsprachen. Die verzögerte Wiederanerkennung der Sintis ist nur ein markantes Beispiel. Hier hat sich das Verhältnis erst allmählich mit größerem Zeitabstand verschoben, doch eine langfristige Kontinuität ist fortwirkend, wie Umfragen unter Schülern beweisen.

Gerade deswegen haben wir die Verpflichtung und Aufgabe, die noch erfahr- und erfaßbaren Formen des NS-Terrors, des NS-Alltags, der Mechanismen der Anpassung, aber auch des Widerstandes zu dokumentieren und als Teil des überlieferungsfähigen Kulturgutes darzustellen, gerade im lokalen, überschaubaren Lebensraum, der die Authentizität des bekannten Ortes trägt.

Es ist in den letzten zehn Jahren auch viel geschehen. Beispielhaft sei auf das Projekt „Widerstand und Verfolgung in Bayern" hingewiesen, das am Münchner Institut für Zeitgeschichte durchgeführt wird. In den Konzentrationslagern Dachau und Neuengamme bei Hamburg erinnern museale Gedenkstätten an zynische Grausamkeit, Folter, Schmerz und sadistischen Tod.

Erinnerungsarbeit sollte auf verschiedenen Ebenen nebeneinander stattfinden: die individuelle Lebensgeschichte und die Familie muß ebenso Gegenstand sein, wie die kollektiven Erfahrungen von Gruppen, lokalen, regionalen oder nationalen Gesellschaften, sowie der verschiedenen sozialen und kulturellen Schichten.[7] Denn zur Versicherung unserer Identität gehört eben auch die Erinnerung an die eigenen sozialen Bezugsgruppen, an Personen aus den verschiedenen Zusammenhängen unseres tatsächlichen Lebens. Aber auch soziale Bewegungen, mit denen wir uns identifizieren können, Werthaltungen des alltäglichen Umgangs der Menschen untereinander oder politisches Handeln, das wir als vorbildlich anerkennen oder ablehnen können, zählen zu den Bereichen, die durch Erinnerungsarbeit entdeckt und angeeignet werden müssen. In jedem Fall bestimmen wir in dieser Auseinandersetzung einen Teil unseres Selbst. Es ist für moderne industrielle Gesellschaften mit ihrer hohen Arbeitsteiligkeit, der Spezialisierung und Komplexität unterschiedlicher Arbeits-, Lern- und Freizeitformen, im Unterschied zur Homogenität von Rollenmustern in der traditional-ständischen Gesellschaft, kennzeichnend, daß sich verschiedene voneinander getrennte Erfahrungsfelder im individuellen Lebenszusammenhang ergänzen. Doch für demokratische Gesellschaften gilt zugleich, daß wir uns nicht nur mit der eigenen Lebensgeschichte oder Familie beschäftigen, sondern uns auch Menschen anderer gesellschaftlicher Schichten zuwenden, ihr anderes soziales oder kulturelles Selbstverständnis kennenlernen und uns damit beschäftigen, deren Lebensbedingungen und subjektive Erfahrungen zu verstehen versuchen. Die Kenntnis der Lebensumstände, die zu anderen sozialen Entwicklungsperspektiven, Hoffnungen, Träumen und subjektiven Einstellungen führen, ist Voraussetzung, um über Interessensausgleich, Suche nach sozialer Gerechtigkeit, an der Stiftung inneren gesellschaftlichen Friedens zu arbeiten und Agressionen abzubauen.

Die Entdeckung unserer Familiengeschichte oder Erforschung des individuellen Lebenszusammenhangs findet nicht über die großen Ereignisse der nationalen Geschichte statt. Bisher kaum genutzte Quellen sind hierfür sprechend: mündliche Erzählungen, die wir aus der direkten Begegnung erfahren, Briefe und Aufzeichnungen, die uns subjektive Einstellungen oder Beschreibungen der Lebensumstände vermitteln, Photos und andere im privaten Lebenszusammenhang tradierte Dokumente, die uns Bilder, Momentaufnahmen, Zeichen zugänglich machen.

Ich selbst habe im Verlauf meiner Arbeiten überraschende Entdeckungen gemacht, und zwar bei der Erforschung meiner eigenen Familie. Im Kontext der Erarbeitung des Buches und der damit verbundenen Ausstellung „Lebensgeschichten"[8] habe ich begonnen, die Materialien, die in meiner eigenen Familie tradiert waren, überhaupt erst zu entdecken und aufzuarbeiten. Ich habe zu meiner Überraschung festgestellt, was mir bis dahin nicht bekannt war, daß zwischen 1885 und der Gegenwart sich über hundert Photos erhalten hatten, die es mir erlaubten, sie als Zeichen und Abbildungen von Lebenswelt vor mir zu sehen und zu entziffern. Sie erwiesen sich als Quellen für alltägliche Lebensumstände, die mir teilweise über die Erzählungen meiner Großmutter bekannt waren. Ich habe versucht, die auf den Photos erkennbaren Realitäten zu bestimmen, zu dechiffrieren und in ihren historischen Zusammenhang rückzuübersetzen. Dabei wurde für mich sichtbar, daß meine eigene Familie den durchaus typischen Entwicklungsprozeß der Konstituierung des Kleinbürgertums der zwanziger Jahre miterlebt hat. Mein Großvater arbeitete um 1900 als Schlosser in einer großen Maschinenfabrik. 1911 wurde er Versicherungsvertreter und vollzog in dieser neuen sozialen Stellung die Entwicklungen der Industriekultur der zwanziger und dreißiger Jahre mit. Der kleinbürgerliche Status und die Chance weiteren sozialen Aufstiegs wurden im eigenen Selbstverständnis damit erreicht, daß die Kinder auf die höhere Schule gehen konnten, was für die Elterngeneration noch völlig unmöglich gewesen war. Es wurde außerdem ein Klavier angeschafft, die Kinder im Klavierspiel unterrichtet. Die Motorisierung wurde in erster Linie als berufliche Erleichterung und Verbesserung der regionalen Mobilität angesehen: 1927 konnte sich mein Großvater das erste Motorrad anschaffen, 1936 das erste Automobil kaufen. 1939, kurz vor Kriegsbeginn, zog die Familie in ein kleines Reihenhaus um.

Ich habe nach der Rekonstruktion der Fakten versucht, diese Familiengeschichte mit ihren scheinbar privaten Details in die allgemeine Sozialgeschichte einzuordnen, und da entdeckte ich, daß dies sehr typische Entwicklungsstufen der industriellen Massenkultur waren. In meiner eigenen Familie zeigte sich der strukturelle Prozeß der Entwicklung der materiellen und symbolischen Formen der Industriekultur, jedoch relativ früh. Die meisten Angestellten, Arbeiter und Angehörigen des Kleinbürgertums haben diese Partizipation an den verdinglichten Formen der industriellen Massenkultur erst nach dem zweiten Weltkrieg im Gefolge des Wirtschaftswunders vollzogen: die Motorisierung des Alltags, die Utopie und Ideologie mithilfe eines „Eigenheims" nicht nur „schöner zu wohnen" sondern zugleich sich „irgendwie" bessere Lebensperspektiven zu schaffen, nicht zuletzt der Versuch über bessere Ausbildung soziale Aufstiege zu erreichen.

Diese Möglichkeit der Vermittlung von persönlichen Lebensgeschichten, die uns zumeist emotional berühren, und andererseits den konkreten Wirkungen scheinbar abstrakter sozial- und kulturgeschichtlicher Strukturentwicklungen, halte ich für sehr wesentlich. Wir gewinnen dadurch einen vertieften und produktiven Bezug zur kollektiven wie individuellen Erinnerung. Geschichte wird in „hautnaher" Weise anschaulich.

Gegenwärtig scheint ohnehin eine Zäsur in den „natürlichen" Formen der Überlieferung von Erfahrungswissen zwischen den Generationen eingetreten zu sein. Das Gespräch ist vielfach abgerissen. Der Einbruch des Fernsehens in die Kommunikation der Familien fördert die Tendenz der Individualisierung. Die Jugendlichen wissen heute kaum mehr etwas über die Lebensumstände, die für das Leben und die Einstellungen ihrer Eltern und Großeltern prägend geworden sind. Das Verständnis und die Beziehung der Generationen untereinander leidet darunter erheblich. Die heute siebzig und achtzigjährigen Senioren haben ihre entscheidenden Erfahrungen in den zwanziger Jahren gemacht. Diese sind für junge Menschen kaum nachvollziehbar, denn die Kulturformen und sozialen Lebensverhältnisse haben sich seither beträchtlich geändert. Wie aber konnte dieser kulturelle und soziale Wandel verarbeitet werden?

Wie sehr es Erinnerungsarbeit, nicht nur der älteren Menschen in unserer Gesellschaft, sondern auch gerade der Jüngeren bedarf, ist mir selbst an einem Beispiel deutlich geworden, daß mich sehr beeindruckt hat und das mir deswegen auch gegenwärtig geblieben ist. 1978 las ich in der Zeitung, daß die älteste Frau in der Bundesrepublik 111 Jahre alt geworden sei. Ich begann zu rechnen und kam auf das Jahr 1867 als ihr Geburtsjahr. Ich war zunächst verblüfft und habe mich gefragt, was diese Frau alles erlebt haben muß. Ich versuchte mir dies zu vergegenwärtigen. Das Deutsche Reich gab es noch nicht. Ein Jahr vor ihrer Geburt (1866), hatte der letzte deutsche „Bruderkrieg“ zwischen Preußen und den süddeutschen Staaten stattgefunden. Am Main hatten Gefechte zwischen bayerischen und preußischen Truppen und die Schlacht bei Königgrätz die Vorherrschaft in Deutschland endgültig zugunsten Preußens entschieden. Damals hatte sich mit der ersten Industrialisierungsphase die Maschinenbauindustrie bereits herausgebildet. Werner Siemens hatte mit der Erfindung des dynamo-elektrischen Prinzips eine wichtige Voraussetzung zur Elektrifizierung schaffen können, doch im Energiebereich war das Gas noch Jahrzehnte dominant. Die Arbeiterbewegung organisierte sich gerade. Die alte Frau muß in ihrer Kindheit den Übergang von den mittelalterlichen Formen der Stadt zur industriellen Großstadt miterlebt haben. Die Verstädterung setzte gerade ein, Zuwanderer vom Land strömten in die Städte, um Arbeit zu suchen. Nach wie vor galt das Züchtigungsrecht der Herrschaft gegenüber Dienstboten. Frauen waren zum Studium an den Universitäten nicht zugelassen. Was für einen Beruf hätte die Frau ergreifen können?

Mir ist an solchen Überlegungen erst faßbar geworden, welche ungeheuren gesellschaftlichen und kulturellen Entwicklungsprozesse die Menschen dieser Generation erfahren und vielleicht verarbeitet haben müssen. Warum aber wissen wir so wenig davon?

Die grundlegenden Veränderungen der Lebens- und Arbeitsformen seit dem Beginn der Industrialisierung um 1840 werden uns auch an den materiellen Spuren sichtbar. Sie waren als Gebrauchsobjekte in der Wohnung, im Haushalt, in der Arbeit irgendwann selbstverständlich, wurden in einer Funktion benützt. Der Einbruch und die permanente Evolution der industriellen Massenkultur hat die Gegenstände veralten oder „altmodisch" werden lassen. Sie wurden beiseite gelegt, auf dem Dachboden „aufgehoben", schließlich „ausgeramscht". Bauliche Zeugnisse blieben stehen, bis der Raum zu neuen Zwecken gebraucht wurde. Solche materiellen Spuren vergangenen Lebens und Arbeitens gibt es noch in großer Zahl; wenn auch ihr Vernichtungsprozeß unverkennbar fortschreitet: Alltagsobjekte, Maschinen, Photographien, Hausrat, Wohnungseinrichtungsstücke, u.a. mehr. Sie müssen exemplarisch gesammelt und in ihren verschiedenen Bedeutungen erschlossen werden. Fragen verbinden sich mit diesen dinglichen Spuren: Welche Funktionen und Bedeutungen in den jeweiligen Lebenszusammenhängen werden aus Erinnerungen erschließbar, die mit den Objekten assoziiert werden? Was sagen sie uns über die Arbeitsprozesse? Welchen kulturell-ästhetischen Wert hat ein Objekt als Produkt eines individuellen oder kollektiven Gestaltungsvermögens, aber auch als Ausdruck epochentypischer Kulturmuster?

Eine solche Darstellung der Entstehung der materiellen und kulturellen Umwelt unserer eigenen Industriegesellschaft muß die Erfahrungen und sozialen Orte aller gesellschaftlichen Schichten vergleichend erschließen: der „kleinen Leute", der Arbeiter, Dienstmädchen, Postboten, u.a. ebenso wie die der Fabrikanten und Angestellten. Hieraus kann ein Bild entstehen, das zeigt, was sich gewandelt hat und was an individuellen und gesellschaftlichen Erfahrungen geblieben ist, aber auch wie wir uns zukünftige Lebensverhältnisse vorstellen können.

Wichtige Impulse für das Programm einer solchen die „ererbte" materielle Kultur und die sozialen Erfahrungen verbindenden Erinnerungsarbeit sind in den letzten Jahren von den Engländern, Skandinaviern und Franzosen ausgegangen. Industriearchäologie konnte sich dort als kulturelle

Arbeit früher durchsetzen als in Deutschland. Alte Fabriken und Maschinenanlagen wurden als industrielle Monumente restauriert und neu genutzt, als „Denkmäler" der Arbeit aufgestellt. Richtungsweisend für museale Projekte ist beispielsweise das Ironbridge Gorge Museum im Severntal. 1778 war dort die erste gußeiserne Brücke der Welt als Verbindung zweier Dorfhälften über den Fluß gebaut und als Weltwunder bestaunt worden. Dort hatte man auch früh im 18. Jahrhundert begonnen, Erz mit Koks zu verhütten. Diese Produktionsanlagen als materielle Spuren der Wirtschaftsgeschichte zu rekonstruieren, bot sich an: ein Hochofen konnte in seinen verschütteten Teilen ausgegraben, alte Dampfmaschinen restauriert, zum Teil wieder in Gang gesetzt werden. In sanierten Fabrikgebäuden entstanden museale Inszenierungen, die den Arbeitsprozeß und die in den verschiedenen Werkstätten hergestellten Produkte anschaulich machen, mit alten Werkzeugen, in den überlieferten Formen der Arbeitsteiligkeit.

Ebenfalls aus der Arbeit an der eigenen Geschichte, des regionalen Lebensraums, entstand ein wichtiges französisches Museum: das „Écomusée de la Communaute Urbaine Le Creusot-Montceau les Mines". Es versucht die Spuren, Materialien, Photos, Objekte dieser von der Schwerindustrie geprägten Region zu sammeln und an einigen authentischen Orten zu präsentieren: der Fabrikantenwohnsitz der Industriellendynastie der Schneider, die Schule, Schleusen, Wärterhaus, Arbeitersiedlung. Neben der eigentlichen Industriestadt Le Creusot gehört als zweite Gemeinde Montceau-les-Mines zum Gebiet dieses Écomusée. Als dort in der Mitte des 19. Jahrhunderts Kohle entdeckt wurde, entstanden zugleich Siedlungen für Bergleute und Ingenieure. Sie wurden nach einem Plan angelegt und sind auch heute noch weitgehend im Originalzustand erhalten. Bereits Mitte der siebziger Jahre hat das Écomusée die Initiative der Lehrer dieses Ortes angenommen. Sie hatten die Schüler aufgefordert, die Erzählungen ihrer Großeltern aufzuschreiben und mitzubringen. Neben diesen Erinnerungsdokumenten wurden auch Alltags- und Schulobjekte gesammelt. Aus diesen im Verlauf einiger Jahre Sammlungsarbeit entstanden Bestände wurde in den oberen Räumen des Schulhauses, am Originalschauplatz also, die Schulwelt um 1900 rekonstruiert. Die Gegenstände mußten hierzu nach zeitlich-designerischer Stimmigkeit zusammengestellt und inszeniert werden.

In der Bundesrepublik, aber auch in der DDR, hat im letzten Jahrzehnt ein kultureller Entwicklungsprozeß eingesetzt, der die Geschichte der Technik, von Arbeit und Leben in den Regionen als Thema bedeutsam gemacht und museale Projekte hervorgebracht hat.[9] Die Chance dieser neuen Themenfelder für Erinnerungsarbeit liegt darin, auch Schichten der Bevölkerung ansprechen zu können, die bisher mit vom bürgerlichen Kulturbegriff geprägten Ausstellungen nicht erreichbar waren. In die klassischen stadt- und kunstgewerblichen Museen war ein Großteil der Bevölkerung trotz museumspädagogischer Bemühungen zur Öffnung und Senkung der Auratisierungsschwelle nicht zu bringen. Diese neuen Spuren der Erinnerungsarbeit, die aus der eigenen familiären, häuslichen und arbeitsbezogenen Umgebung vertraut sind, können die Arbeiterschaft, die Angestellten und andere Gruppen in der Bevölkerung erreichen und interessieren. Dies ist vor allem für Formen der Präsentation der Fall, die auf die Auratisierung als Kunst verzichten und in stadtteil- und bürgernahen Orten inszeniert werden. Hier könnte die Kombination von Ausstellung, von Stadtteilführung und der Umsetzung von kollektiven Erinnerungen der Bewohner in kleine Theaterstücke eine wesentliche Bereicherung der Kulturarbeit bringen. Erinnerungsarbeit kann unsere Bezüge zu den Orten, Stadtteilen, Regionen, in denen wir leben, intensivieren und stärken. Dies ist in einer Zeit, in der die Anonymisierung der Beziehungen, die weitgehende Auflösung, beispielsweise von Nachbarschaftsverhältnissen, zu beklagen ist, eine wichtige Aufgabe geworden. Näherungen an die sozialen und lokalen Orte, aus denen wir stammen und in denen wir leben, geben uns Heimat.

Anmerkungen

1 Die französische Schule der ,,annales" hat auf die Entwicklung der neuen Gesellschaftsgeschichte in Deutschland einen beachtlichen Einfluß ausgeübt. Vgl. zum Programm, Marc Bloch, Apologie der Geschichte oder der Beruf des Historikers, Stuttgart 1974 (deutsche Ausgabe). Stellvertretend für die neuere Geschichtswissenschaft sei hier auf die Arbeiten von Karl Bosl, Hans Ulrich Wehler, Jürgen Kocka und Reinhard Koselleck verwiesen.

2 Eine Zusammenfassung der Problematik: Jürgen Habermas, Können komplexe Gesellschaften eine vernünftige Identität ausbilden? Rede aus Anlaß der Verleihung des Hegel-Preises, Frankfurt/M. 1974.

3 Vgl.: Gustav W.Heinemann, Präsidiale Reden, Frankfurt/M. 1975, S. 127ff.

4 Die Genese der bürgerlichen Aufbruchsbewegung aus dem naturrechtlich geprägten Menschenbild habe ich in meiner Studie ,,Bürgerlicher Wandel. Studien zur Herausbildung einer nationalen deutschen Kultur im 18.Jahrhundert, Frankfurt/New York 1981" gezeigt.

5 Der Wettbewerb wurde dokumentiert: Wohnen im Wandel. Jb. zum Schülerwettbewerb Deutsche Geschichte um den Preis des Bundespräsidenten 1978. hg. von der Kurt A. Köber Stiftung, Wuppertal 1979.

6 Dokumentationsbände mit Ergebnissen erscheinen seit 1977. Der erste Band: Bayern in der NS-Zeit. Soziale Lage und politisches Verhalten der Bevölkerung im Spiegel vertraulicher Berichte, hg. von Martin Broszat, Elke Fröhlich, Falk Wiesemann, München und Wien 1977.

7 Eine Zusammenfassung von Erfahrungsberichten zu den Methoden der „oral history": Lutz Niethammer (Hrsg.), Lebenserfahrung und kollektives Gedächtnis. Die Praxis der „oral history", Frankfurt/M. 1980.

8 Wolfgang Ruppert (Hrsg.), Lebensgeschichten. Zur deutschen Sozialgeschichte 1850-1950, Opladen 1980.

9 Zu verweisen ist auf die Projekte in Berlin, Hamburg, Mannheim, Dortmund, Nürnberg und auf das Museum in Rüsselsheim; in der DDR auf das Bergbaumuseum in Freiberg/Sachsen.

Geschichte und Lebensgeschichte – Historische Wurzeln demokratischer Verantwortung

Rudolf zur Lippe

Zunächst eine Bestimmung der Begriffe.

Das Oberthema heißt „Geschichte" und „demokratische Identität". „Geschichte" verstehen wir zunächst immer als die erinnerte Vergangenheit von Familien, Stämmen, Gruppen, Völkern, Erdteilen, Menschheit. Er-Innern ist aber viel mehr als „Geschichtskenntnisse" anhand von Zahlen oder Namen oder anderen „Daten", „Informationen". Die Geschichte, mit der eine „demokratische Identität" etwas zu tun haben kann, also ein gegenwartsbezogener, lebendiger, bewußter Vorgang, läßt sich nicht durch mehr oder besseren „Geschichtsunterricht" vergegenwärtigen; dieser kann nur Material dazu liefern und Ansätze zeigen.

„Demokratische Identität" nenne ich einen gegenwärtigen, lebendigen, bewußten Vorgang. „Identität" allgemein kann auch das heißen, worauf ich von mir selbst oder von außen, von oben ein für alle Mal festgelegt bin, z.B. mein Name; man denke an die identity card. „Demokratische" Gesellschaften weisen aber den Menschen nicht endgültige Identitäten ihres sozialen Status zu, wie das traditionelle Gesellschaften mit bestimmten Ständen, ererbten Berufen usw. grundsätzlich tun, sondern lassen Entwicklungen, Veränderungen zu. „Demokratisch" bedeutet, daß die Individuen – für sich und in Beziehungen zu anderen, mit anderen – ihre Identität bestimmen können, aber auch die Bedingungen dieser Identitätsbildung, d.h. die gesellschaftliche Organisation des privaten und öffentlichen Lebens. Da solche Bestimmung auch eigenes Wirken, Urteilen, Bewußtsein beinhaltet, spreche ich von „demokratischer Verantwortung".

„Identität“ ist etwas, das sich den Individuen, so wie ihren Gruppierungen zu Familien, Nachbarschaften, Gemeinden, Schichten, Klassen usw. überstülpen läßt oder von ihnen gebildet wird.

Deshalb muß gegenüber „der Geschichte“ auch von den Lebensgeschichten, dem individuellen Erleben und besonderen Geschichten gesprochen werden. Wenn Identität ein Vorgang, eine Entwicklung sein darf, hat sie ihre eigene Geschichte, eine „Lebensgeschichte“ für die einzelnen Menschen. Diese bietet selber „historische Wurzeln“ an, ist aber auch mit der allgemeinen Geschichte verbunden – und sei es als deren Opfer – so daß Identität auch an Wurzeln der allgemeinen Geschichte angeschlossen ist. Lebensgeschichte führt im Rahmen der Wirkung der allgemeinen zu einer Identität. Zu den besonderen eigenen und den allgemein historischen Wurzeln kommt der Zusammenhang bestimmter sozialer Stränge – Rheinländer, Arbeiterviertel, Arztfamilie usw. Solche Identität ist immer zugleich ein Ausgangspunkt der Einwirkung auf diese Zusammenhänge, wenn ein demokratisches Gleichgewicht der Bestimmungen gewonnen und weiter entwickelt werden soll.

„Geschichtliches“ Denken begreift immer auch die Zukunft mit ein. Geschichte und Lebensgeschichte können oder dürfen nicht eine ohne die andere gedacht werden. Ihre Widersprüche und Gegensätze müssen aufeinander bezogen werden, um weder den einen noch den anderen Pol vorherrschen zu lassen.

Ein Beispiel mag wenigstens einige Züge des Zusammenhanges vorzustellen, mit anderen zu vergleichen und nachzuprüfen erlauben. Es scheint mir sinnvoll zu sein, daß ich ein Beispiel aus meiner eigenen Lebensgeschichte wähle, an dem Wurzeln geschichtlichen Denkens im ganz persönlichen Erleben zu finden sind. Die letzten Kriegsjahre verbrachte ich, als Kind von sechs, sieben und acht Jahren, auf einem pommerschen Gut. Die Landarbeiter, auch „Instleute“ genannt, und die Gutsherrschaft bildeten das kleine Dorf. Alle gehörten irgendwie zu dem Gut, mit dessen landwirtschaftlicher Bestellung sie in verschiedenen Weisen beschäftigt waren. Diese Verhältnisse waren nicht mehr rein agrarische, auch nicht feudale im mittelalterlichen Sinne; und doch hatten die Beziehungen zwischen den Menschen, ins neuzeitlich Patriarchalische gewandelt, noch etwas von der engen existenziellen Gemeinschaft derer, die auf und von einem Stück Land lebten.

Sicher haben die ostelbischen Junker gegenüber den von ihnen Abhängigen weit mehr eine Führerrolle beansprucht und eingenommen, als mit der Entwicklung demokratischer Identität vereinbar wäre. Aber es war auch üblich, daß – längst vor irgendeiner Sozialgesetzgebung – jede Mutter im Dorf einige Wochen nach einer Geburt aus der Gutsküche das Essen gebracht bekam. Da ich als Kind nichts mit der Politik zu tun hatte, aber oft mit dem Essen losgeschickt wurde, erinnere ich mich daran und nicht an abstrakte Formen von Herrschaft. Ich verstand nicht die Unterschiede, die eben auch eine entscheidende Rolle spielten, wenn ein Knecht oder der Gutsherr sagte „Meine Pferde"; ich erlebte nur, daß beide die Tiere liebten und pflegten. Ich machte mir nicht klar, wieweit die Fürsorge der Herrschaft für die anderen, zum Beispiel bei den wöchentlichen Verbandsstunden im Gutshaus für alle Kranken, durch eine gewisse Einseitigkeit auch Bevormundung gewesen sein wird.

Alle diese Fragen habe ich später mir zu stellen gelernt. Innerlich bin ich aber mit der Erfahrung der Fürsorge und der allseitigen Verbundenheit der zusammenlebenden Menschen erfüllt geblieben. Unter neuen Bedingungen läßt sie sich in die Vorstellung wenden, die Menschen würden sich frei und wechselseitig so miteinander beschäftigen und füreinander sorgen. Für diese Aussicht unserer Geschichte ist das lebendige Vorstellungsvermögen aus der lebensgeschichtlichen Erfahrung erwachsen, die ebenso viel mit Feudalismus wie mit Sozialismus zu tun hat, oder ebenso wenig, die ganz persönlich in Zusammenhang mit den gesellschaftlichen Lebensformen entstanden ist und ihre Bedeutung erhält.

Was bedeutet Lebensgeschichte als Bedingung für ein Geschichtsbewußtsein, das Identität und damit Verantwortung auch vom Individuum her zu entfalten erlaubt?

Was hier nicht erörtert werden kann.

Individuelles Erleben kann zunächst einmal nicht unmittelbar in seinem Verhältnis zur Geschichte geklärt werden. Die eigenen Erinnerungen der Menschen oder ihr Rechtsbewußtsein zu einem bestimmten erlebten Zeitabschnitt, Geschehen weichen u.U. unversöhnlich von einer inzwischen historisch geklärten Darstellung ab.

Viele Geschichtsdarsteller mit den besten, moralischen Absichten vergessen gerade heute, daß bedrückende und sogar vernichtende Geschichtsereignisse im Erleben der Betroffenen sich fast nie als reines Leiden sondern durchaus versetzt z.B. mit mindestens tragikomischen Situationsstücken vollzogen haben.

Zwischen der historischen Beurteilung eines Handelns und dem Urteil über die Handelnden ist durchaus zu unterscheiden.

Die grundsätzliche und an alle Gesellschaften zu richtende Frage, welchen Einfluß die Individuen wie ihre Gruppierungen auf die Geschichte auszuüben vermögen, soll hier nicht als solche diskutiert werden, weil sie nur in viel komplexeren Zusammenhängen behandelt werden kann. Die Wendung der gegenwärtigen Geschichtsschreibung zur Darstellung des Lebens und seiner Organisation in den verschiedenen Epochen kommt dagegen unserem Problem sehr nahe. Hier werden von der Seite der Historiker Angebote gemacht, über die wir uns eher mit vergangenen Lebensformen identifizieren oder sie vergleichend prüfen können. (Das darf selbstverständlich nicht bedeuten, daß das ganz Andere einer Epoche auf heutige Vorstellungen reduziert wird, vielmehr müssen diese erweitert werden zu einem von unseren Verhältnissen unabhängigeren Vorstellungsvermögen!)

Hier soll die Seite derjenigen, an die solche Angebote der Historiker und anderer Wissenschaftler, wie der Soziologen z.B., sich richten, untersucht werden. Welche Bedingungen müssen durch bestimmte Lebensformen der Lebensgeschichte ausgebildet werden, um ein aktives Geschichtsbewußtsein zu begründen? Mehr und mehr gemeinsame Grunderkenntnis der Sozial- wie der Naturwisschenschaften wie der Psychologie ist, daß nur *eine dynamische Verbindung von Fortsetzung und Veränderung* einer ganz bestimmten Geschichte lebensfähig erhält. Hier ist deshalb weniger die Rede von den historischen Wurzeln gegenwärtiger Demokratie in der allgemeinen Geschichte; vielmehr sollen die grundsätzlichen Bedingungen untersucht werden, unter denen eine Lebensgeschichte der Menschen bewußt in allen ihren wesentlichen Beziehungen entfaltet, als Teil der allgemeinen Geschichte gelebt und zum Grund demokratisch wirksamen Geschichtsbewußtseins werden kann. Grundstrukturen unserer gegenwärtigen gesellschaftlichen Organisation des Lebens ermöglichen ein solches Bewußtsein durch die starke Betonung der Rolle des Einzelnen und durch die Forderung an die Einzelnen, die Verantwortung für Erfolg oder Versagen, Sinn oder Sinnlosigkeit ihres Lebens als Individuen zu übernehmen; gleichzeitig erschweren sie aber die Ausbildung einer demokratischen Identität oder verhindern sie schon teilweise.

Ich möchte vier Bedingungen grundsätzlich aufzeigen, über die an praktischen Situationen diskutiert werden kann.

Eine Identität im Werden

Bedingung für Geschichtsbewußtsein ist eigenes Erleben und Bewirken von Prozessen, in denen selbst zu verantwortendes Verhalten zu Wirkungen und Rückwirkungen führt und an ihnen überprüft und verändert werden kann. Diese Kontinuität des Lernens bildet eine Art von Identität aus, die das Individuum oder eine Gruppe von zusammenarbeitenden Individuen in neue Lebensbedingungen mitnehmen kann. Diese Art von Identität steht der gängigen Identitätsdefinition unserer Alltagspraxis allerdings weitgehend entgegen; dort werden wir immer wieder identifiziert nach dem, was bis heute aktenkundig über uns ausgesagt ist, und wir sollen identisch damit bleiben, damit wir mit unseren Karteikarten übereinstimmen. Mindestens im Laufe der Zeit sind wir aber durch Lernen mehr und anders geworden, so daß die einstigen Definitionen uns fremd werden und von außen auferlegt. Wir werden abhängig von äußerlichen Definitionen unserer Identität. So macht, wirklich zu lernen und sich wandelnd zu wachsen, Angst, weil es um den Preis geschehen kann, die anerkannte Identität zu verlieren.

Die Tendenz der Philosophietradition zur Durchsetzung des sogenannten Identitätssatzes verstärkt diese Richtung. Nach diesem Grund-Satz der abendländischen Logik soll eine Sache oder ein Begriff immer als mit sich selbst total identisch gelten, zumindest innerhalb eines Gedankenganges. Wie wenig notwendig oder selbstverständlich diese Auffassung ist, kann z.B. die Taoistische Tradition der chinesischen Philisophie deutlich machen, nach der ein Begriff zwar durch den ganzen Gedankengang hindurch so erinnert wird, wie er zu Beginn eingeführt worden ist, im Sinne der neuen Gedankenverbindungen aber weitere Bedeutungsseiten annimmt oder zu erkennen gibt; und zwar durchaus Bedeutungen, die der ersten gegenüber in einen gewissen Gegensatz treten können. Die sich ergebenden Spannungen werden dann als der Sache oder dem Begriff innewohnende Bewegungen verstanden, so daß ihr Wesen nur in einer Schrittfolge durch die Zeit entfaltet werden kann – im Werden.

Identität ist aber andererseits auch keineswegs nur in Veränderung zu finden. Der Bezug auf eine Geschichte muß stetig fortgesetzt werden, damit sie überhaupt konkret gedacht und praktisch umgesetzt werden kann. Die modische Rede, daß selbstverständlich jeder sich und alles „verändern“ wolle oder müsse, macht den Begriff von geschichtlicher Veränderung beliebig und muß durch eine bewußte Auseinandersetzung mit Bestehendem mitten im neuen Werden wieder auf die geschichtliche Wirklichkeit bezogen werden. Veränderung kann sogar aus der Suche nach der Wiederholung von Früherem, das gut erscheint, entstehen; ernst genommen ergibt sich daraus unter den neuen Bedingungen etwas Verändertes.

Eine Identität im Austausch

Die traditionellen Gesellschaften haben im wesentlichen auf kollektive Subjekte gebaut; Familien, Stämme, Völker usw. Die bürgerliche Kultur der Neuzeit hat einseitig den Ursprung und die Instanz menschlicher Identität im isolierten Einzelnen gesehen, im Robinson z.B. Heute, da zum ersten Mal ernsthaft die demokratische Vorstellung, daß alle Menschen wirklich ihre Geschichte bewußt mitbestimmen könnten, in Gesellschaftsformen umgesetzt werden könnte oder diese Möglichkeit jedenfalls wirklich gedacht wird, ist ein neues Gleichgewicht zwischen individueller Lebensgeschichte und allgemeiner Geschichte der Gesellschaft zu finden.

Der einst selbstverständliche Austausch im Laufe von Arbeit und Alltag, Leben und Kult vorbürgerlicher Traditionen ist hinter die Vorstellung individueller Bewußtseinstätigkeit zurückgetreten, die so aber nur den „gebildeten Ständen“ zugänglich war und von weiterlebenden Formen jenes Austauschs getragen wurde, die inzwischen doch immer mehr zum Erliegen kommen. Eine demokratische Identität kann nur in dem Austausch von individuellen Vorgaben und sozialer Verarbeitung, sozialen Ansätzen und individueller Verarbeitung gebildet werden. Der Austausch muß nun selber bewußtere Formen bekommen, weil er eine wesentlichere, aber auch weniger selbstverständlich in die Alltagsverrichtungen eingebundene Bedeutung hat als z.B. in einer Agrargesellschaft.

Bürgertum und Aristokratie haben eine Form des Austauschs ausgebildet in dem Gespräch, dem Briefwechsel, dem Salon und Zirkel, zu denen Individuen einander begegnen. Damit sind entscheidene Maßstäbe für Intensität und freie Form, die des vernünftigen Diskurses und der Begegnung der Seelen, entwickelt worden. Freundschaft ist so eigentlich eine bürgerliche Beziehungsform, die sich auch entsprechend fern von den meisten Bereichen gesellschaftlicher Arbeit und öffentlichen Lebens bewegt. Zwar hat der junge Hegel gesagt, Freundschaft sei allein im gemeinschaftlichen Werk; wie diese Vorstellung aber in die Breite einer demokratischen Gesellschaft und in den Alltag der Werk-Stätten umzusetzen sein könnte, wissen wir noch nicht.

Identität im Austausch entspricht der im Werden. Sie ist nicht auf eine Definition des Einzelindividuums festgelegt sondern entfaltet sich ebenso in den Beziehungen zu anderen und zur Natur. Der Austausch mit der Natur bildet eine Dimension von Lebensgeschichte und allgemeiner Geschichte, der wir inzwischen eine starke eigene Aufmerksamkeit widmen müssen. Die Begegnung mit Prozessen in der äußeren Natur wie Wachstum und Stoffwechsel, mit den Bedingungszusammenhängen für Gedeihen und Entfaltung war bis in die letzten Jahrzehnte selbstverständlicher Anteil fast jeder Kindheit. Ihre besondere grundsätzliche Bedeutung wird uns erst klar, da sie zunehmend in industrialisierten Lebensverhältnissen schwindet. Ihre enge Verbindung zur Entfaltung selbständiger Wahrnehmung und Einwirkung aus der eigenen inneren Natur unseres Leibes geben parallele Mangelerscheinungen in Ökologie und menschlicher Bildungsgeschichte zu erkennen. Es ist für uns umso wichtiger, selber zu erfahren, welche je besonderen Bewegungsformen Leben in der Natur notwendig entwickelt und welche Qualitäten dabei entstehen, als unsere gesellschaftliche Geschichte gerade im Zuge ihrer hemmmungslosen Naturbeherrschung über solche Fragen hinweggegangen ist. Hier kann allerdings auf diese Fragen nur hingewiesen werden. Wieweit in der Natur selber so etwas wie Geschichte zu beobachten ist, ob die Schichtungen einer Gesteinsformation z.B. als ein ähnlicher Niederschlag wie die Wirkungen menschlicher Geschichte als Material der Gegenwart angesehen werden können, kann nicht ausführlich genug skizziert werden, um in unsere Diskussion aufgenommen zu werden.

Sinn der Lebensgeschichte und demokratischer Geschichtssinn.

Die allgemeinen Sinnfragen nach dem Sinn des Lebens wie dem Sinn der Geschichte verlieren ihren Stoff und ihre

Richtung ohne die sinnliche Erfahrung, selber unmittelbar überprüfbare, sinnvolle Wirkungen hervorbringen zu können. Unter der Herrschaft rein quantitativer Begriffe von Wachstum, Lebensstandard usw. und in einer „Wegwerfgesellschaft" mit ihrer faktischen Verachtung für Qualitäten der Arbeit, der Produkte wie der Natur wirken sich die Mangelerscheinungen in der Lebensgeschichte der Individuen besonders stark aus, weil den allgemeinen Tendenzen zur Sinnentleerung auch aus den konkreten Lebenserfahrungen immer weniger entgegenzusetzen ist. Dabei hat die pluralistische Gesellschaft unter dem Vorwand demokratischer Freiheit der Entscheidungen für jeden – die als Chance und Voraussetzung für neue Entwürfe gar nicht zu überschätzen ist – nach und nach alle Sinnfragen dem privaten, Einzelnen aufgebürdet. Das lateinische Wort privatio heißt sowohl Befreiung wie Beraubung – Befreiung von öffentlichem Zwang, in diesem Fall, aber auch Beraubung des öffentlichen Wirk- und Bewußtseinszusammenhanges.

Zum Beispiel werden der Sinn elterlichen Lebens mit Kindern, deren Anzahl und Erziehungsweise, Aufgaben und Gestaltung des Alters, Zusammenhänge des persönlichen Lebens mit den Zielen und Formen der beruflichen Arbeit von Staats und Gesellschafts wegen ausschließlich den einzelnen Menschen zugewiesen. Ihnen wird zu finden oder erfinden überlassen, was alle anderen Kulturen der Weltgeschichte als Aufgaben der ganzen Gesellschaft zu bestimmen versucht haben und durch viele Generationen tradierend bearbeiteten. Demokratisch zu leben bedeutet auch, alle Menschen gemeinsam zu entsprechenden Entscheidungen zu befähigen, nicht nur formal dem privaten Gewissen entsprechende Freiräume zu belassen. Wie diese Aufgabe angegangen werden kann, ohne in staatlich gelenkte Massenspontaneität von dogmatisch fundierten Einheitsgesinnungen übergeleitet zu werden, können wir wohl für eine ganze Gesellschaft noch gar nicht beantworten. Umso größere Bedeutung kommt hier den Versuchen von kleinen neuen Lebensgemeinschaften und lebensgeschichtlich verbundenen Gruppen zu.

Existenziellste Bedrohung unserer Identität ist der Tod.

Wenn aber das unweigerlich kommende Ende nicht in die Vorstellung von Identität einbezogen werden kann, ist jede Identität illusorisch und damit auch jede existenzielle Beziehung zu Geschichte von Grund auf gebrochen. Nur wenn das eigene Ende etwa in ein Werden und einen Austausch in der Kontinuität einer gesellschaftlichen Geschichte aufgehen kann, gibt es einen wirklichen Zusammenhang zwischen Lebens- und allgemeiner Geschichte.

Auch unsere Lebensgeschichte als Identität im Werden bedarf eines positiven Bezuges zu einer Geschichte um uns und über uns hinaus. Gerade dies wird durch eine Gegenwart, die an vielen Seiten ein Ende voller Schrecken in Aussicht stellt – Auschwitz, Hiroshima, Seveso, Harrisburg usw. usw. –, zutiefst in Frage gestellt. Darüber hinaus verweigert die pluralistische Gesellschaft sowohl für das öffentliche wie für das private Leben selbst die Diskussion von Sinnvorstellungen für die Fortsetzung der Geschichte in die Zukunft. (Umso schwerer wiegt der fixierende Zwang, der von den identifizierenden Etiketten ausgeht.)

Diese Verweigerung ist nicht nur ideeller Art. In der materialen und sozialen und zeitlichen Gestaltung von Arbeit und Alltag wirkt der Entzug praktisch als Unterforderung unserer sinnlichen Tätigkeiten: Immer abstraktere Verrichtungen unterfordern unsere Sinnesvermögen und geben uns immer weniger Gelegenheit, die „Geschichte" einer Wahrnehmung oder einer eigenen Tätigkeit zu erleben.

Beide Bereiche geben immer mehr Anlaß zu Existenzangst angesichts besonders des Todes, der doch durch die Entwertung des Alters vorgezogen wird, wo lebenslanges Lernen kaum noch wesentliche Bedeutung hat, dagegen rasche Anpassung an perspektivlose Techniken, Arbeitsformen, Moden größte Wichtigkeit für das Überleben bekommt. Je weniger intensiv gelebt wird, desto stärker wird die Angst vor dem Tode; unsere Geschichte, soweit sie systematisch Verachtung von Lebensformen in der Natur und für die Menschen ist, erfährt in der Ablehnung von Geschichtsbewußtsein ihr Echo, das ausgehöhlte Lebensgeschichte ihr zurückwirft.

Wenn wir mit der Sterblichkeit die Geschichtlichkeit unseres Lebens verdrängen müssen, kann nirgends mehr wirkliches Geschichtsbewußtsein entwickelt werden.

Die Heilslehre etwa des Gottesstaates im Mittelalter führte zu einem Bewußtsein, das Lebensgeschichte und Geschichte hinter der a-historischen Heilsgeschichte jenseits der geschichtlich zu lebenden Zeit verblassen ließ – oder sie war dessen Ausdruck in einer Epoche, in der das Leben der Stämme das der Einzelnen, der Kreislauf der Natur den Gang der Menschheit weitgehend unter sich begriff. Das einseitige Bestreben der Aufklärung, geschichtlichen Sinn gegenüber dem zeitlosen Sinn zu eigener Bedeutung zu befreien, hat uns dahin gebracht, daß verbindlicher Sinn nur von diesem und jenem noch gelebt, Geschichte aber tendenziell sinn-los – oder pluralistisch gesprochen: sinn-frei – geworden ist. Das Alter wird funktionslos, Lebensstandard gibt keinen Sinn, Überleben selbst im Luxus ist kein Leben.

Einheit von Verantwortung und Lebenstätigkeit

Identität setzt voraus, daß die Beziehungen zu dem, was uns begegnet und was wir tun, über lange Entwicklungen hin fortgesetzt und folgerichtig sind. Dagegen treten aber von den verschiedensten Seiten her Trennungen und sogar Zwänge zu ständiger Uminterpretation unseres Lebens auf. Kaum jemand erlebt die Geschichte dessen mit, was aus seiner Arbeit hervorgeht. Die wenigsten stellen etwas ganz her, und seinen Sinn oder seinen Charakter bestimmen wieder andere, die fern von der Realisierung z.B. ihrer Entwürfe arbeiten. Den Weg bis zum Gebrauch bei den Benutzern der Güter kann kaum jemand mitverfolgen, noch weniger aus den Gebrauchserfahrungen Veränderungen in der Herstellung folgern. Die Rolle der Massenmedien gerade auch für die Sozialisation der jungen Menschen kann nur deshalb so stark ins Indirekte, ins „second hand“ drängen.

Der Abstand, ja die Freiheit von den konkreten Lebensbedingungen ist in früheren Gesellschaften als Weisheit ein Ziel für einige gewesen. Sie wird durch Erfahrungen und im Durchleben eines ganz bestimmten Lebenskreises gewonnen und bildet den Grund für eine Identität, die sich als allseitige Verhaltensfähigkeit bildet und dadurch von bestimmten Bedingungen unabhängiger wird. Sie hat aber sehr wohl historische Wurzeln, die in die Phasen vor solcher Unabhängigkeit zurückreichen. Die modernen Industriegesellschaften verkünden dagegen das Ideal der Mobilität von vorneherein und üben schon die Kinder in Arbeitsformen ein, am deutlichsten in den Schulen, die zum raschen, geradezu beliebigen Wechsel der Methoden, der Teampartner, der Gegenstände, der Lernorte usw. erziehen. Identität kann sich aber nur in den Beziehungen zu einem bestimmten Ort und einer bestimmten Zeit entwickeln, das heißt nur im Anschließen an das, was an diesen Orten geschehen ist und sie zu diesen bestimmten Orten gemacht hat: Geschichte. Geschichte wird auch erlebt, wenn man erfährt, in welchen Tätigkeiten Menschen zu der bestimmten Lebensgeschichte gekommen sind, die sie prägt und die, wenn man selbst von ihnen geprägt wird, wie von den Eltern und Großeltern, zu Bedingungen auch der eigenen Entwicklung werden. Die Lebensgeschichte der Kinder führt heute kaum mehr durch die Anschauung, dann die Mithilfe bei der elterlichen Arbeit zu eigener Tätigkeit.

Die Beziehung zur Geschichte kann einen rein traditionellen Charakter haben; dann werden eigenes Denken und Handeln anerkannten Vorbildern nachgebildet und Verantwortung wird mehr diesen gegenüber als für die Zeitgenossen und die Zukunft verlangt. Sofern die Gegenwärtigen ein eigenes Verhalten für eine selbstbestimmte Zukunft hervorbringen wollen, statt fraglos traditionelle Klischees einzuüben, muß es zwischen dem Geschichtsablauf und seiner Erinnerung einen Freiraum für eine reflektierte, immer neu prüfende Aneignung geben. Identität kann aber nicht auf dem Vergessen oder Verdrängen der historischen Bestimmungen aufbauen. Ob nun geschichtliche Vorbilder aufgenommen oder kritische Forderungen zur Veränderung entwickelt werden, in jedem Falle genügt es nicht, den Niederschlag von Geschichte in den gegenwärtigen Strukturen hinzunehmen. Um bewußte Beziehungen zu ihnen zu erarbeiten, bedarf es ausdrücklicher Er-Innerung und Auseinandersetzung, in die historische Zusammenhänge und Entwicklungen aufgenommen werden; sonst wirken diese unerkannt, z.B. als Vorurteile gegen einen selbst und andere fort.

Für einen freien Umgang mit der Geschichte ist gerade die Einheit von Kritik und Vorbild, Fortsetzung und Veränderung wichtig. Unsere bundesdeutsche Wirklichkeit kennt beide Formen, aber sie sind weitgehend nicht als Einheit, sondern mal die eine mal die andere oder in Opposition der einen zur anderen aktualisiert. Wie in wohl allen Staaten findet eine offizielle Selektion statt, die unbequeme Fragen an die Gegenwart durch bequeme Antworten aus der Geschichte zu verdrängen sucht. Dies ist sicherlich eine entscheidende Ursache für die Geschichtsfeindlichkeit, die wir bei sehr vielen jungen Menschen festzustellen haben. Hier hätte aber gerade die demokratische Identität eine Aufgabe der Verantwortung.

Rechtssystem und Steuerung veranlassen dazu, nach außen sich so darzustellen, als ob Verantwortung für das eigene Tun nicht von einem selbst getragen würde, sondern z.B. von einer „G.m.b.H. & Co. K.G.", oder als ob die „Onkelehe" keine wäre. Die Uminterpretationen setzen zudem ein Einzelinteresse gegen das der Gesellschaft – vertreten durch den Staat – durch, die Trennungen bringen ein isoliertes Interesse des Produzierenden z.B. gegen das der Benutzer zur Geltung. Wie soll da Identität der Individuen einen Zusammenhang zu gemeinschaftlichem Sinn finden, dem gegenüber die demokratische Verantwortung tätig wird?

Der Zusammenhang von demokratischer Identität und Verantwortung, von Verantwortung und tätigem Mitvollzug im eigenen Leben ist so vielleicht klar genug angedeutet.

Das Problem aller Demokratien, ein funktionierendes Gleichgewicht zu schaffen von bewußt und unmittelbar mitzugestaltenden Situationen, Prozessen des öffentlichen Lebens einerseits – Demokratie lebt nur im hic et nunc, also auch im Erleben der Individuen für sich und miteinander – und andererseits der Notwendigkeit, selbst für zeitlich und räumlich übergreifendste Aufgaben entscheidungsfähig zu sein, kann hier nicht untersucht werden. Wir können hier nicht alle Vermittlungssysteme zwischen Geschichte und Lebensgeschichte eigens behandeln, wie Gesellschaftslehre und Staatslehre das tun. Wenn hier grundsätzliche Zusammenhänge mit ihrer Bedeutung für die Gestaltung der Lebensgeschichten wie der Geschichte der Gesellschaft aus ihren sozial-psychologischen Bedingungen deutlich werden, ist das ein wichtiger Schritt. Indem wir ihn vollziehen, stellt sich heraus, daß die Begriffe Geschichte und Geschichtsbewußtsein keineswegs auf Vergangenheit allein bezogen sind. Vielmehr wird vergangene Geschichte nur zugänglich, insofern ihr Niederschlag in Schichten der gegenwärtigen Strukturen Möglichkeiten und Grenzen des heutigen Lebens bestimmt. Geschichte kann immer nur als Vorgeschichte der Gegenwart und im Hinblick auf eine, belehrt und besser, zu gestaltende Zukunft Bedeutung einnehmen. Deshalb sind historische Wurzeln demokratischer Identität nur dann von der gesellschaftlichen Vergangenheit her für uns lebendig, wenn in der gegenwärtigen Organisation des öffentlichen Geschehens Lebens-Geschichte erfahren und gestaltet werden kann. Fragen an die Geschichte bilden stückweise eine Identifikation der Heutigen mit den Lösungen und Leiden der Früheren, an denen verantwortlich weitergearbeitet wird – kritisch und anknüpfend, fortsetzend und sich entgegensetzend. Wesentlich dabei ist auch die Frage, welches wären die Bedingungen dafür gewesen, daß unsere Vor-geschichte anders verlaufen und zu einer Gegenwart geführt hätte, die uns eine Fortsetzung in die Zukunft besser ermöglichen würde?

Das „kulturelle Erbe“ Vom Sinn und Unsinn eines Klischees

Hans Mayer

Um es offen zu sagen: da war zunächst bloß Widerstand, fast Widerwillen, als die Einladung aus Nürnberg eintraf, heute und hier über das „Kulturelle Erbe“ zu sprechen. Zumal sich sogleich die Assoziation einstellte mit der Floskel vom „Nationalen Kulturerbe“, wie sie in amtlichen Verlautbarungen der DDR, aus gegebenem Anlaß, stets aufzutauchen pflegt. National, Kultur, Erbe: ein Spiel mit lauter Unbekannten. Verwechselt man nun die Analyse von Kulturphänomen mit dem Klassikerzitat, so wäre diesmal in der Tat ein kräftig Wörtlein aus Goethes „Faust“ am Platze. National, Kultur, Erbe. Der Teufel belehrt, durchaus mephistophelisch, den unbedarften Schüler:

> Schon gut! Nur muß man sich nicht allzu ängstlich quälen;
> Denn eben, wo Begriffe fehlen,
> Da stellt ein Wort zur rechten Zeit sich ein.

So ist es auch hier, beim Klischee vom Kulturellen Erbe, national oder auch nicht. Vielleicht kommt man weiter, wenn man die Begriffe genauer anschaut. Sie sind geworden und haben ihre Geschichte, die sich nirgendwo erschöpft mit bloßer Wortgeschichte. In unseren Wörtern und Redensarten ist immer noch die längst abgelebte Vergangenheit wortfest gemacht. Wir kämpfen mit offenem Visier und ziehen doch nicht aus als Ritter ins Turnier. Ritterzeit, Schwedenkrieg, Franzosenzeit unter Napoleon, bürgerliche Gesittung des 19. Jahrhunderts, Landsererfahrung aus zwei Weltkriegen: alles ist Sprache geworden, mithin Kultur der Gegenwart. Die Obzönität von einst verwandelte sich zur harmlosen Alltagsfloskel; Kriegerisches ist plötzlich spaßhaft gemeint.

Auch das Wort vom *Erbe* hat seine Gesellschaftsgeschichte. Mit dem Besitzdenken des bourgeoisen 19. Jahrhunderts hängt es zusammen: wenigstens in der scheinbar vergeistigten und sublimierten Fassung des Kulturellen Erbes. Kulturelles Erbe, das kann als Synonym verstanden werden für die Grundhaltung bürgerlicher Existenz in Deutschland und im 19. Jahrhundert, bis etwa zum Jahre 1914. Kulturelles Erbe war folglich zu verstehen als *Bildung und Besitz.* Werke der Kunst, als Klassiker sanktionierte Künstler, anerkannte große Leute gleich welchen Metiers: das wurde als Besitz deklariert, war Erbschaft, die man getrost antreten durfte, denn sie war schuldenfrei. Bei Carl Sternheim, in der „Hose", diskutiert, im ersten Jahrzehnt unseres Jahrhhundert, der deutsche Spiesser Theobald Maske mit dem vermutlich nicht rein arischen Untermieter Benjamin Mandelstam, wer die besseren Kulturtrümpfe in der Hand hat. Das läuft so ab:

Theobald:
Freund, wohin? Kann ich, Sohn des Volkes, das einen Schiller bar, abtrünnig sein?
Mandelstam:
Lieben Sie ihn?
Theobald:
Ich bin natürlich kein Kenner.
Mandelstam:
Wagner, nicht Schiller, ist der Mann unserer Zeit.
Theobald:
Ihnen den letzten Zweifel zu nehmen, nenne ich den Namen: Luther.
Mandelstam:
Gut.

Es ist, im wörtlichsten Sinne, ein Gespräch über wertbeständigen Kulturbesitz, gleichsam mündelsichere Anlagen des Geistes. Die Protzerei und Gegenprotzerei mit angeblichen Werten und Gegenwerten als töricht und kaufmännisch sogar als unreell abzulehnen, kommt weder dem Maske in den Sinn, noch dem kleinen Mandelstam.

Dabei ist der bürgerliche Begriff des Besitz- und Erbschaftsdenkens in Fragen der Kunst, der Architektur, na-

natürlich auch der Landschaft, durchaus nicht uralt und gleichsam natürlich. Viele Zeitalter und Generationen hielten das Überlieferte und Hergebrachte durchaus nicht für erhaltenswert. Geschichtliche Beispiele sind in meinen Augen immer aufschlußreicher als abstrakte Thesen der Kulturphilosophie. Ich wurde nachdenklich bei der Lektüre von Briefen des jungen Mozart. Der Vater hatte ihn endlich aus der Obhut entlassen und nach Paris geschickt: neuen Erfolgen entgegen. Die kranke und hilflose Mutter aus Salzburg sollte ihn begleiten. Sie ist auf der Reise in Paris gestorben, wie man weiß. Aus dem eleganten Salzburg mit einer durchaus modernen und üppigen Architektur gelangt Mozart ins Schwäbische. In Ludwigsburg macht er dem Herzog von Württemberg seine Aufwartung. Er mokiert sich in Briefen an den Vater über die schönen Fachwerkhäuser, die heute bewundert und möglichst gut konserviert werden in einem reichen Land, das genau weiß, was man von solcher Kulturerbschaft zu halten hat. Mozart wußte es noch nicht. Übrigens waren die hohen Herrschaften in Ludwigsburg, vor denen Wolfgang Amadé zu spielen hatte, durchaus seiner Meinung. Ganz wie ihre Nachfolger. Systematisch entfernte man das Schloßmobiliar der Barockzeit, um sich standesgemäß „modernisieren" zu können.

Die materielle Basis für den Begriff des Kulturerbes war bürgerlich; schon am Ausgang des 18. Jahrhunderts, vor wie nach der Französichen Revolution, hatte sich auch die Feudalkultur verbürgerlicht. Der ideologische Überbau aber, der einen solchen Begriff wie den des Kulturerbes erst möglich und wirksam machte, entstammte dem ideellen Repertoire *deutscher Romantik.* Sie erst hatte, die Romantische Schule in Deutschland, den Wert des Vergangenen proklamiert. Es war eine Entdeckung aus dem zu Ende gehenden 18. Jahrhundert, durchaus keine Naturtatsache. Gleichzeitig aber auch Weiterführung der bürgerlichen Aufklärung, die ursprünglich abstrakt und unhistorisch argumentiert hatte im Bereich des Geschichtsdenkens. Die Entdeckung des Mittelalters bei Herder und seinen Schülern war vorangegangen. Dann kam in Deutschland der Schock der Französischen Revolution. Als Gegenbewegung entdeckte man die erhaltengebliebene und allzulange verkannte Vergangenheit mit ihren wahrnehmbaren Zeugnissen.

Kulturelles Erbe in Deutschland: das hat man zuerst beim Anblick der *Stadt Nürnberg* entdeckt, und bei der neuen, folgenreichen Begegnung mit Albrecht Dürer. Man kann historisch den Vorgang ziemlich genau datieren in das Jahr 1797, also zwei Jahre nach dem Sturz Robespierres und nach Immanuel Kants „Traktat vom ewigen Frieden". Das Büchlein „Herzensergießungen eines kunstliebenden Klosterbruders" war durchaus nicht von einem Mönch verfaßt worden, sondern vom Sohn eines hohen preußischen Beamten in Berlin, dem jungen Wilhelm Heinrich Wackenroder, einem Schulfreund des Tischlersohnes Ludwig Tieck. Mit Tieck hatte Wackenroder dieses alte Nürnberg entdeckt, eindrucksvolle Erbschaft aus Mittelalter und Renaissance. Im Mittelpunkt dieser Herzensergießungen steht als folgenreichster Abschnitt das „Ehrengedächtnis unseres ehrwürdigen Ahnherrn Albrecht Dürers", das so beginnt: „Nürnberg! du vormals weltberühmte Stadt! Wie gern durchwandelte ich deine krummen Gassen; mit ehrkindlicher Liebe betrachtete ich deine altväterischen Häuser und Kirchen, denen die feste Spur von unserer alten vaterländischen Kunst eingefügt ist! Wie innig lieb' ich die Bildungen jener Zeit, die eine so derbe, kräftige und wahre Sprache führen!"

Die Vorstellung also, daß es so etwas gibt wie eine Kulturelle Erbschaft, jenseits der vererbbaren materiellen Werte im Leben der Einzelnen und ihrer Familien, ist in Deutschland bestenfalls zweihundert Jahre alt. Zuerst tauchte sie auf bei Herder und beim jungen Goethe in ihren Straßburger Betrachtungen über deutsche Volkslieder und deutsche Architektur. Zur ästhetischen Doktrin und zum kulturellen Postulat, das bis heute verkündet wird, wurde sie dann geformt durch unsere Romantiker: von Wackenroder und Novalis und Tieck bis zu Richard Wagner. Der junge Friedrich Nietzsche trat als erster *dagegen* auf und stellte alle Thesen des damaligen Historismus in Frage. Das sollte es von nun an nicht mehr geben: gläubiges Vertrauen zu ererbten Kunstwerken und Doktrinen. Wenn wir heute über das Kulturelle Erbe nachdenken, und nicht bereit sind, eine Diskussion mit vorgegebenen und fest stablierten Spielregeln anzunehmen, so müssen wir wissen, daß wir auch darin selbst wiederum – Erben sind. Wir haben *eine Auseinandersetzung geerbt,* die ziemlich genau zwischen 1773 und 1876 geführt wurde. Von Goethe und Herder also bis zu Nietzsches Unzeitgemäßer Betrachtung „Vom Nutzen und Nachteil der Historie für das Leben".

Unser Thema ist also *zeitlich* sehr genau situiert und begrenzt. Es ist auch im *Raum* wesentlich bezogen auf das mittlere Europa deutscher Sprache. In England hängen alle Vorstellungen von kultureller Überlieferung, die erhaltenswert sei, mit der immer noch fortwirkenden Adelskultur zusammen.

Wenn man im Festsaal von Oxford die Orgel vorweist, mit der simplen, fast beiläufigen Bemerkung: „hierauf haben Händel, Haydn und Mendelssohn gespielt", so wird damit eine fraglose Kontinuität festgestellt. Freilich in Oxford, also nicht allenthalben in England.

Die kulturelle Kontinuität in Frankreich ist das Ergebnis einer im wesentlichen fraglosen Definition des französischen Territoriums. Ein früh zentralisierter Staat mit festen Grenzen. Das Gegenteil zur deutschen historischen Misere. Mit dem Begriff der Nation, und im Gefolge sowohl der Jakobiner wie des Bonapartismus, ließ sich zu *Paris* das Kunstwerk einer Hauptstadt errichten, das Notre-Dame und Eiffelturm zur Einheit zwingt, die Kuppeln des Architekten Mansart und die Jugendstil-Embleme der Métro-Stationen. Was geschrieben und gedruckt wurde im Laufe der Jahrhunderte, findet sich vereint an zentraler Stelle der Bibliothèque Nationale. General de Gaulle war durchdrungen von diesem französischen Postulat einer kulturell überschaubaren Überlieferung, als er die Anweisung gab, den Nachlaß Heinrich Heines, den westdeutsche Institutionen mit schwieriger Finanzierung zu erwerben gedachten, ohne Rücksicht auf Unkosten für die französische Nationalbibliothek zu erwerben. Was auch geschehen ist.

In Frankreich gab es deshalb immer wieder längere Phasen, wo die Kultur durchaus affirmativ, sogar apologetisch sein konnte, ohne daß sie dabei zur Lüge und leeren Dekoration entarten mußte. Gegen Ende des 17. Jahrhunderts kam es zum Bündnis des erstarkenden Bürgertums mit dem Absolutismus König Ludwigs XIV. gleichzeitig gegen die Adelsfeudalität und die jesuitische Indoktrination. Ludwig XIV. hat Molière geschützt, als er sich mit den Aristokraten anlegte im „Don Juan" und mit den Jesuiten im „Tartuffe". Ein Jahrhundert später und in Deutschland ließ der Herzog von Braunschweig dem Hofrat Lessing in barscher Form mitteilen: er solle von nun an den Mund halten und keine weiteren Sottisen schreiben gegen die etablierte Religion und gegen den Hamburgischen Hauptpastor Melchior Goeze.

Die deutsche Kultur ist in ihren produktivsten Schöpfungen und Prägungen *das Werk von Neinsagern* gewesen, von Außenseitern, ganz gewiß von Kindern der kleinen Leute. Der Sohn des wohlhabenden Kaiserlichen Rats Johann Kaspar Goethe in der Freien Reichsstadt Frankfurt ist eine von wenigen Ausnahmen geblieben. Unsere Literatur wurde jahrhundertelang produziert von Pastoren, Pastorensöhnen, ungebärdigen Theologiestudenten, von Hofmeistern irgendeines Junkers. Im 19. Jahrhundert, als die beherrschende Rolle der Pfarrhäuser im deutschen Geistesleben ausgespielt war, wurde unsere Literatur in einem durchaus wertvollen und positiven Sinne *„provinziell"*. Als die große bürgerliche Revolte von 1848/49 niedergeschlagen war, mit ihr der Gedanke an einen deutschen Nationalstaat und eine deutsche Nationalliteratur, entdeckte man die Schöpferkraft der deutschen Landschaften und Provinzen. Theodor Storm in Holstein, Fontane im Märkischen, Mörike in Schwaben, natürlich auch die gleichzeitig schweizerische und deutsche Schriftstellerei des Zürichers Gottfried Keller.

Dies ist in der Literatur deutscher Sprache das „Kulturelle Erbe". Wenn man genauer hinschaut: das Werk der Neinsager, der kleinen Leute, der deutschen Provinz, denn es gab keine deutsche Hauptstadt. Sogar im Kaiserreich und in der Weimarer Republik hat die Reichshauptstadt Berlin nichts bewirkt an kultureller Produktivität, was sich mit den Metropolen Paris oder London vergleichen ließe. Es wäre ungerecht, daraus irgendeinen Vorwurf abzuleiten. Sogar bei den ästhetischen Revolten der Naturalisten und der Expressionisten hat Berlin, mit Hilfe seiner Presse und seiner Literaten, vor allem die *Durchsetzung* des Neuen bewirkt.

Diese gesamte Erbschaft aber ist heute verbraucht. Es hat keinen Sinn, sich da etwas vorzumachen. Die jeweilige Offizialkultur, jedenfalls seit der Lessing-Zeit in der Mitte des 18. Jahrhunderts, hatte kaum viel mehr zu bieten als offizielle Dekoration. Die Weimarer Tafelrunde mit Goethe und Wieland, Herder und Schiller war entschieden bürgerlich. Da wurde dem Feudalismus nicht nach dem Munde geredet, wenn man absieht von ein paar höflichen Festspielen und Geburtstagsgedichten. Die beherrschenden Figuren der deutschen Literatur in der ersten Hälfte des 19. Jahrhunderts, Heinrich Heine und Georg Büchner, waren boshafte Neinsager und Nestbeschmutzer. Was sie zu sagen hatten gegen die deutschen Landesherren und die deutschen Spießer, ist bekannt. Später wurde der Revoluzzer Gerhart Hauptmann, ein Dichter der „Weber" und der „Ratten", zum gefeierten Repräsentanen für bürgerliche Honoratioren. Heute ist auch der gesamte Expressionismus, nachdem er aufgehört hat, als „entartet" verflucht zu werden, kulturell vereinnahmt. Da tut nichts mehr weh.

Was im Laufe der Jahrhunderte in Deutschland produktiv gewesen ist, scheint allgemein auszuscheiden. Wenn ich es richtig sehe, so gab es seit der Reformation, im Grunde seit dem ausgehenden Mittelalter, vier große gesellschaftliche Produktionsmöglichkeiten der Kultur. Indem ich sie bloß benenne, wird offenbar, daß wir mit ihnen nicht mehr für irgendeine künftige „Erbschaft" werden rechnen können.

1. Es gab eine *Adelskultur,* nicht bloß natürlich in der Ritterzeit des hohen Mittelalters, sondern immer wieder auch im 17. und 18. Jahrhundert. Noch einmal kulminierend, und nicht zufällig, in der deutschen Romantik mit Heinrich von Kleist und Friedrich von Hardenberg-Novalis, mit Achim von Arnim, Joseph von Eichendorff und Friedrich de La Motte-Fouqué. Der Anteil deutscher Aristokra-

ten an der Durchsetzung bürgerlicher Aufklärung ist bei uns nicht minder beträchtlich gewesen als in Frankreich. Die Sprecher in den Dramen des Sturm und Drang, bei Goethe, Schiller und Lenz, sind fast immer Aristokraten, die Partei ergreifen gegen die eigene Klasse und für das bürgerliche Menschenrecht. Das ist das Ende.

2. Die *Bürgerliche Kultur* der einstigen Neinsager wandelte sich in Bildungs- und Besitzvorstellungen des Honoratiorentums. Noch bis 1918 gab es in Deutschland eine kultivierte Bürgerschicht, die nicht restaurativ dachte oder empfand, sondern neugierig war auf das Neugeschaffene. Die Geldentwertung von 1920 bis 1923 hat ihr materiell den Garaus gemacht. Nachher war eine bourgeoise Schicht der Gewinner aus Krieg und Niederlage etabliert: ganz ohne Wissen und ohne Ehrfurcht. Die Welt der Thyssen und Stinnes war angebrochen. Doch wird man nicht sagen können, daß eine Thyssen-Stiftung oder Ford-Foundation irgendetwas gemeinsam hätte mit der produktiven Bürgerkultur.

3. Es fehlt heute in Deutschland auch, aus allzu wohlbekannten Gründen, das kulturelle Element der *jüdischen Intellektualität.* Was diese ungemein produktive, doch niemals harmonische deutsch-jüdische Symbiose für das kulturelle Leben Deutschlands bis 1933 bedeutet hat, ermißt man, schaut man sich die Liste der Nobelpreisträger für Medizin, Physik und Chemie in den letzten Jahrzehnten näher an. Wie viele deutsch-jüdische Namen, aber es sind Nobelpreise, die nach England oder Amerika gehen. Dort wird, natürlich nicht dort allein, auch jene kulturelle Tradition fortgesetzt, die begründet wurde ,durch den deutsch-jüdischen Nobelpreisträger Paul Ehrlich, der die Syphilis heilte, durch den Nobelpreisträger Richard Willstätter aus Karlsruhe, den man verjagte und dem wir die Erkenntnisse moderner Vitaminforschung zu danken haben. Als im März 1979 an der Hebräischen Universität in Jerusalem der hundertste Geburtstag Albert Einsteins unter Teilnahme von Gelehrten aus der ganzen Welt begangen wurde, ließ sich ermessen, wenn man Hunderte von Lebensläufen der Teilnehmer hintereinander las, wie viele Biographien in Deutschland begonnen hatten.

Auch damit ist es zu Ende. Diese Erbschaft ist gleichfalls aufgezehrt.

4. Ich möchte schließlich noch von einer *produktiven Kultur des proletarischen Klassenbewußtseins* sprechen, also von der deutschen Arbeiterschaft und ihrer Bewegung. Zwischen 1890, nach dem Fall des Sozialistengesetzes und Bismarcks Entlassung, und dem Jahr 1933, das eine Zäsur für alles bedeutet hat, gehörte es zur Grunddoktrin deutscher Arbeiterpolitik, daß man, als Proletarier, die kulturelle Erbschaft des Bürgertums übernehmen und kritisch sichten müsse. Je mehr sich marxistisches Denken durchsetzte, umso häufiger wurde mit Hegels Wortspiel von der dreifachen Bedeutung des deutschen Wortes „*Aufheben*" operiert. Man hebt eine Sache auf, um sie aufzubewahren; man hebt etwas auf, vom Boden oder vom Tisch, und hebt es dadurch in die Höhe; man hebt eine Sitzung auf oder ein veraltetes Gesetz oder irgendein Verbot. Damit wird etwas aus der Welt geschafft.

Was lag näher, als das *Verhältnis einer sozialistischen Gesellschaft zur bürgerlichen Kultur* mit Hilfe einer solchen Dialektik oder Scheindialektik deuten zu wollen. Man konservierte wertvolle Elemente der kulturellen Erbschaft, annullierte das angeblich Veraltete, hebt aber – eben durch einen solchen Prozeß der kritischen Aneignung – das Übernommene auf eine gesellschaftlich und möglichst auch geistig höhere Stufe.

So lautete die fast unangefochtene Doktrin damaliger Sozialisten. Franz Mehring, der wichtigste marxistische Kulturkritiker in Deutschland zwischen 1890 und 1918, Freund der Rosa Luxemburg, Historiker und Literaturkritiker, handelte folgerichtig, als er dem Offizialjubel des Kaiserreichs beim Schiller-Jubiläum von 1905 ein Buch entgegenstellte mit dem Titel: „Schiller. Ein Lebensbild für deutsche Arbeiter". Die Gründung der Volksbühne im Jahre 1890, gleichfalls gefördert durch Mehring, diente eben diesem kulturpolitischen Ziel. In den Zwanziger Jahren wurde durch Georg Lukács und Karl Korsch der Hegelianismus zum deklarierten Bestandteil einer kritischen Kulturtheorie des Proletariats.

Noch in den oft etwas grobschlächtigen Unterscheidungen von Lukács zwischen Fortschritt und Dekadenz in der deutschen Literatur, die meist auf einen Goetheanismus und Neoklassizismus hinausliefen, spürt man das Grundkonzept. Erst recht in der offiziellen sowjetischen Ästhetik, die ihre werthaften Unterscheidungen zwischen bürgerlicher Dekadenz, anerkennenswertem, aber doch unzulänglichem kritischem Realismus und erstrebenswertem sozialistischem Realismus ausdrücklich auf dieses Schema einer dialektischen Höherentwicklung der Kultur mit Hilfe einer kritischen Erbschaft ausgerichtet hat.

Auch damit, meine ich, ist es nun zu Ende. Das Wortspiel vom „Aufheben" ist heute nicht mehr als eine Metapher. Wo sie ernstgenommen wurde, wie in der DDR mit ihrem Konzept vom „Nationalen Kulturerbe", weil man von der These ausging, ein neuer Staat der Arbeiter und Bauern habe in der Tat auf höherer Gesellschaftsstufe die Erbschaft angetreten, dient der Traditionalismus vor allem dazu, die neue Kunst und Literatur mit Hilfe einer normativen und machtpolitisch etablierten Ästhetik zu gängeln und an der unliebsamen Entfaltung zu hindern. Einer von denen, die es wissen müssen, nämlich der Schriftsteller Günter Kunert, hat das im Jahre 1979 in einem gallenbitteren Gedicht ausgedrückt. Es trägt die Überschrift „Vom Dorotheenstädtischen Friedhof". Das ist jener Friedhof in Ostberlin, wo die verdienten und anerkannten Dichter beigesetzt wurden. Heinrich Mann und Brecht und Becher und Friedrich Wolf, viele andere noch. Auch die Musiker Hanns Eisler und Paul Dessau. Kunert stellt fest, daß hier die Toten in den Dienst gestellt werden zur Unterdrückung der Lebenden.

Auf den Friedhöfen der toten Dichter
triumphiert die Macht
über die Ohnmacht des Wortes
Selbst schwere Steine
sind nur leichtfertige Lügen
erhaben über wehrlosem Gebein
Barrikaden gegen die Lebenden
damit sie hier einhalten
im Denken und wissen

daß sie anheimfallen
der weiterwährenden Gebrauchsfähigkeit
früher oder später

Die Bundesrepublik ist ein Staat ohne normative Ästhetik. Das ist ein großer Vorzug. Freilich ist sie auch ein Staat, in dem, wie es im Augenblick scheinen mag, der Begriff des „proletarischen Klassenbewußtseins" hohl klingen muß in einer Realität, die auf soziale Harmonie abzustellen sucht. Veranstaltungen zum 1. Mai wirken als Verlogenheit: ein Feiertag mehr, doch warum?

Vier ehemals produktive Elemente einer Kultur, die Folgen gehabt hat und wahrnehmbar blieb: Adelskultur, bürgerliches Patriziat, jüdisches Außenseitertum und proletarisches Klassenbewußtsein. Vier Erbmassen, die aufgebraucht scheinen. Bei Kennzeichnung des heutigen Zustandes hat sich Alexander Mitscherlich der Formel von einer *Angestelltenkultur* bedient. Das geschah durchaus nicht in abschätziger Weise. Gemeint war eine soziologische Kennzeichnung. Im weitesten Verstande aber besitzt alle Angestelltenkultur ein *kleinbürgerliches* Element. Ideologisch betrachtet, erscheint mir die Bundesrepublik als ein kompaktes System des Kleinbürgertums. Wohlgemerkt: es gibt sehr wohlhabende und hochbezahlte und sehr arme und unterbezahlte Kleinbürger. Eines aber hat alle geschichtliche Erfahrung bisher bestätigt: *das Kleinbürgertum ist im Bereich der Kultur keine produktive Gesellschaftsform.*

Entdeckt man mithin, jenseits der Metaphern, einen aktuellen Sinn, der sich mit dem Begriff des „Kulturellen Erbes" verbinden ließe, so kann der Sinn nur als *Negation* verstanden werden. Wir haben es mit einem Vorgang der *Sinnentleerung* zu tun. Es mag Zeitgenossen geben, junge Menschen zumal, die das wenig kümmert. Sie können sich auf berühmte Vorbilder berufen. In seinem Arbeitsjournal notiert Bertolt Brecht am 22. August 1942 im kalifornischen Exil, daß man einen Abend zusammensaß mit Horkheimer und Adorno und anderen Leuten der „Frankfurter Schule". Der emigrierte Philosoph Hans Reichenbach, ein Neopositivist, den Brecht sonst schätzte, machte sich Sorgen über das Kulturelle Erbe in einer künftigen klassenlosen Gesellschaft. Brecht notiert heimlich und grinsend: „Die Rettung der Kulturgüter hält ihn schlaflos, während sie mich einschläfert.“ Das klingt wie der bare Zynismus, meint es aber anders. Brecht war tief durchdrungen vom Bewußtsein der Einzigartigkeit. Wenn er vor sich selbst Ernst machte, so dienten ihm alle Kulturgüter der Vergangenheit insgeheim als Material, woraus er selbst gegebenenfalls etwas Neues und Produktives machen könnte. So hat er gedacht und auch gearbeitet. Allein wer könnte sich dabei auf ihn berufen?

Bleibt die Frage, ob man heute von einem *Gegenkulturellen Erbe* wird reden dürfen. Die Folgerung ist naheliegend. Wenn tatsächlich, wie zu beweisen ist, die tradierte Kultur von etwa drei Jahrhunderten heute vor uns steht als das Werk einstiger Neinsager und Außenseiter, die man später sanktionierte und einsetzen konnte gegen die neuen Außenseiter: Stürmer und Dränger und bürgerliche Revolutionäre, Büchner und Heine, aber auch Richard Wagner, Expressionisten und Schönbergianer, das Bauhaus, die Entartete Kunst und die Trümmerliteratur, so muß man fragen, ob sich das auch heute wiederholt. Das Kulturelle Erbe scheint aufgezehrt. Gibt es dafür eine neue und produktive Gegenkultur?

Man wird von der geschichtlichen Erfahrung ausgehen müssen, daß alle Tätigkeiten der großen Neinsager und Außenseiter der Vergangenheit dadurch charakterisiert war, daß sie in die *bestehende Gesellschaft* mitsamt ihren Herrschaftsstrukturen und dekorativen Ritualen hineinzuwirken versuchte. Das geschah immer mit Hilfe einer gesellschaftlichen Basis, die gegen Unterdrückung revoltierte und die sich im Werk jener kulturellen Opponenten wiedererkannte. Im „Prinzip Hoffnung“ hat *Ernst Bloch* für Deutschland diesen Weg von der Rebellion eines Thomas Müntzer im Bauernkrieg bis zum Expressionismus der frühen Zwanziger Jahre im geschichtlichen Zusammenhang gedeutet. Ob es heute jedoch in vergleichbarem Sinne die gesellschaftliche Basis gibt für eine wirkliche Gegenkultur zu den offiziellen Festivitäten und kulturellen Ritualen im Lande, das halte ich für zweifelhaft. Auch das hängt mit jener Angestelltenkultur zusammen. Der Status eines

Angestellten im weitesten Sinne ist undenkbar ohne die *permanente Anpassung.* Erstrebt wird, daß man nicht auffällt, sich sogenannt normal verhält. Kulturelles Schöpfertum aber ist, nach allen bisherigen Erfahrungen, meistens undenkbar, ohne daß einer „aus dem Rahmen fällt“: durch seine Lebensweise wie auch durch seine Arbeit.

Freilich ist diese These keineswegs umkehrbar. Daß jemand aus dem Rahmen fällt, sich nicht anpaßt, die erwünschten Gesellschaftsspiele nicht mitspielt, bedeutet noch kein Indiz für ein antagonistisches neues Schöpfertum. Hier spreche ich in der Tat als einer von der älteren Generation, dem es schwerfällt, die neuen Riten und Gemeinsamkeiten einer jungen Generation zu verstehen, die sich offensichtlich verweigert. Vielleicht täuscht mein oberflächlicher Eindruck, daß alle Veranstaltungen dieser neuen Gegenkultur in unserem Lande nicht eine neue Gegengemeinschaft begründen, sondern sich als Addition individueller Einsamkeit darbieten. Das scheint mir kein Zufall zu sein, denn es fehlte heute an jeder gesellschaftlichen Basis für eine potente und legitime Gegenkultur.

Die Folge ist, daß Kultur in der sogenannten Wohlstandsgesellschaft, der „affluent society“ nach der amerikanischen Formel, die übrigens materiell bedroht ist und entsprechend reagiert, immer mehr in den Entfremdungsprozeß des Lebens in der bürgerlichen Gesellschaft einbezogen wurde. Längst hat man eine Trennung vollzogen zwischen dem Ernst des Lebens, wo das Geld verdient wird, und der Kultur als einer Freizeitbeschäftigung. *Kultur als Hobby.* Auf Hobbies aber kann man verzichten, wenn es ums Überleben geht. Der allgemeine Prozeß der Verdinglichung unseres Lebens, also der Quantifizierung, hat auch die Beziehungen unserer Zeitgenossen zur früheren Kultur erfaßt. Immer mehr wird das offiziell so verstandene „Kulturelle Erbe“ quantifiziert. Man kann als Tourist die Kultur abhaken. Beim Fernsehquiz wird die Kultur abgefragt. Wer besonders viel Kultur gespeichert hat, bekommt viel Geld. Hier werden in folgerichtiger Weise im Prozeß der bürgerlichen Ideologie zwei streng getrennte Begriffe aus der Frühzeit der bürgerlichen Kultur miteinander verwechselt: nämlich die Grundbegriffe

Wissen und *Bildung*. „Bildung“ aber meint auch heute noch mehr, als im bourgeoisen Konzept von „Bildung und Besitz“ enthalten war.

Dieser geschichtliche Zusammenhang ist in der *DDR* sehr viel genauer analysiert worden als in der Bundesrepublik. Freilich sind die Ergebnisse enttäuschend, wie mir scheint. Ihrer Identität nach versteht sich die Regierung der Deutschen Demokratischen Republik als Verkörperung einer durch das Proletariat, durch die Werktätigen im weiteren Sinne, „aufgehobenen“ Kultur der bürgerlichen Gesellschaft. Das äußert sich in anachronistischer Weise im Parademarsch und in der Berufung auf Scharnhorst und Gneisenau, in durchaus vorbildlicher Weise in der Erhaltung von Werken und Lebenszeugnissen nicht allein der Goethezeit. Vor etwa zwanzig Jahren gab die herrschende Partei der DDR die Losung aus, die Menschen ihres Herrschaftsbereichs auf den Weg zu einer „gebildeten Nation“ zu führen. Der Grundgedanke war richtig, denn die Entwicklung des modernen Kapitalismus erweist sich immer stärker als Hindernis für ein neues kulturelles Schöpfertum. Die redlichsten und bedeutendsten Werke der heute im Westen geschaffenen Werke der Kunst und Literatur künden von Auflehnung gegen die Entfremdung und Verdinglichung. Aber sie bleiben, wie Adorno das genannt hat, im Bereich einer „negativen Dialektik“.

Allein auch der DDR und der Sowjetunion ist das Phänomen der Entfremdung nicht erspart geblieben im „realen Sozialismus“. Dies ist wohl der Grund für die ebenso sonderbare wie hartnäckige Ablehnung *Franz Kafkas* durch den Osten. Weshalb auch der Versuch der DDR mißlingen mußte, das Nebeneinander der beiden deutschen Staaten gleichzeitig als *Dualismus von zwei grundsätzlichen Kulturen* zu verstehen. Das ist weder gelungen im Bewußtsein der Deutschen hüben und drüben, noch konnte es theoretisch begründet werden. Wie sehr die DDR eingebunden bleibt in die kapitalistische Wirklichkeit und damit in den Prozeß wachsender Selbstentfremdung, zeigt sich deutlich an ihrer Wirtschafts- und Außenpolitik. Mit Leidenschaft wird immer noch einmal wiederholt, es könne keine *„Konvergenzen“* geben zwischen der Lebensweise in der Bundesrepublik und der DDR. Die Realität beweist allenthalben das Gegenteil. Auch in einer kulturell besonders wichtigen Hinsicht. Dadurch nämlich, daß die wichtigsten Impulse unserer heutigen westdeutschen Literatur von Autoren ausgehen, denen die Erfahrung des Lebens „dort drüben“ anhaftet. Mögen sie weggegangen sein, freiwillig oder unfreiwillig, oder weiterarbeiten in Ostberlin oder Leipzig oder in Weimar: was sie zu sagen und zu schreiben haben, berührt uns hier keineswegs als sonderbarer Exotismus. Beim Lesen entdeckt man, daß jene Erfahrungen gleichsam in neuer und schärferer Form auch unsere eigenen Erfahrungen, wahrscheinlich auch bereits unsere Erfahrungen von morgen vorweggenommen haben. Im Bereich heutiger deutscher Kultur widerspricht diese tiefe geistige und gesellschaftskritische Gemeinsamkeit dem politischen Dualismus der beiden Staatswesen auf deutschem Boden. Das bedeutet Hoffnung.

Wenn unter Honoratioren in der Vergangenheit vom Kulturellen Erbe die Rede war, so wußte man, daß nun das Faust-Zitat folgen wird. Die Verse aus dem zweiten Monolog des uralten Professors, der einen Selbstmord plant, welcher freilich mißlingt. In seinem Fluch auf alles, was ihn an Wissen und Überlieferung umgibt, versteht er sein bisheriges Lebenswerk als grundsätzlich verfehlt:

> Weit besser hätt ich doch mein Weniges verpraßt,
> Als mit dem wenigen belastet hier zu schwitzen!
> Was du ererbt von deinen Vätern hast,
> Erwirb es, um es zu besitzen!

Abermals das Erbe. Was Goethe meint, ist offensichtlich. Wer Erbschaft als Besitz behandelt, hat sie verspielt. Erbschaft ist nur in eigener neuer Tätigkeit, mit Hilfe des Überlieferten, möglich, was häufig auch heißen mag: im Gegensatz zum Überlieferten. Heute und hier aber bedeutet es vor allem: daß man sich der weiteren schleichenden oder gar zynischen Zerstörung des Überlieferten widersetzt. *Diese Negation ist kulturell produktiv.* Wer sich auflehnt gegen die Quantifizierung der Kultur, gegen das Hobbydenken, gegen die Zweiteilung vom ernsthaftem Geldverdienen und dem überflüssigen kulturellen Brimborium, lehnt sich auf gegen die Entfremdung und deren Lebensformen. *Wer heute nach dem Sinn fragt jenes Klischees vom Kulturellen Erbe, der meint den Widerstand gegen weitere Zerstörung.* Was heißen soll: der fragt nach den Ursachen solcher schleichenden Zerstörung, um wirksam verhindern zu können. Gerade in der Stadt Nürnberg wird man verstehen müssen, wie das gemeint ist.

Lassen Sie mich schließen, nach deutscher Professorenweise, mit einem Zitat. Es ist sogar ein doppeltes Zitat, denn ein heutiger deutscher Schriftsteller, *Thomas Brasch,* der von drüben kam, hat es einem Theaterstück vorangestellt, das vor zwei Jahren mit großem Erfolg bei uns gespielt wurde und den Titel trug: „Rotter. Ein Märchen aus Deutschland". Der Buchausgabe aber stellte Thomas Brasch ein deutsches Zitat aus der großen Tradition voran. Es lautet so: „Es ist auf Erden alles unvollkommen, ist das alte Lied der Deutschen. Wenn doch einmal diesen Gottverlassenen einer sagte, daß bei ihnen nur so unvollkommen alles ist, weil sie nichts Reines unverdorben, nichts Heiliges unbetastet lassen mit den plumpen Händen, daß bei ihnen nichts gedeiht, weil sie die Wurzel des Gedeihns, die göttliche Natur nicht achten, daß bei ihnen eigentlich das Leben schal und sorgenschwer und übervoll von kalter stummer Zwietracht ist, weil sie den Genius verschmähn, der Kraft und Adel in ein menschlich Tun, und Heiterkeit ins Leiden und Liebe und Brüderschaft den Städten und den Häusern bringt" (Hölderlin).

Von den Schwierigkeiten der Traditionsbildung in der Bundesrepublik

Lutz Niethammer

Die folgende Betrachtung sollte ein Podiumsgespräch einleiten, dessen Veranstalter eine Reihe unverlesener Thematiken ausgegeben hatten, die von einem Obertitel „Zwischen Einheit und Freiheit" über einen Untertitel „Über die Gegenwart deutscher Vergangenheit" und Begriffspaare wie „obrigkeitsstaatliche Tradition oder demokratische Evolution?" oder „historische Kontinuität und kultureller Wandel" bis zu einer Reihe (einst) möglicherweise sinnstiftender Jahresdaten wie 1813, 1848, 1871, 1918 und 1945 reichten. Diese Thematiken, die sich einem Medienkompromiß zwischen politisch gegensätzlichen Positionen verdankten, erschienen mir sperrig und meine Betrachtung diente zunächst einmal dazu, die Ebenen der Fragestellung auseinanderzunehmen, wobei ich vom Ende nach vorne vorzudringen versuchte. Ohne diesen Hintergrund wären die folgenden Seiten sicher unverständlich.

Indessen möchte ich nicht an der Oberfläche einer Veranstaltungskritik haften bleiben, denn Ober- und Untertitel signalisieren in einem hinreichend beunruhigenden Umfang die Zukunftsarmut unseres Geschichtsverständnisses. Während Konservative diese Geschichte auf Formeln bringen, die abgestanden wie Essaytitel aus den fünfziger Jahren anmuten und kaum eine Bedeutung für unsere alltägliche Orientierung zu gewinnen vermögen, aktualisieren Linke die deutsche Vergangenheit in Alternativen, welche die charakteristische Überlagerung und Durchdringung obrigkeitlicher und demokratischer Traditionen in unserem Land durch ein bequemes, importiertes rechts-links-Schema zu modernisieren suchen. Zu Herzen geht uns beides nicht. Wo die Spezialisten auf das Herz zielen, kommt auch eine ganz andere historische Bezugsebene zum Vorschein. Ich greife Beispiele aus den Wahlkämpfen der siebziger Jahre auf, in denen auf das populäre historische Unterbewußtsein der Westdeutschen spekuliert wurde. In „Freiheit oder/statt Sozialismus" sollte an die konservativen Erfolge des Kalten Krieges, die ihrerseits symbolische Kontinuitätselemente zum Faschismus aufnahmen („Alle Wege des Sozialismus führen nach Moskau"), angeknüpft werden, ohne daß eine Aktualität einer solchen Frontstellung hätte glaubhaft gemacht werden können. Im „Modell Deutschland" hingegen begegnet das deutsche Wesen, an dem die Welt genesen sollte, im Aggregatzustand der sozialstaatlichen Leistungsgemeinschaft. In beiden Fällen orientierte sich die politische Propaganda an den ideologischen Unterströmungen des „Dritten Reiches", um der Aufgabe auszuweichen, eine Perspektive für die Zukunft zur Debatte zu stellen. Offenbar gehört zu einer Programmatik der Zukunftsunsicherheit auch eine ungreifbare Tradition, und umgekehrt.

Denn beides, Tradition und Vision, sind ja *Medien,* in denen man von der Selbstverständlichkeit der Gegenwart Abstand und Überblick gewinnen kann, um die eigene Identität und Aufgabe in der Geschichte zu interpretieren. In der Bundesrepublik gibt es aber dazu gerade bei den politischen Repräsentanten immer weniger Neigung, weil wir das Gefühl nicht loswerden, als hätten wir die Freiheit der Zukunft schon hinter uns und künftige Bewegung könnte uns allenfalls erschüttern und schaden. Diese Orientierungslosigkeit hat ihr Korrelat in unserem Verhältnis zur Vergangenheit, wo ein verdrängtes Bedürfnis nach ‚Historischem' ziemlich wahllos nostalgisch herumvagiert und eine beinahe beliebige sinnliche Befriedigung sucht. Offenbar ist uns ein nationales Geschichtsbild, das zuerst einfach einmal da ist, um erst dann umstritten und zum Rahmen inhaltlicher Legitimierungen und Optionen für die gesamte Gesellschaft zu werden, abhanden gekommen. Eine solche positive Bedeutung für die Zukunft hat der Blick zurück für uns in der Bundesrepublik kaum.

Wenn in anderen Nationen über die großen Weichenstellungen ihrer Geschichte diskutiert wird, so geschieht das im Bewußtsein, daß die Fahrt noch weitergeht und mit dem Blick auf künftige Ziele. Aber sind wir noch im selben Zug?

I.

Was bedeuten uns die einstmals sinnstiftenden Jahresdaten: Wenn wir ehrlich sind, wenig – und mir scheinen die Gründe auf unterschiedlichen Ebenen zu liegen. Zunächst hat das etwas mit Kontinuität zu tun, wie etwa ein Blick auf Frankreich, die USA oder die Sowjetunion lehrt, wo sich die Jahresdaten gerade der revolutionären nationalen Konstitutionsvorgänge in den jährlichen Festkalender so eingeschrieben haben, daß an diesen Tagen die Ausdrucksformen der Volkstradition mit der Selbstzelebrierung einer bewahrten Macht zusammenfließen. Keine der vorhin aus der deutschen Geschichte der letzten beiden Jahrhunderte angezogenen Jahreszahlen weckt eine derart ungebrochene Tradition. Alle hinterlassen vielmehr – im wahrsten Sinne des Wortes – gemischte Gefühle: Gedächtnisstützen des Scheiterns, zerbrochener Hoffnungen, problematischer Siege. Aber „kognitive" Feste zu feiern, fällt schwer, Bemühungen hierzu bleiben sehr leicht künstlich.

Problematisch ist indessen nicht nur die Last der Kontinuität, soweit Vorfahren für die Bundesrepublik gesucht werden. Der auszeichnende Mangel an gefeierter demokratischer Identität läßt sich auch am Fehlschlag der politischen Feiertage in der Bundesrepublik selbst ablesen. Der 20. Juli ist nur mühsam in verordnete Gedenkleistungen umgesetzt worden, und viele meinen zu Recht, weil er ein zu einseitig-konservatives Bild des Widerstandes verewigen würde. Der 17. Juni ist mit der Hallstein-Doktrin dahingesiecht und in eine Diskussion über die Besitzstandswahrung an Freizeit übergegangen. Der Volkstrauertag war zunächst von den Gefühlen der Kriegshinterbliebenen-Generation getragen und wurde sogar politisiert, als Anfang der 60er Jahre aufrechte Christen die Verfolgten und Ermordeten des NS-Terrors in die Andachtstexte hineinboxten. Mittlerweile ist er zu einer organisierten Feier verblaßt, die ab und zu durch fragwürdige Aufmärsche irritiert. Daß die Dauerdiskussion um einen bundesdeutschen Verfassungstag bisher kein Ergebnis hatte – muß man's nach alledem nicht loben? Hat er uns nicht vor neuen Pflichtübungen bewahrt? Denn, gestehen wir es uns doch ein: wir haben diese Republik nicht gewollt, die Besatzungsmächte haben uns zu ihrer Gründung gedrängt. Wir wollten noch nicht einmal eine Verfassung dafür ausarbeiten, nur ein Grundgesetz, ein Organisationsstatut für ein „Transitorium" wie Heuß sagte, dessen Etablierung sozusagen über uns gekommen ist. Kontinuität wider Willen.

Auf einer dritten Ebene wäre der ereignisgeschichtliche Charakter der symbolhaften Daten zu hinterfragen. Stiften sie Sinn?, was doch wohl heißen muß, daß in ihnen etwas Traditionsbildendes, Identitätsformendes, etwas, das in unseren Alltag aber auch in Perspektiven politischer Entwicklung übersetzbar ist.

Gustav Heinemann hat in einer seiner vielen löblichen Initiativen einen Schülerwettbewerb begründet, durch den er die Tradition deutscher Freiheitsbewegungen in die Herzen der Jugend tragen wollte. Ich habe beinahe von Anfang an an diesem Wettbewerb mitgearbeitet und fühle mich daher kompetent zu berichten, wie sich demokratische Traditionssuche an den realen Verhältnissen abgearbeitet hat. Zuerst wählte man als Thema 1848, unsere konsensfähige Revolution, in der von Carstens bis Dutschke für jeden ein Traditionssplitter gescheiterter Hoffnung begraben liegt: Varianten des Nationalismus, der parlamentarischen und der direkten Demokratie, der Rechtsstaat und die Sozialrevolution. (Beim Centenarium 1948, der letzten gesamtdeutsch übergreifenden Parallelfeier, hat sich diese die Interpretationen umgreifende Integrationsfähigkeit des bürgerlichen Revolutionsversuchs zuletzt bewiesen). Dann kam 1918/19: Da wurde es schwieriger: Wo mußte man nun suchen, um die Tradition der Freiheit zu finden: beim Rat der Volksbeauftragten, in Weimar, bei den Räten, im Ruhrkrieg? 1945 wurde die Kalamität total: Gab es da überhaupt Bewegung? Was war der Gegenstand? Die Antifa-Ausschüsse, die von allen verdrängt worden waren? Oder die Männer, die „für uns" begannen und meist überzeugt waren, daß die Mehrheit der Deutschen zuerst einmal mit einer antifaschistischen Erziehungsdiktatur reorientiert werden müßten. Oder Parteien und Gewerkschaften, die im Prokrustesbett alliierter Lizenzvorschriften wuchsen? Die Veranstalter erkannten ein Doppeltes: Auch nur halbwegs konsensfähige Freiheitstraditionen waren extrem knapp in Deutschland, insbesondere dann, wenn – wie im Programm vorgesehen – in den Ereignisschüben der nationalen Geschichte die Beteiligung auf örtlicher Ebene untersucht werden sollte. Und zweitens: In einer gemächlichen Republik ohne revolutionäre Tradition wie der unsrigen ist Identifikation nicht durch die historische Bearbeitung von Extremsituationen, sondern durch die Betroffenheit in alltäglichen Lebensbereichen zu erschließen. Der didaktische Transfer führt sonst auf die Barrikaden. Also definierten sie die zweite Serie von Wettbewerben um und machten mit Arbeit, Wohnen, Freizeit Aspekte einer Sozialgeschichte des Alltags zum Leitthema. Damit war das Problem umgedreht: Der Transfer war gesichert, aber die Lernziele waren keinswegs mehr notwendig auf Freiheit gerichtet, sondern konnten sich ebensogut in den Verstrickungen obrigkeitlicher Sozialpolitik verheddern.

Damit ist zugleich das Problem unterschiedlicher Zeit-, Handlungs-, Betroffenheits- und Identifikationsebenen berührt. Wir alle haben unterschiedliche Zeit- und damit auch Geschichtssysteme im Kopf und das nationalpolitische ist darunter eines der peripheren. Wir lernen es in der Schule, die Medien versuchen es bei uns wach zu halten, aber es vermittelt sich nur begrenzt mit unserem Leben. Unsere persönlichen Erfahrungen datieren wir nicht nach dem Kulturfahrplan, sondern nach Geburt und Tod von Verwandten, nach Umzügen, Heiraten, Berufseinschnitten. Allgemein denken wir zunehmend in Konjunkturzyklen und beziehen politische Ereignisse z. B. auf wirtschaftliche Rezessionen.

Das hat in einem doppelten Sinn Konsequenzen für die Möglichkeit ereignisgeschichtlicher Sinnstiftung: Zum einen werden wir uns der Distanzen zwischen unserem persönlichen Leben und dem Handeln der Systemsteuerer und der Leitfiguren auch populärer Tendenzen deutlicher gewahr. Zum anderen ist die Kurzschlüssigkeit des extremen Nationalismus dahin, die den Einzelnen aus seinen vielerlei Bindungen zu lösen drohte, damit er unmittelbar für das staatliche Kollektivsubjekt konsumierbar werde. Wenn die Nationalismusforschung die Bedeutung der intervenierenden Vermittlungsebenen, die Bindungen an Organisationen, Klassen, Konfessionen, Regionen, Subkulturen als Hemmnisse betont und deren Zusammenbrechen als Gefahr eines faschistischen Kurzschlusses geortet hat, so geht sie mit dem Erfahrungsgehalt unserer Gesellschaft konform. Die unmittelbare Ausgesetztheit gegenüber ereignisgeschichtlichen Schüben auf der nationalen Ebene ist unserem Alltag fremd geworden und unser kollektives Gedächtnis bewahrt ihre Erfahrung eher als Katastrophen denn als Chancen.

II.

Wie ist also das Verhältnis von historischer Kontinuität und kulturellem Wandel zu bestimmen? Wenn ich sage, daß die Jahresdaten nationalgeschichtliche Weichenstellungen keinen Sinn mehr zu stiften vermögen und daß die offiziöse Festkultur der Bundesrepublik auch nichts Vergleichbares an ihre Stelle gesetzt hat, so will ich damit keineswegs unterstellen, daß es – besonders bei der jüngeren Generation – keine Suche nach historischer Identität gebe. Im Gegenteil, das Bedürfnis nach Historischem ist groß, aber der Zugriff ist selektiv und zielt meist auf die Dimension des Soziokulturellen, im Antiquitätenboom nicht minder als in der alternativen Szene: die Aktualisierung der Formen mittelalterlicher Bauernresistenz bei den Grünen, die Hexen bei den Frauen, die Arbeiterkultur bei der Linken . . . Dem zunehmenden fachwissenschaftlichen Interesse an Sozialgeschichte, Kulturgeschichte, aber auch Geschichte der Natur, entspricht eine populäre Aktualisierung von kulturellen Alternativtraditionen. Dies ist gewiß eine Erscheinung, die in der ganzen westlichen Welt anzutreffen ist, auch in ihrem Hinausgreifen über den nationalgeschichtlichen Rahmen und in einer gewissen Beliebigkeit der Kombinationen. Diese letztere Beobachtung scheint mir nun allerdings für die Bundesrepublik in einem sehr viel stärkeren Maße charakteristisch als für viele unserer Nachbarländer. Und es fragt sich, woran das liegt.

In französischen oder amerikanischen Schulen wird im Geschichtsunterricht mit viel größerer Selbstverständlichkeit ein nationales Geschichtsbild zugrunde gelegt als bei uns. Innerhalb dieses Rahmens dürfen die Bewertungen dann freilich sehr viel strittiger sein als hierzulande. Bei uns fehlt die selbstverständliche Akzeptierung eines solchen Traditionsrahmens. Der von konservativen Politikern und Medienmachern in gewissen Wellen unternommene Versuch, eine nationale Legitimation herbeizuschaffen, um den Einzelnen aufs Ganze zu verpflichten, geschieht am untauglichen Objekt: Wer uns eine nationale Vergangenheit andichten will, schafft nur Verwirrung. Die Geschichte der Bundesrepublik – wie gewiß auch diejenige der DDR – ist im Rahmen des nationalen Paradigmas überhaupt nicht zu verstehen. Davon trennt uns der Faschismus und die deutsche Teilung, und beide gilt es als eine Einheit zu begreifen.

Es macht einen Sinn, den Faschismus als Ergebnis – ich sage nicht: als das notwendige Ergebnis – deutscher Geschichte zu interpretieren und ein Großteil der deutschen Geschichtswissenschaft der Nachkriegszeit hat deshalb auch immer wieder mit der Frage „Wie konnte es dazu kommen?" von der „Machtergreifung" aus einen analytischen Krebsgang angetreten. Dieses Ergebnis deutscher Geschichte bestand aber im wesentlichen darin, daß es nach 1933 in Deutschland keine handlungsmächtigen Alternativen zum Faschismus mehr gab und daß sein Amoklauf die wesentlichen verbliebenen Weltmächte in eine Koalition trieb, die ihn von außen bezwang. Insofern sind die Alliierten, die in der Folge Deutschland geteilt haben, nicht ein externer Faktor, den man sozusagen von außen in eine nationale historische Kontinuität einbringen kann, sondern ein integrierender Bestandteil der beiden nun entstehenden Nachkriegsordnungen. Diese sind ohne die Besatzungsmächte ganz unverständlich. Das nach dem Krieg von der SPD angebotene Alternativmodell, nach dem als nationale Konsequenz aus dem Faschismus ein autonomer, demokratischer Sozialismus aufgebaut werden sollte, wollte diese Grundbedingung der Nachkriegsgeschichte – nämlich daß Hitler nicht national, sondern von außen überwunden worden war – hinwegeskamotieren und ist gescheitert. Adenauers erfolgreiche Westintegrationspolitik anerkannte diese Bedingungen und ihren Preis, die Stillegung der nationalen Geschichte. Die nationale Diskontinuität hat erst jene vielfältigen sozialen Kontinuitäten der besitzenden Schicht und der funktionalen Eliten in Westdeutschland durch den Faschismus hindurch ermöglicht, an denen sich seit den 60er Jahren eine neue Generation, eben die Kinder von Hitler und Coca Cola, so sehr irritiert und gerieben hat.

Zwei bleibende Leistungen dieser Generation von 1968 auf die öffentliche Meinung in der Bundesrepublik lassen sich m. E. feststellen, wenn auch die Anregungen dazu meist von Älteren gekommen waren: Das politische und kulturelle Spektrum dieses Landes wurde über den bürgerlichen Provinzialismus des Kalten Krieges hinaus durch Rückgriffe auf vor- und antifaschistische Traditionen des Sozialismus sozusagen wieder auf Normalbreite gebracht und durch Importe von den Beatles bis Mao angereichert. Freilich ergab dieser selektive Zugriff oftmals bei den betroffenen Gruppen *erhebliche Realitätsverluste,* nämlich bei der Aktualisierung und Verortung dieser Beiträge im Verhältnis zu unserem gesellschaftlichen System. Auf der anderen Seite hat sie selbstverständlich werden lassen, was manche seither die Selbstanerkennung der Bundesrepublik als eine neue Nation genannt haben, die sich über den Lebensstil industrieller Massenkultur und Leistungsstolz als Einheit erfährt. Und zwar dadurch, daß sie nicht den Rahmen in Frage stellt, sondern den Inhalt.

Wenn wir in der Bundesrepublik also vor dem Paradox

wesentlicher gesellschaftlicher Kontinuitäten stehen, die sich gerade der nationalen und politischen Diskontinuität verdanken, und wenn das nationalhistorische Paradigma unsere Geschichte nicht organisieren kann, so haben wir natürlich Bedarf an einem anderen, sozio-politischen Verständnisparadigma. Hier bietet sich uns die von der politischen Entwicklung her definierte Alternative „Obrigkeitsstaatliche Tradition oder demokratische Evolution" an. Paraphrasiert spiegelt sie sich durchaus in Jahreszahlen wie 1813, 1848, 1871 etc. als nationale Tiefendimension. Ich möchte hier unmißverständlich meine Skepsis über die traditionsstiftende Kraft eines solchen Begriffspaares anmelden. Als Interpretationsrahmen einer politischen Sozialgeschichte der Deutschen würde die Unterstellung eines solchen Kampfes zweier Linien unser historisches Verständnis geradezu idealistisch verniedlichen und den dominanten Trend substantiell verfehlen. Ich möchte diese Skepsis anhand von einigen Stichworten näher begründen.

Das beginnt mit den Begriffen. Der Obrigkeitsstaat würde zu einer Tradition vergeistigt und auch die Volksherrschaft würde nicht errungen oder ausgeübt, sondern sie entwickelt sich, bruchlos, gewaltfrei – ein sanfter Sachzwang. Die Rechte würde als bewahrend bis beharrend vorgestellt, die Linke als bewegend und entfaltend. Schön wär's, wenn eine solche Dichotomie auch die wirkliche Vergangenheit unserer Gesellschaft beschreiben und erklären könnte. Denn das ist der notwendige Test historischer Begriffe, daß sie unser Wissen gerade auch über extreme Lagen zu organisieren vermögen. Aber wäre es nicht eine Verharmlosung des Faschismus, ihn der obrigkeitsstaatlichen Tradition zuzurechnen? Und ist es für die demokratische Komponente in der deutschen Geschichte nicht charakteristisch, daß sie sich eben nicht entwickelte, sondern in – oft von außen induzierten – Schüben hervorbrach, zurückgeworfen, abgewürgt, durch innere Zersplitterung entkräftet und schließlich – sozusagen obrigkeitlich reimportiert wurde? Was sagen uns diese Begriffe über die Bedürfnisse und Interessen, derentwegen demokratische oder obrigkeitsstaatliche Mittel eingesetzt wurden? Was über die Institutionalisierung von Macht, über die ökonomischen Strukturen, die kulturellen Muster? Die Sozialgeschichte fällt durch eine so abstrakte Begriffsdichotomie durch, weil sie es nicht mit Linien, sondern mit gesellschaftlichen Kräften zu tun hat, die in ihren Bedingungen, Möglichkeiten und in ihrer Interaktion näher zu bestimmen sind.

Mein Zweifel gründet aber nicht nur im Methodischen, sondern auch in der Sache, und diesen Widerspruch kann nur auf eben der Abstraktionsebene angemeldet werden, die ich gerade als einer sozialgeschichtlichen Sichtweise fremd denunziert habe. Eine Thematisierung deutscher Geschichte unter der Alternative „Obrigkeitsstaatliche Tradition oder demokratische Evolution“ unterlegt sie mit der Vorstellung kontinuierlich geschichtsmächtiger Konfliktkulturen, die sich gegenüberstehen und in sich jeweils relativ homogen sind. Charakteristischer für die deutsche Geschichte der letzten zwei Jahrhunderte scheint mir aber eine spezifische Aufsplitterung solcher Konfliktkulturen der Rechten und insbesondere der Linken in wenig kooperative Fraktionen und Subkulturen und zugleich die Hoffnung der sozialen Mitte, solche Zersplitterung durch konfliktfreie Synthesen von oben zu überwinden, und sei es durch brutale Unterdrückung aller Widerstände. Charakteristisch erscheint mir, daß sich die zerklüftete Sozialstruktur in einer Pluralität volkstümlicher Kulturen fortsetzte, die sich gerade nicht zu einer umfassenden, die Demokratie tragenden, solidaritätstiftenden Volkskultur zusammenschlossen. Ich hätte deshalb sehr viel mehr Verständnis dafür, den merkwürdigen Widerspruch zwischen politischer Rückständigkeit und gesellschaftlicher Modernisierung, wie er z. B. für das Bismarckreich, Weimar und die Bundesrepublik bezeichnend ist, unter dem sozialdemokratischen Konzept des ‚organisierten Kapitalismus‘ erklären zu wollen. Letztlich ist aber auch dieser in den frühen 70er Jahren auf breiter Ebene unternommene Verständnisversuch stecken geblieben, weil er sein Konzept über unser Grundproblem, die Schwelle aus Faschismus und deutscher Teilung, sozusagen hinüberheben mußte.

IV.

Damit bin ich bei der „Gegenwart deutscher Vergangenheit" angelangt.

Der vorhin angesprochene Hang zu einer Mitte, die Ordnung von oben meint, hat sich in der Bundesrepublik fortgesetzt, aber in einer charakteristischen Verwandlung: Nicht mehr die Unterdrückung von Alternativen steht nunmehr im Vordergrund, obwohl wir auch sie nicht übersehen sollten, sondern ihre Marginalisierung. An die Stelle sinnstiftender Binnenfronten sind integrative Apparaturen zur Verwaltung der nationalen Leistungsgemeinschaft getreten, deren begrenzte innere Konflikte aber nicht mehr anschaulich sind, betroffen machen, Identität zuschreiben, mobilisieren. Das „Oben" ist zum „Innen" geworden: die Sozialpartnerschaft, die Solidarität der Bundestagsparteifunktionäre, der kulturelle Verbandsproporz, die bürokratischen Erziehungsbetriebe, die Sozialverwaltung, das Konsensmanagement, aufgelockert durch Schaukämpfe politischer Matadore. Diese selbstläufigen Integrationsapparate konsumieren den Einzelnen nicht mehr primär über Befehl, Gehorsam und Begeisterung, sondern über materielle Anreize und verfahrensmäßigen Sachzwang.

Wer Sinn sucht, drängt nach außen, greift – oft ohne historischen Zusammenhang und politische Perspektive – in der Vergangenheit unserer und anderer Gesellschaften nach Vorbildern, nach korrespondierenden Situationen, nach sinnlicher Umwelt. Mehr denn je seit Romantik und Jugendbewegung ist dieser partikulare Zugriff auf den Selbstbedienungsladen Geschichte von existentiellen Bedürfnissen getrieben. Er vermittelt Anregungen zur soziokulturellen Kreativität. Ähnlich wie damals existiert die Gefahr, daß eine „chice Kultur" der Sensiblen entsteht, deren Berührungen mit der Massenkultur für beide Seiten frustrierend bleiben. Der Drang aus der Integration ins Extrem und in die Vergangenheit ist aber kein Privileg der Linken oder der alternativen Szene um 1980. Auch auf der Rechten sind korrespondierende Vorgänge einer Identitätssuche durch Abgrenzung auszumachen: Die Faszination der faschistischen Gewaltsymbolik auf arbeitslose Jugendliche, die Führerverfallenheit in religiösen Sekten, aber auch die Versuchung, ganze Integrationsapparaturen wie die Einheitsgewerkschaften, den Sozialstaat, ein bundesweites Fernsehprogramm platzen zu lassen, verlassen die vielbeschworene gemeinsame Grundlage der Massenkultur und landen nolens, volens bei Vergangen-Geglaubtem.

So eindeutig diese Veränderungen im soziokulturellen Bereich sind, so still scheint es mir auf der „gesamtdeutschen“ Szene zu sein, nachdem die Ostpolitik der frühen siebziger Jahre die Luft aus den nationalen Erwartungen und Ansprüchen auf Wiedervereinigung gelassen und die konkreten Beschwernisse der Zweistaatlichkeit und Berlins für die Betroffenen erleichtert hat. Der Prozeß der Nationwerdung der BRD einerseits, der DDR andererseits schreitet fort, aber anders als die Regierenden wollen, nämlich schnell in der Bundesrepublik, aber langsam in der DDR.

Die Grundlagen der Zweistaatlichkeit, vor allem die militärischen Blöcke, haben sich nicht verändert und eine Änderung ist unterhalb der Schwelle des heißen Krieges auch nicht in Sicht. Allenfalls im Meinungsspektrum der Bundesrepublik ist ein Wandel zu verzeichnen. Gesamtdeutsche Parolen mobilisieren rechts kaum noch: Hingegen haben einige Fraktionen der Linken – und nicht nur die geplagten Maoisten – das gesamtdeutsche Thema entdeckt und propagieren einen in Ost und West gleichermaßen systemsprengenden autonomen Sozialismus. Grundlagen für eine künftige Massenwirksamkeit dieser Konstruktion sind aber zumindest in Westdeutschland nicht erkennbar.

V.

Mit dem Begriffspaar zwischen „Freiheit und Einheit“ sind wir vollends auf einer Ebene angelangt, auf der man mit Begriffen alles machen kann, weil sie allen historischen Zusammenhang und jede gesellschaftliche Füllung verloren haben. Nehmen wir „Freiheit statt Sozialismus“. Das ist eine Reizvokabel, die Träume und Alpträume mobilisieren soll. Wir haben den Freiheitsbegriff derart verschlissen, daß er näherer Bestimmung bedarf, um überhaupt noch etwas auszusagen. Nicht umsonst sprechen wir ja auch dort, wo es um Folgen geht, nämlich im Recht, nicht mehr von frei, sondern von freiheitlich, um zu bezeichnen, daß wir zugleich alle konventionellen Freiheitsbeschränkungen mit meinen. Als Leitthema einer Tradition eignet sich ein so bestimmungsbedürftiger Begriff gewiß nicht, den Sozialisten und Faschisten, Liberale und Kommunisten im Munde führten, wobei jeder etwas ganz anderes meinte. Vielleicht liegt seine Aktualität und Konkretisierbarkeit für uns heute vor allem in der Freiheit, die wir im Alltag vermissen, Freiheit von Not etwa in den Entwicklungsländern, Freiheit der geistigen Entfaltung in allen linken und rechten Diktaturen.

Mit der Einheit ist es noch problematischer. Nicht nur wegen der Kontinuitätsdefekte des Nationalstaats zwischen 1933 und 1949 und der Inaktualität der sog. deutschen Frage als Rückkehr zur nationalen Einheit. Sie ist auch ein ähnlich vieldeutiger Begriff wie Freiheit: Was für unterschiedliche Gruppen und Gebiete hat man in Deutschland nicht schon unter der Parole der nationalen Einheit versammeln wollen: Bayern und Preußen, Polen und Franzosen, vom kleindeutschen Rumpf bis zum großgermanischen Reich. Ich bestreite nicht, daß diese im bundesdeutschen so permissive Vokabel nach wie vor vielen Bürgern in der DDR ein teurer Begriff ist, weil es für sie ein Kodewort gesellschaftlicher Erwartungen bedeutet. Aber auch das kann für uns nur ein Indikator dafür sein, wie weit wir uns auseinanderentwickelt haben. Denn wenn die Wiedervereinigung nicht den meisten von uns als ein Wolkenkuckucksheim erschiene, würde sie manchem von uns Angst machen – wegen des notwendigen Lastenausgleichs, der zu erwartenden Konsumreduktion, dem wahrscheinlichen sozialdemokratischen Erdrutsch und der noch tiefer sich eingrabenden Kluft an der Mainlinie. Es erhebt sich also die unvermeidbare Frage: Wo bleibt das Positive? Ich glaube, es steckte schon in einigen meiner Anmerkungen, ich will diese in drei Thesen zusammenfassen:

These 1:

Der Faschismus hat die nationale Kontinuität abgebrochen und zerstört, die offensichtlich keine Identität mehr stiften kann. Zugleich sind ältere Traditionen ereignisgeschichtlich definierter Freiheitsbewegungen in ihrem programmatischen Gehalt so ambivalent geworden, daß sie ihren Traditionscharakter verloren haben und unser Verhältnis zu ihnen bestenfalls zu einem kognitiven geworden ist. Deshalb muß sich demokratische Identitätssuche auf die gesellschaftliche Kontinuität einlassen.

These 2:

Ein gesellschaftsgeschichtlicher Zugriff aber hat drei Konsequenzen: *Erstens* fallen die nationalen Scheuklappen und wir treten in Vergleich und Verflechtung mit anderen Gesellschaften. Die Geschichte der Gastarbeiter führt uns nicht nur zu den vorindustriellen Unterschichten, sondern auch in die Mittelmeerländer. Der Wiederaufbau des Kapitalismus nach dem Krieg führt uns nicht nur zu seiner Rolle in Weimar und im Zweiten Weltkrieg, sondern auch nach Amerika. *Zweitens:* Anders als bei der Nationalgeschichte ist bei der Gesellschaftsgeschichte der Rahmen nicht vorgegeben, sondern muß erst erschlossen und diskutiert werden. Damit erhält die Debatte über Modelle, Dialektik und Prozeßverläufe gesamter Gesellschaften einen eminenten Orientierungswert für den demokratischen Staatsbürger. *Drittens* verlaufen Identifikationsprozesse auf der Ebene kleinerer Einheiten: Regionen, Schichten, Geschlechtszugehörigkeiten, den alltäglichen Betroffenheiten. In der Geschichte des Alltags werden kollektive Bedingungen konkret und Handlungsspielräume auch individuell wahrnehmbar und nachvollziehbar.

These 3:

Das selektive historische Interesse dieser Jahre richtet sich hauptsächlich auf die dritte Dimension, in der Wissenschaft wie im Verhalten. Das hat uns nach der Abarbeitung an überkommenen Theorien den Sachen näher gebracht, nicht aber den Zusammenhängen. Das löst den Ruf nach der Sinnstiftung des partikuär Erfahrenen aus. Dem muß sich Wissenschaft entziehen. Was sie aber leisten muß, ist, die neuen Erfahrungen konzeptionell zusammenfassen, strukturieren, auf ihre Zusammengehörigkeit prüfen. An solchen Konzeptionen kann sich dann Sinnsuche je nach den eigenen Voraussetzungen abarbeiten. Hier liegt das Defizit der historischen Debatte. Wir befinden uns in einem Augenblick fruchtbarer Gärung, deren Ergebnisse nur an den neuen Gegenständen erkennbar sind, aber noch nicht theoretisch formuliert wurden.

Wozu Gesellschaftsgeschichte des Mittelalters

Karl Bosl

Kein geringerer als der große liberale Kulturhistoriker Italiens Benedetto Croce, dem das 19. Jahrhundert seine Charakteristik des Liberalismus verdankt, ein Philosoph und Historiker von europäischem Rang, hat nach der Abwendung vom Marxismus seines römischen Lehrers Labriola in deutlicher Hinneigung zu Hegel und der deutschen Philosophie des Idealismus sich eindeutig nicht nur vom Irrationalismus und Positivismus, sondern auch vom *Medievalismus* distanziert und abgewandt. Indem er Idealismus, Liberalismus, Humanismus zu einer Einheit verband und auch die Wirtschaft als Ausdruck des humanistischen und weltlich-profanen, antiasketischen Geistes verstand, der aus der Asche des mittelalterlichen Universalismus aufstieg und das Erwachen der (modernen) europäischen Staaten begleitete, trug er, gestützt auf das Immanenzprinzip seiner Metaphysik in machtvoller Weise zur Befreiung des Menschen vom Staate, von der intellektuellen und moralischen Passivität (des Mittelalters), die aus dem naturalistischen Dualismus der alten Griechen kam, bei und suchte die Kreativität des Geistes theoretisch wie praktisch zu verstehen. Für diesen Kulturhistoriker war die materialistische Gleichsetzung des Menschen und seines Körpers unliberal, unliberal auch das Zurückführen des sozialen Lebens auf eine Summe egoistischer Interessen, die der Staat verschenkt. Doch lehnte er den abstrakten Spiritualismus, der versuchte, den Körper im gegenwärtigen Leben zu töten, und die zivilen und politischen Institutionen als Werkzeuge überweltlichen Aufstiegs zu benützen, ebenso entschieden ab.

Der Liberalismus Croce's wollte die Einheit, mehr noch die Unterscheidung in der Einheit von Physis und Psyche, von Körper und Seele, weil er sonst Rechte und Pflichten, individuelles Urteil und staatliche Autorität nicht auf einen Nenner bringen konnte. Für diesen Liberalen im umfassendsten Sinn war sein Liberalismus Wesenskern der europäischen Kultur, universales Prinzip der modernen Geschichte, Höhepunkt einer Entwicklung, durch die der Geist, dank Kunst (Aesthetik) und Wirtschaft, von den Fesseln der Transzendenz befreit wurde und sich selber als Quelle des Rechts und der Autorität erkannt hat. Für Croce bedeutete das Kampf gegen den mittelalterlich-asketischen Traum einer festen sozialen Ordnung, in der die Sehnsucht nach einer Auflösung in den beseligenden Zustand der contemplatio (Anschauung Gottes) ihren Lohn fand und die dagegen die Idee des ewigen Kampfes zwischen Gut und Böse, zwischen Gottesstaat und irdischen Staat setzte. Den Dualismus zwischen Seele und Leib zu überwinden, politisch die Trennung zwischen Individuum und Staat aufzuheben und die Gesellschaft als eine Gemeinschaft zu verstehen, die zugleich ästhetisch und ethisch, wirtschaftlich und geistig ist, war Croce's Forderung. In solchem Verständnis gewann seine Philosophie der Kunst und der Wirtschaft, auf die er den Geist und die Wirklichkeit einschränkte, reduzierte, ein antitotalitäres und ein liberales Gewicht.

Für den universalen und metapolitischen Charakter des Liberalismus war die Unterscheidung zwischen Wirtschaft und Ethik wesentlich: Dort wo das System der menschlichen Bedürfnisse in seiner unverrückbaren Realität erkannt wird, bestätigt sich das Prinzip des Wettstreits als bewegende Kraft der Geschichte; wo der Nutzen negiert wird, weil er mit Ethizität vermengt oder zum Werkzeug moralischer Zwecke verkehrt worden ist, wuchert die Tendenz, Individualität zu töten, die Natur des Menschen zu zerstören. Croce verteidigte den autonomen Wert der Kunst gegen den Intellektualismus und gab dem Nützlichen den Rang einer geistigen Kategorie. Damit führte er einen Schlag gegen die abstrakte Rationalität und Moralität, die er für den Nährboden von Revolution und Totalität hielt. Den revolutionären Geist erachtete er als unästhetisch, rationalistisch, asketistisch, moralistisch, weil er Phantasie und geistige Konzepte fürchtete, alles Übermenschliche haßte, alle Äußerungen von Genialität und Freiheit ablehnte. Er steht nach Croce dem Autoritarismus nahe, weil er das soziale Leben nach absoluten Prinzipien reglementiere, der Kunst zwingende Aufträge erteile, weil er die rechtliche und wirtschaftliche Ordnung abstrakten moralischen Imperativen unterwerfe. Die Idee der Revolution ist für Croce religiösen Ursprungs und verrät das mystische Verlangen, die Unterschiede zwischen den Menschen aufzuheben, die individuelle Freiheit zu töten, die historische Wirklichkeit einem transzendenten Ideal zu opfern. Den *Mediävalismus* beurteilte er als besonderen Ausdruck revolutionären und totalitären Denkens, das auf Reaktion, autoritäre Ordnung, totalitären Staat abziele, er verkennt die zwei mondanen Wissenschaften, Ästhetik und Wirtschaft, die im humanistischen Geist der Moderne sich ausdrücken.

Weil Totalitarismus im Gegensatz von senso und ragione, von Seele und Körper gründet, ist die *Verbindung* dieser doppelten Ordnung der Wirklichkeit die *metaphysische* Grundlage des Liberalismus, sein Gegenteil sind Asketismus und Moralismus. Der Liberalismus glaubt an die Verbindung von Hoch und Niedrig, von innerer und äußerer Welt; insofern ist er Kern einer Geschichte und einer idealen Moral der Menschheit, sein zentrales geschichtliches und menschliches Anliegen war eine Theorie der Kunst und des Nützlichen, ein humanistisches und anthropologisches Verständnis der mondanen-weltlichen und paganen-nonkonformistischen Elemente im geistigen Leben. Dadurch gewann Croce Einblick in die geistige Krise unseres Jahrhunderts, deshalb konnte er vieles vorausahnen.

Das negative Mittelalterbild des liberalen Kulturphilosophen Benedetto Croce ist begründet in der Anwendung von Idealismus, Humanismus und Liberalismus auf die Geschichte und darum Symptom des bürgerlichen Geistes bis zum ersten Weltkrieg und nicht sehr weit entfernt von Max Weber. Dieses harte Urteil über den „Geist des Mittelalters“ das an den Maßstäben des modernen Bürgertums und seiner Mentalität und der sie begleitenden Metaphysik gemessen wird, setzte nicht nur die Demontage des sogenannten Mittelalters seit Aufklärung und französischer Revolution gesellschaftspolitisch fort, indem sie Feudalismus durch Elitetum, individuelle Freiheit und vergeistigte intellektuelle Wirklichkeit ersetzte, sondern griff ebenso hart an die geistig-menschlich-anthropologischen Wurzeln dessen, was man als Mittelalter verstand, an Asketismus, Ordoideal, Passivität, ethischen Dualismus, Spiritualismus, Transzendentalismus, Trennung von Körper und Seele, von Hoch und Niedrig, an abstrakte Rationalität und Moralität, Mystik, an Reaktion, Autoritarismus, Totalitarismus. So richtig dieses Werturteil im allgemeinen wie im Detail *zum Teil* sein mag und durch die berechtigten Einwände der Romantik auch nicht außer Kraft gesetzt wird, so beachtlich auch hinter dieser Generalkritik die Autorität des großen Systematikers und Kulturphilosophen Benedetto Croce steht, im ganzen hat es doch nur eine „Ruine" weiter abgebaut, aber keine konstruktive Idee für ein umfassendes realistisches Urteil an seiner Statt gewagt; das war freilich von Croce nicht zu verlangen; Max Weber, der andere große historische Systematiker und Metaphysiker, wie Alois Dempf ihn genannt hat, hat hier schon aufbauender gewirkt und mit seiner strukturalistisch-vergleichenden Methode des Idealtypus, dem wir den Realtypus zur Seite stellen, einen neuen Weg der Integration und eines neuen sachbezogenen systematischen Urteils über das Mittelalter gewiesen. Nicht bei Benedetto Croce, dessen Einfluß in den letzten zwei Jahrzehnten wieder zu wachsen beginnt, sondern bei Max Weber setzt deshalb die von der Gegenwart inspirierte Frage zunächst des Allgemeinhistorikers und dann vor allem des Gesellschaftshistorikers an, wozu man, außer aus antiquarischem Interesse oder um ein Hobby zu befriedigen, überhaupt Mittelalter studieren, sich dafür interessieren soll und welchen Zweck und Sinn es hat im besonderen Gesellschaftsgeschichte des Mittelalters zu betreiben. Gerade weil er nach Aufklärung, Romantik, Idealismus, Humanismus, Liberalismus und Sozialismus und ihren Ergebnissen bzw. sachverändernden Ideen, Ideologien, Erkenntnissen die „Wertneutralität" stärkstens betonte, darum hat der weltwirksame historische Soziologe und Nationalökonom Max Weber die aufwertende Diskussion über die mittelalterliche Gesellschaftsgeschichte erneut in Gang gebracht; dabei spielt die kritische Frage, wie weit Wertneutralität überhaupt möglich sei und vor dem historischen Bewußtsein zurückstehe, primär für meine Studie keine Rolle. Das methodisch-wissenschaftliche Bemühen um ein „wertneutrales“, objektives, sachbezogenes, zeitgerechtes, systematisches, unideologisches oder ideologiearmes und offenes wie bewußtseinsbezogenes Mittelalterverständnis unter gesellschaftlichem Aspekt ist heute eine Grundforderung deutscher, europäischer, globaler Historie.

Daß man ohne Mittelalter Europa nicht verstehen kann, hat offenbar am frühesten die amerikanische Europageschichte erkannt; es gibt keine größere Universität in den Staaten, die nicht ihre medieval studies hätte und der größte Mediävistenkongreß für amerikanische Europahistoriker findet allährlich in Kalamazoo/Western Michigan statt; dabei wird die ganze mittelalterliche Welt in all ihren Bereichen studiert und diskutiert, was bei der Abschichtung in Einzeldisziplinen bei uns nicht möglich ist. Wie weit stehen doch in Deutschland historische und literaturgeschichtliche Wissenschaft auseinander. Das amerikanische Interesse verwundert deswegen, weil die Amerikaner in ihrer Entwicklung keinen Feudalismus gehabt haben, weil sie eine bürgerlich-demokratisch-egalitäre-industrielle-postfeudale Gesellschaft von ihren Anfängen an sind. Schon die heute noch ragenden Zeugen mittelalterlicher Geschichte in Europa erzwingen um der Erhaltung der Identität willen eine intensivere Beschäftigung mit dem Mittelalter und auch mindestens der Spätantike. Ohne bewußte Mittelalterkenntnis würde das historische Selbstbewußtsein der Europäer insgesamt, wie der Franzosen, Italiener, Deutschen, West- und Ostslawen im besonderen erlahmen und erlöschen und das könnte zwischen der Scylla und Charybdis der Weltgroßmächte und ihrer Kultur den Anfang des Erlöschens bedeuten. Die politische Einheit Europas ist darum ein Sisyphuswerk, weil die politisch-staatliche Vielfalt und der kulturelle Pluralismus auf der Höhe des sogenannten Mittelalters durch eine kraftvolle Einflußnahme von römischer Kirche und Reformpapsttum inauguriert und angelegt sind. Europa müßte eigentlich in seinem kulturell-staatlichen Pluralismus das Mittelalter überwinden, um zu einer relativen Einheit zu gelangen, die nicht nur wirtschaftlich sein kann, sondern institutionell werden muß. Die römische Kirche hat nach dem zweiten Weltkrieg ihre Europanähe und ihre Europäizität klar aufgegeben und sich auf ihre globalen Implikationen besonnen. Das hat Papst Pius XII. auf dem Internationalen Historikerkongreß zu Rom 1955 deutlich gemacht, ja die katholische Kirche hat sich, wenn auch mit vielen Ängsten und Restriktionen vom Geiste des Mittelalters in ihrem Dogma, ihrer dualistischen Moral und Weltdeutung, ihrem Asketismus und ihrer Weltferne auf dem Zweiten Vatikanischen Konzil sichtbar distanziert, wenn auch die herrschende Enge des polnischen Katholizismusverständnisses einen Schritt zurückmachen möchte. Aber die Öffnung in die Welt und damit eine Distanzierung von Europas Gesellschaft und Kultur, von seinem Mittelalter ist erfolgt und kann nicht mehr rückgängig gemacht werden. Umso stärker müssen sich die europäischen Völker und Kulturen auf sich selber und damit auf ihr Mittelalter besinnen, damit sie nach der Distanznahme und dem Prestigeverlust der alten kirchlichen Mittelaltermacht nicht isoliert werden. Bezeichnend ist dabei, daß man die reale Einheit von Europas Gesellschaft und Kultur aus ozeanischer Distanz viel klarer sieht und viel höher bewertet, als das den Völkern in der europäischen Retorte möglich zu sein scheint. Das ist mir auch bei einer Vortragsreihe an den Universitäten Japans 1965 erfahrbar geworden; denn es gibt dort an jeder Hochschule ein Institut für europäische Geschichte mit eigenen Lehrstühlen. Auf die Frage, welche Notwendigkeit dazu bestünde, bekam ich zur Antwort, daß das moderne Japan sich selbst ohne diese Beschäftigung nicht mehr verstünde, da es seit der Meji-Restoration von 1868 soviele europäische Elemente in seine Kultur eingeschmolzen habe, daß es nicht mehr das gleiche sei wie vorher. Es ist bezeichnend, daß die japanischen Historiker und Intellektuellen nicht nur wegen der feudalen Parallelität von Samurai und Ritterkultur in der japanisch-europäischen Aufbruchsepoche dem Mittelalter und seinem Studium größtes Interesse entgegenbringen. Um ihrer modernen Identität und ihres hohen Wertbewußtseins wegen stehe europäische und mittelalterliche Geschichte in Japans Bildungswelt hoch im Kurs.

Daß nach dem Verfliegen der Romantik, dem defensiven Mittelalterverständnis der römischen, entstaatlichten Kirche, nach dem Aufstieg des italienischen und deutschen Nationalstaates – das Deutsche Reich verstand sich nicht als Fortsetzung des Alten Reiches – im Zuge des industriellen und technischen Aufschwungs und der sich bildenden historisch nicht gebundenen Klassen- und Massengesellschaft, im Zuge von Aufklärung, Idealismus, Humanismus, Sozialismus, im Glauben an den Fortschritt auf der einen Seite, im Elend der Proletarisierung, Entfremdung auf der anderen Seite und unter dem Drucke einer revolutionären Abschreibung der Vergangenheit und daraus folgend eine Konzentration auf das materielle Interesse, auf die Notlage der Gegenwart und aus Angst vor der Zukunft das Mittelalter kein Modell, keine Alternative sein und selbst dem Industriebürgertum, den Kapitalisten und den erwachten Intellektuellen und den Proletariern keine Sehnsüchte nach seiner Wiederkehr wecken konnte, ist allzu verständlich. Dort wo der Erfolg und der Nutzen oberstes Gebot und Kriterium des Urteils sind, wo Konkurrenz, Neid, Haß die Menschen entfremden und die Forderung der Gleichheit, Freiheit und des sozialen, menschlichen Ausgleichs zwingend naheliegen, kommt kein Gedanke an das Mittelalter und keine Vorstellung einer Alternative zur Gegenwart im Mittelalter mehr hoch, umsomehr als es diffamiert, entwertet, abgebaut wurde und das mehr als ein Jahrhundert lang, umsomehr als es die Epoche der Herrschaft, der Unterordnung, der körperlichen und geistigen Unterdrückung, der geistigen Nacht, des seit dem 18. Jahrhundert verfemten Feudalismus in den Augen der Majorität, auch der tragenden bürgerlichen und selbst der postfeudalen Schichten des 19. Jahrhunderts war. Für die aufsteigenden Klassen und Massen war das „finstere" Mittelalter eine lange Zeit der dunklen Mächte. Das Mittelalter als Zeit der Könige, Päpste, des Adels und der Patrizier, der

Stände und der „Armen“ im gesellschaftlich-politischen Sinn war für die freiheitlich-egalitären Menschen der modernen Klassengesellschaft ein menschlich-gesellschaftliches Problem, das sich in Antiklerikalismus, Revolution gegen die alten Mächte und ihre Herrschaft, in Übermenschentum, Rassismus, Anarchismus, Nihilismus und in einer neuen Lebensphilosophie ausdrückte.

Das so vielfach geschmähte, ja verachtete Mittelalter stand erst wieder zur Debatte und wurde erst Gegenstand einer sachbezogenen, nüchtern-wissenschaftlichen Forschung und Diskussion, als die neue politische Gesellschaft der Parteien, der demokratischen Volksparteien (in Bayern Vollmar und Heim als Führer) sich seit 1890 etwa ebenso wie z.B. in Italien in der Ära Giolittis und Benedetto Croce's durchzusetzen begannen, in Deutschland die postfeudale Führungsschicht durch die gespaltenen Kräfte des Sozialismus und eine Revolution entmachtet, das Königtum beseitigt und vor allem im Dritten Reich die alten Führungsschichten mit ihrem elitären Sendungs- und Geschichtsbewußtsein diffamiert, nivelliert und teilweise ausgerottet waren, als nach dem Untergang des nationalstaatlichen Reiches im nun totalen Zusammenbruch nach dem zweiten Weltkrieg in einem Menschenalter ein neuer geschichtlicher Wandel einsetzen mußte, um überleben zu können. Hatte sich vorher das Mittelalter und seine Herrschaft genau so wie der konstitutionelle Staat mit seinen „Quasiständen“ in der klassischen Rechtsgeschichte des 19./20. Jahrhunderts immer noch als normiertes System und als geordnete Macht dargestellt und verhärtet, entfaltete sich im Anschluß an den Aufbruch der politischen Gesellschaft im Zeichen der Volkssouveränität seit dem beginnenden 20. Jahrhundert und seit der Revolution eine neue dynamische Auffassung von Geschichte, die nicht zum Faschismus führen mußte, wenn sie sich nicht mit dem Vitalismus verband, die natürlich seine destruktive Staatspolitik vorbereiten konnte; das läßt sich überzeugend auch darstellen an Karl Lamprecht, dem Begründer einer neuen deutschen Wirtschafts- und Sozialgeschichte. Zusammen mit Bethmann Hollweg war er der Vorkämpfer einer neuen Kulturpolitik des deutschen Reiches in der westlichen Welt und begründete zusammen mit Professoren der amerikanischen Harvard-Universität den nach dem großen deutschen Liberalen und Emigranten Carl Schurz benannten Lehrstuhl an der Universität Madison/Wisconsin, den ich 1977 innezuhaben die Ehre hatte. Aber dieser Gründervater hatte das Mißgeschick, daß die damals noch idealistisch-nationalstaatlich-elitär eingestellte deutsche Geschichtswissenschaft von seinen neuen Aspekten keine Kenntnis nahm und Karl Lamprecht mit diesen neuen Einsichten so der geistige Vater der erfolgreichen modernen französischen Historikerschule der „Annales" wurde, die mit den Namen Bloch, Fevbre und Braudel verbunden ist. Es führte dann weiter O. Hintze's Verfassungs-Gesellschafts- und Wirtschaftsgeschichte, dessen Werk sein Schüler Gerhard Oesterreich lebendig erhielt.

In der Metropole der Habsburger Donaumonarchie mit ihren vielen nationalen, gesellschaftlich-sozialen und wirtschaftlichen Problemen, die ungelöst blieben, wurde die Historie auf diese Aspekte gestoßen und fand in Wien in Alfons Dopsch einen Gründervater für eine moderne Gesellschafts- und Kulturgeschichte. Auf dessen Bahnen näherte sich der Wiener O. Brunner der Soziologie und schuf in seinen Studien über die Fehde und in seinem höchst anregenden Buch „Land und Herrschaft" ein Modell einer modernen Gesellschafts- und Verfassungsgeschichte. Der Verfasser dieser Studie schrieb dann in Anlehnung an Max Weber, den Verfassungshistoriker Theodor Mayer, den Gesellschaftshistoriker O. Brunner nach einer Strukturanalyse der mittelalterlichen Führungsschicht der Reichsministerialität und nach vergleichenden Studien zur mittelalterlichen Gesellschaftsgeschichte eine deutsche Gesellschaftsgeschichte des Mittelalters und legte eben eine europäische Gesellschaftsgeschichte des 10. bis 14. Jahrhunderts vor, nachdem er eine italienische Gesellschaftsgeschichte des Mittelalters zum italienischen Druck gegeben hatte. Er versuchte auf der sichernden Basis exakter Quellenanalyse und in Orientierung an kleinteiligen regionalen, nationalen und europäischen Modellen Gesellschaft *und* Kultur als ein Geflecht von konstanten und sich wandelnden Strukturen mit dominanten, absinkenden und aufsteigenden Elementen und Kräften jeweils in säkularen Epochen zu analysieren; dabei sollten die individuellen Entscheidungen und die kollektiven Bewegungen und Veränderungen (auch Zwänge) innerhalb der Strukturen ebenso gezeigt werden wie die materiellen Voraussetzungen und die geistigen Trends und Gedankenentwicklungen in ihren Zusammenhängen, Abhängigkeiten, singulären Innovationen und Verbindungen sowie Einflüssen auf die Mentalität der Einzelnen wie der Gruppen und auf die Attitüden. Für diesen Weg der vergleichenden Strukturanalyse zwischen den Klippen von Individualismus, Humanismus, Kollektivismus, historischem Materialismus auf dem Ozean einer neuen historischen Anthropologie, verstehenden und empirischen Soziologie, einer neuen Psychologie und Kommunikationsforschung, auch einer Psychoanalyse im Sinne Freuds und last not least der damit erneuerten Kultur- und Religionsgeschichte war erst der Weg nach dem Zusammenbruch der alten nationalstaatlich-idealistisch-elitären Historie in Deutschland frei. Die ersten Schritte tat in diese Richtung der Konstanzer Arbeitskreis Theodor Mayers, der sich zusehends dem Studium von Stadt, Bürgertum, Gemeinde zuwandte, wenn er auch keine spektakulären Schritte auf dem Felde tat, da die alten Gewichte zu stark waren und man die Gesellschaftsgeschichte in eine „Historie der Verfaßtheit" abzudrängen versuchte. Wieder schien sich das Schicksal Karl Lamprechts beim gemäßigten Verfasser wie vor allem der radikaleren Bielefelder Schule H.U. Wehlers zu wiederholen, aus der J. Kocka herausragt; doch deren Interessen lagen auf dem Gebiet des 19. und 20. Jahrhunderts und setzten beim deutschen Nationalstaat an, dem zuerst Theodor Schieder eine behutsamkritische Studie zu diesem Thema vorausschickte.

Da es den tragenden Parteien der Weimarer Republik unter dem Druck von rechts und links nicht gelungen war, die Deutschen in demokratischem Denken, demokratischer Lebensform und republikanischem (Geschichts-) Bewußtsein zu integieren, hat Hitler unzweifelhaft nicht nur die alten Eliteschichten (Offiziere, Geistliche, Politiker, Intellektuelle) diffamiert und ausgeschaltet, sondern auch eine nivellierte, nationalistische, egalitäre Massengesellschaft aufgebaut, in der „Arbeiter der Stirne und der Faust“ zusammengeschlossen waren. Nach 1945 hat die Teilung Deutschlands den nationalstaatlichen Zusammenbruch und das nationalstaatliche Denken für lange konstant gemacht bzw. verhindert. Zugleich zerriß damit die Nebelwand verschiedenster Ideologien, Vorstellungen und Ziele, die alle in der Vergangenheit Deutschlands ihre historische Rechtfertigung suchten. Diese bedeutsame Klärung unseres historischen und politischen Bewußtseins trug zu einer Neubesinnung auf allgemeinste und grundlegendere Elemente und Aspekte historischen Denkens bei, die bislang außer acht gelassen wurden oder nicht erkannt werden konnten, die vor allem eine Annäherung der Standpunkte der historischen Völker Europas und damit ein rascheres Einleben der Deutschen in die Gemeinschaft der europäischen Völker, ihrer Gesellschaft und Kultur möglich machten. Da Hitler das historische Bewußtsein der deutschen Intelligenz und vor allem der Historiker, die sich dagegen verwahrten, tief verletzte, indem er Karl den Großen zum Sachsenschlächter erklärte, Kaiser Heinrich III. den Salier aus der mittelalterlichen Kaisergeschichte strich, Barbarossa und die Staufer degradierte und Heinrich den Löwen über sie stellte, trat das geschändete Mittelalter nach dem Zusammenbruch erneut wieder in das lebendige Bewußtsein, aber nun nach allen Erfahrungen mit der alten Geschichtsideologie unter neuen Aspekten, die einem gewandelten Denken über Herrschaft, Gesellschaft, Kultur entsprachen und allen Menschen – gleich welchen Bildungsniveaus – zugänglich waren. Daß dabei auch nach dem Zerrbild Hitlers und anderer Diktatoren die Geschichte der Helden und der großen Männer etwas anrüchig wurde, was mit Individualismus nichts zu tun hat, daß das „Volk“ in seinen Schichten, Klassen, Ständen als tragende historische Kraft als der „Souverän“ politisch, als der Gesellschafts- und Kulturträger menschlich deutlich in Erscheinung trat, machte es zwingend, das Volk, die Gesellschaft und Kultur durch ihre kontinuierliche und wandelbare Geschichte zu legitimieren. Und da bot sich nun der bislang vernachlässigte gesellschaftliche Aspekt, dessen nur moderner Teil als

Sozialgeschichte begriffen wird, als ein wesentliches integratives Werkzeug neuer Deutung, Analyse, Generalmobilisierung an, die durch vergleichende Strukturanalyse erreicht wurden, die der Gesellschaftsgeschichte und ihren Kategorien methodisch entspricht. Es mußte damit eine Lücke geschlossen werden, die deutsche Geschichtsanalyse von westlicher wie östlicher Auffassung des historischen Menschen isolieren. Das aber bedeutete keine Entwertung der bisherigen Sachaspekte, die freilich auf das ihnen zustehende Maß zurückgeschraubt wurden. Positivismus, Mythologismus, Irrationalismus wurden entscheidend abgebaut und dabei auch in größerem Umfang historischer Ballast abgeworfen, der Fakten nicht zu Deutungselementen einer Neubewertung verwendete. Als Element der sachlichen Erweiterung und Vertiefung unseres geschichtlichen Horizonts, als Notwendigkeit einer neuen Systematisierung, als Auffüllung einer großen Lücke im Urteil über den historischen Menschen bot sich für eine durchlaufende, Identität schaffende Geschichte unserer Regionen, unserer Nation und unseres Kontinents „Gesellschaftsgeschichte" in weitestem Sinne an. Sie vermittelte nun auch dem Volk wie den Menschen die Sicherheit, daß auch sie, nicht nur die „Herren" eine Geschichte haben und legitimiert sind zum Träger der Herrschaft und zwar in historischer Identität mit sich selber. Es trat dabei eine starke Wendung zur historischen Anthropologie, zur Ethnosoziologie, auch zur Soziologie, soweit sie sich nicht nur auf die Gegenwart allein beschränkt und nur mit Theoremen arbeitet, zur Wissenssoziologie und zur Mentalitätsforschung ein, kurz man suchte fortan den *„ganzen"* Menschen einer Epoche und die jeweilige „universale" Menschheit in den Griff zu bekommen; man wurde aufgeschlossener für Vielseitigkeit, Komplexität, Wandel.

Nachdem so viele, vor allem ideologische Barrieren unseres deutschen und europäischen Mittelalterverständnisses abgebaut und Frustrationen unseres Bekenntnisses zu unserer eigenen mittelalterlichen Vergangenheit gelockert oder gelöst waren, ergab sich ein ganz natürlicher Zugang zu den Anfängen und Aufbrüchen unserer deutschen und europäischen Geschichte, zu den historischen Grundlagen unserer Existenz, aus denen auch die Moderne wuchs; denn nun konnten sich alle, auch die Unter- und Mittelschichten, in der Geschichte gespiegelt sehen, ohne Komplexe, Leidenschaften, Emotionen. Bei dem Mangel an Quellen für individuelle Lebensläufe und Prosopographien auch dieser Klassen waren die Gesellschafts- und Kulturgeschichte ein wesentlicher Aspekt der Quellen- und Geschichtsdeutung. Es gab viele Historiker, die Unter- und Mittelschichten noch nach 1945 nicht für „geschichtswürdig“ hielten; aber die politische und gesellschaftliche Gegenwartserfahrung dürfte sie unterdessen belehrt und ihnen gezeigt haben, daß die demokratische Lebensform auf einem anderen Bewußtsein beruht, obwohl diese auch in einer Demokratie nicht ausgeschlossen sind. Unter diesem Aspekt wurde Mittelalter sogar zu einem vergleichbaren Strukturmodell für die moderne Entwicklung des 19./20. Jahrhunderts, obwohl viele Historiker der Moderne, allerdings ohne Kenntnis der mittelalterlichen Gesellschaft, die Anwendung eines solchen Deutungsmusters für absonderlich hielten, als ob es nicht neben den sich wandelnden auch kontinuierliche Elemente gäbe. Daß dies aber möglich ist, habe ich in meiner deutschen Gesellschaftsgeschichte zu zeigen versucht. Um der eigenen Identität willen ist es geboten, die Zusammenhänge und Querverbindungen zwischen den Epochen, die Kontinuität neben dem Wandel, sichtbar zu machen. Weil der Mensch der aktive und leidende Träger, das Subjekt und das Objekt der Geschichte ist, darum gibt es auch keine totalen Zäsuren und Niederbrüche in seiner Geschichte. Diese Geschichte aber ist nach Max Weber das soziale Handeln des individuellen Menschen im Wandel von Gesellschaft und Kultur. Natürlich steht uns moderne Geschichte des 19./20. Jahrhunderts viel näher als das Mittelalter, aber in einer historisch-kontinuierlichen Verbindung mit diesem als der „Grundlage“ verliert Moderne zurecht ihre exzentrische Neuartigkeit und den Wundereindruck des alleinigen Fortschritts und Erfolges, über den der menschliche Katzenjammer immer größer wird. Wo Heissenberg zufolge die Geltung des Kausalitätsgesetzes immer mehr einschrumpft und die Wissenschaft vorab sich mit der Feststellung von Funktionalität zufrieden gibt, sollte auch die Geschichtswissenschaft, die ihrem menschlichen Objekt nach keine reine Geisteswissenschaft sein kann, sondern auch an der Empirie entscheidend teilhat, es aufgeben, in der Geschichte des Menschen exakte Kausalitäten finden zu wollen und sich zufrieden geben gerade im strukturellen Vergleich der *„Wirklichkeit“*, die ihre „Wahrheit“ ist, so nahe als möglich zu kommen. Die Wahrheit aber steht höher als die Werte, die geschichtlich gewordene und wandelbare Urteile einer jeweiligen Gesellschaft sind, solange sie diese durch Überzeugung oder Zwang verbindlich machen und ihre Übertretung bestrafen kann.

Ich habe in meiner Gesellschaftsgeschichte Deutschlands im Mittelalter den Gedanken ausgesprochen, daß die gesellschaftliche Entwicklung Deutschlands und Europas im Mittelalter an Mobilität, Intensität, Quantität und Qualität von der „Sozial“ Entwicklung des 19. und 20. Jahrhunderts sich nicht wesentlich unterscheidet, wenn man die Verschiedenheit der Bevölkerungszahlen, des Horizonts der Erfahrung und des Denkens, des Ausmaßes der technischen Innovationen, der religiösen Gebundenheit von Denken und Handeln und der Weite und Breite von Öffentlichkeit und Kommunikation gebührend in Rechnung stellt. Ich habe das sogenannte Mittelalter seinen wechselnden Grundstrukturen nach in eine *archaische* Epoche, eine Epoche des gesellschaftlich-wirtschaftlichen, geistig-kulturellen *Aufbruchs* und in eine Spätperiode der Ermüdung, Resignation, Unentschiedenheit, des Protestes und der Revolution gegliedert und dabei immer den Menschen, nicht Institutionen zum Objekt und Subjekt von Forschung und Deutung gemacht. Der mittelalterliche „Mensch“ ist ein geschichtlicher Frühtypus des allgemeinen europäischen Menschseins und seiner charakteristischen Identität und er ist es so sehr, daß man auch den modernen Menschen ohne seine präindustrielle, feudale, religions- und herrschaftsgebundene, vorliberale und vorhumanistische mittelalterliche Vorform in einer sachgerechten unideologischen Analyse nicht übersehen, auslassen kann. Man kann ja ähnliche Grundformen, Grundkräfte, Grundvorgänge und Gesellschaftsprozesse, ähnliche individuelle und kollektive Grundtatsachen in Mittelalter und Moderne wahrhaftig nicht übersehen, gerade wenn man sich soziologische oder anthropologische Kategorien als heuristische Prinzipien und Denkmuster zu eigen macht und ihre durchlaufende Gültigkeit kritisch zu erproben sucht. Und zudem haben wir heute nach Anstößen, wie denen Oswald Spenglers oder A. G. Toynbees, gleich mit wieviel Kritik wir ihnen begegnen, Möglichkeiten des Vergleichs unserer geschichtlichen Existenz und ihrer Grundformen mit denen anderer, gleichzeitiger Gesellschafts- und Kulturkörper.

Die vor- und frühfeudale archaische Epoche des mittelalterlichen Europa war geprägt durch eine starke Königsherrschaft im Bunde mit der ebenfalls herrschenden und kulturtragenden (Bischofs- und Kloster-)Kirche, an deren Seite sich in zunehmendem Ausmaß der *Adel* sich neubildete und zur Herrschaft hocharbeitete und auch die Kirche beherrschte. Auf dem auslaufenden Kulturniveau der karolingischen „Spätantike“ bildete sich auch in den ehedem romfreien Gebieten des Kontinents eine hauchdünne, schwerttragende, allesbeherrschende adeligkirchliche Oberschicht im Bunde mit dem Königtum. Es erwuchs die feudale Gesellschaft mit einer herrschenden Minorität über eine bis über 90% beherrschten, arbeitenden Majorität, aus der bei seit dem 10. Jahrhundert zunehmender Bevölkerung unter dem indirekten Druck der Invasionen des 10. Jahrhunderts in Europa und durch zunehmende gesellschaftliche Mobilität, Differenzierung, Leistung, eine neue Gesellschaft im feudalen Rahmen entstand, aus der Grundelemente, auch der modernen Gesellschaft Europas erwuchsen. Es bildete sich durch eine Differenzierung von Arbeit und Leistung, durch einen gesellschaftlichen „Aufstieg“ aus der Abhängigkeit und Leibeigenschaft, durch eine Auflösung der alle dienenden und abhängigen Menschen bindenden herrschaftlichen Grundstruktur des abhängigen Personenverbandes der sogenannten „familia“ umfaßte, ein neuer Mittelstand, das nicht agrarische händlerische, produzierende Bürgertum. Dieses wohnte und etablierte sich in den erhaltenen und neu sich weitenden Römerstädten, in den neuen frühmittelalterlichen „Burgstädten“ ganz Europas (Italiens im 10. Jahrhundert) und schließlich in den Gründungsstädten des Hochmittelalters seit dem

11. Jahrhundert, in denen alte und neue Elemente zusammenwuchsen. Der Max Webersche Idealtypus der Stadt, der eine Lücke zwischen Römerstadt und hochmittelalterlichem Realtypus der Stadt vorsah, ist zu korrigieren, eine urbane Kontinuität seit der Spätantike als Entwicklungsform zu postulieren. Die Entfaltung des neuen, nichtagrarischen, städtischen Bürgertums vollzog sich wirtschaftlich und rechtlich in verschiedenen Stufen und war ein Teil einer wachsenden gesellschaftlich-wirtschaftlich-geistigen Mobilität. Wenn man nach Voraussetzungen und fördernden Elementen dieser Bewegung sucht, dann findet man Ausdehnung von Handel, vor allem Fernhandel, Verkehr und Ausweitung des geographischen Horizonts, Ausweitung einer selbständigen gewerblichen Produktion durch Befreiung von Fronhofswirtschaft und Arbeitszwang der familia, Zunahme des Umlaufs von gemünztem Geld infolge Entdeckung neuer Edelmetallvorkommen, den Beginn einer inneren Kolonisation zur Befriedigung des Nahrungsmittelbedarfs für die bäuerliche Wirtschaftseinheit und den Nahmarkt, vor allem auch zur Beschaffung neuer agrarischer Wohn-, Siedel- und Produktionsstellen. Diese Mobilität war nicht nur horizontal, sondern auch vertikal und erstreckte sich in die Breite wie in die Höhe. Das Bürgertum entfaltete sich in einem Vorgang, der über zweihundert Jahre hinlief. Wie ich am Beispiel der bedeutendsten süddeutschen Pfalz- und Residenzstadt, Fernhandels- und Fernverkehrsmetropole Regensburg gezeigt habe, erfolgte zuerst eine Befreiung des einzelnen Stadtbewohners oder Zuzüglers (vom Lande) vom Arbeitszwang und von der Verfügungsgewalt des Leib- und Stadtherrn über die Arbeitskraft und den Arbeitsertrag durch Loskauf mit Geld und den Einkauf in die Schutzherrschaft eines Kirchenheiligen gegen Einzahlung eines Jahreszinses. Das bedeutete bereits eine wesentliche Befreiung, war aber noch nicht die ganze bürgerliche und persönliche Freiheit. Diese erlangte man erst durch die spätere Befreiung vom Heiratszwang, vom Inwärtseigen-Verkaufszwang. Erst der ist frei, der nicht nur über seine individuelle Arbeitskraft, sondern auch über seinen ganzen Leib und sein Erwerbsgut voll verfügen

kann, der also heiraten kann, wen er will, und der dem Mann seiner Wahl sein Eigengut verkaufen, bzw. sein Pachtgut mit Zustimmung des Herrn übergeben kann. In Bayern und Deutschland blieb diese Verfügungsgewalt des Herrn über Leib, Leben, Gut des bäuerlichen Leibeigenen und Untertanen in der Form eines „Obereigentums“ des Herrn über ein bäuerliches „Nutzeigentum“ bis in das 19. Jahrhundert bestehen und das bislang in Nutzeigentum stehende bäuerliche Gut wurde erst im Revolutionsjahr 1848 in Bayern für frei und beweglich erklärt. Jedenfalls kann man sagen, die persönliche Freiheit wurde in den größeren Städten erst im 13. Jahrhundert voll errungen. Dieser Vorgang lief parallel zur Erringung einer langsamen Befreiung vom Regiment des Stadtherrn, seiner Verfügungsgewalt, mit dem Aufbau einer eigenen Genossenschaft der Bürger und einer Repräsentation derselben gegenüber dem Stadtherrn und einer eigenen Selbstverwaltung und sich vom Nieder- zum Hochgericht langsam erweiternden Gerichtsbarkeit, mit einer sich in verschiedenen Gremien aufbauenden Eigentätigkeit. Nicht zu vergessen ist auch die sich stetig steigernde Funktion der Städte als Nah-, Regional- und Fernhandelsmetropolen, aber auch als Produktionszentren eines sich befreienden, aber auch genossenschaftlich in Zünften organisierenden Gewerbes, das sich zusehends differenzierte, als Zentren des Geldhandels, Bank- und Geldverkehrs.

Gerade diese Konzentration des Wirtschaftslebens in den an Zahl und Ausdehnung wachsenden Städten, die herrschaftlich-verfassungsrechtlich keine Verwaltungmittelpunkte für das Land, sondern eher vom Lande abgeschlossene Immunitäten, wenn auch menschlich-wirtschaftlich nicht ohne Beziehung zum Lande waren, führte zum politisch-gesellschaftlichen Aufstieg der erfolgreichen urbanen Wirtschaftskräfte in Stadt (Königs-, Freier-, Reichsstadt), Land (Territorialstadt, Landständischer Stadt) und Reich, zur Ansammlung von Kapital und Reichtum bis hin zum Frühkapitalismus, zur Ausweitung von menschlich-politischer Öffentlichkeit und zur Ansammlung von Information und Kommunikation in Reichsstädten des Spätmittelalters wie Nürnberg und Frankfurt, in Residenzstädten wie München, Wiener Neustadt, Innsbruck zum Beispiel. Diese innerstädtische Entwicklung von erfolgreichen Verwaltungs- und Wirtschaftsmenschen erfolgte nicht überall gleichmäßig. Was Ausmaß und Intensität von Recht, Ansehen und Chancen anbelangt, unterscheide ich auch mit Stoob und Haase die Mutter-, Burg-, Voll-, Münster- und Krämerstädte bzw. die Märkte. Aus der Zeit der *Stadtherrschaft* stammen die in ganz Deutschland an der Spitze der ältesten urbanen Führungsschicht anzutreffenden Verwaltungs- bzw. *Ministerialpatrizier,* die zunächst die stadtherrlichen Ämter und Einkünfte verwalteten und an deren Ertrag beteiligt wurden, da es außer Belohnung mit Gütern und Einkünften keine Lohnentschädigung gab. Wir finden diese oberste Patrizierschicht, deren Aufstieg noch in einem anderen Zusammenhang unten zu behandeln ist, besonders stark entwickelt in Nürnberg (Nobiles Norimbergenses), aber auch in Regensburg vor allem, schließlich auch in Augsburg, wo allerdings das Geld- und Produktions- und Händlerpatriziat seit dem 14. Jahrhundert bis zum 16. Jahrhundert in stetem Aufstieg begriffen war (Gesellschaft der Mehrer). Diese Geld-, Fernkaufleute und Großhändler mußten sich allerdings ihre führende Stellung hart in Auseinandersetzung mit den Ministerialpatriziern erringen (Auer- und Stolz-Hirsch-Aufstand in Regensburg und Augsburg) und hatten sie dann zu verteidigen und zu erhalten durch Aufnahme der in der Krämerzunft meist zusammengeschlossenen reichgewordenen Händler- und Produzentenschicht in den führenden Kreis. Eine Zunftrevolution fand in der Regel freilich nicht statt, da die Zünfte meist auf den Seiten beider streitenden Parteien standen: derer die am Stadtregiment beteiligt sein wollten, und derer, die ihre alte Stellung verteidigten. In Augsburg gab es erst in der zweiten Hälfte des 15. Jahrhunderts für kurze Zeit ein Zunftregiment unter dem Bürgermeister Schwarz, doch hat Kaiser Karl V. im 16. Jahrhundert das alte patrizische Stadtregiment wiederhergestellt. Wenn man auch gesagt hat, daß die große gesellschaftliche Mobilität der Aufbruchszeit (ca. 1050 - 1300/1350) einer Ermüdung, Resignation, Unentschiedenheit, Kritik und Revolution gewichen und in Städten wie Regensburg, Frankfurt, Augsburg (Schillingaufstand 1525) sogar bis zum sozialen Protest gediehen sei, so kann man diese spätmittelalterlichen zwei Jahrhunderte doch nicht als eine Zeit des Niedergangs von Stadt und Bürgertum bezeichnen. Der Hinweis auf die Blütezeit der Hanse oder auf so bedeutende Geldstädte wie Brügge oder so kreative Produktions- und Finanzzentren wie Florenz, Nürnberg und Augsburg genügt, um das Gegenteil zu erhärten. Man muß hier auch mit Phasenverschiebungen rechnen. Die am frühesten aufgeblühte Handelsmetropole Regensburg war im 15. Jahrhundert bereits im Abstieg begriffen, während Nürnberg seit dem 14. Jahrhundert erst zum großen Produktionszentrum aufstieg, das das Eisen der Oberpfalz (mittelalterliches Ruhrgebiet) verarbeitete, und Augsburg der große Kapitalmarkt unter den Fuggern wurde, die aus dem Verkauf ihrer eigenen Webereiprodukte erstmals zu Kapital gekommen waren, und Frankfurt, das zur großen Messestadt des süd- und südwestdeutschen Raumes sich entwickelte. Auch in der Wirtschafts- und Gesellschaftsgeschichte muß man sich trotz mancher Hilfen, die sie leisten, vor allzu unbekümmerter Anwendung von Kategorien und vor Generalisierungen hüten. Doch muß man zugeben, daß die Gesellschaftsgeschichte von Stadt und Bürgertum ein hervorragendes Modell zur Analyse und Verdeutlichung gesellschaftlicher „Prozesse" und individueller Leistungen anhand überschaubarer Modelle und einer relativ guten Quellenlage ist.

Vor allem kann man daran auch das Problem der *Schichtung,* sowie das der Mittel- und Unterschichten, das Problem von Pauperismus, Proletariat und Vermögensbildung besser studieren. Städtische Unterschichten gliedern sich in den deutschen Städten im allgemeinen in die sogenannten Habnit-Handwerker (Spitze der Unterschichten), in Lohnempfänger, Nichtzünftige, Arme und Bettler. Lohnempfänger waren Kaufmanns- und Handwerksgesellen, sowie Lohnarbeiter in Dienstleistungsberufen und Taglöhner. Handwerksgesellen und Lehrlinge – Knechte und Dienstmägde waren die wichtigsten Gruppen der Unterschicht. Ihr Anteil lag bei 20 % der Stadtbevölkerung. Die Nichtzünftigen waren Leute, die selbständige Berufe ausübten, darunter viele Frauen und unehrliche Berufe. In Augsburg scheint es wegen des Zunftzwanges keine Nichtzünftigen gegeben zu haben, jedoch sehr viele in Frankfurt am Main. In Augsburg gab es sicher sehr viele berufstätige *Frauen,* die entweder in den Werkstätten ihrer Männer oder auch in fremder Werkstatt arbeiteten. Man muß diese Frauen als eigene Gruppe der Unterschicht betrachten. In Augsburg gabe es 1457 an die 4200 Almosenempfänger; etwa 10-20 % der Bevölkerung zählten zur „Stadtarmut". Zu den Armen zählten im gleichen Jahr 107 Bettler, die ihr „Gewerbe" öffentlich betrieben; von Ihnen sind die verschämten Armen = Hausarmen zu trennen, die meist aus den Zünften stammten, ehrbare Personen waren, meist unverschuldet in Armut geraten waren und durch Stiftungen versorgt wurden. Der Anteil der Frauen war daran unverhältnismäßig hoch. Bei Konjunkturverschlechterungen, Kriegen, Teuerungen trat häufig Massenarmut ein. Bettler, Taglöhner, Habnits machten in Augsburg 66 % der Bevölkerung aus; hier und in Lübeck waren die Handwerker in der Überzahl, die den städtischen Unterschichten zuzurechnen waren, wie überhaupt im allgemeinen der mittelalterliche Handwerker nicht wohlhabend war. Was die Unterschichten des ausgehenden Mittelalters von den (vermögensmäßigen) Mittel- und den Oberschichten schied, war politisch rechtliche Ausschaltung, ungeschütztes Bürgerrecht, wirtschaftlich-gesellschaftliche Deprivation. „Armut" im Sinne von Mittellosigkeit, aber auch im Verstande von Herrschaftslosigkeit, Schutzbedürftigkeit waren die Kennzeichen dieser oft überwiegenden städtischen Bevölkerungsteile. Die Grenzen zwischen Ober- und Unterschichten waren dabei fließend; wirtschaftliche Unselbständigkeit und Schwäche, sowie geringe gesellschaftliche Reputation waren Kriterien der Teuerung; die Strukturen der Unterschichten bemaßen sich zumeist nach dem kaufmännischen oder gewerblich-produzierenden Charakter der jeweiligen Stadtwirtschaft. Der Besitz des Bürgerrechts büßte um die Wende vom 15./16. Jahrhundert die Bedeutung eines wesentlichen Kriteriums der urbanen Gesellschaft ein. Der kleine Handwerker zählte zur Unterschicht, auch wenn er das Bürgerrecht besaß.

Es ist bei der Suche nach der Infrastruktur und den Voraussetzungen der gesellschaftlichen (nicht sozialen) Entwicklung in den spätmittelalterlichen Städten Deutschlands oft auf die allgemeine Wirtschaftskrise zwischen 1350 und 1450 als Folge der Pestepidemie von 1347 und ihrer Folgen hingewiesen, dabei aber auch ein gleichzeitiger Auftrieb der städtischen Wirtschaft nicht übersehen worden. Lütge sprach von einem *strukturellen Umbruch* als Voraussetzung; es änderten sich die zahlenmäßigen Verhältnisse der Menschen zur Güterwelt, der städtische und agrarische Bereich gingen auseinander. Es setzten Vermögensballungen ein. Es wandelte sich der Wirtschaftsstil und es wurde die Haltung der Menschen realistischer. Anwachsen des Reichtums (Frühkapitalismus), Preissteigerung für gewerbliche Erzeugnisse, Lohnerhöhungen, Zustrom vom Land in die Stadt (Wüstungsbewegung), Rückgang der Grundrentenbezüge der Grundherren, Umbildung der landwirtschaftlichen wie der gesamtpolitischen Verfassung prägten den neuen Wirtschaftsstil. Nach 1350 bis ca. 1450 wuchs die Stadtwirtschaft über die Stadtmauern hinaus, der Fernhandel entfaltete sich (Regional- und Fernhandel). Die Erweiterung des Marktes für gewerbliche Produkte bedingte einen Aufschwung der Gewerbe (Leinenweberei), auch auf dem Lande (Dorfgewerbe). Absatzschwierigkeiten für bestimmte Produkte zwangen die Umstellung auf neue Spezialproduktionen oder Herstellungsmethoden (Barchent – Windnutzung, Wasserkraft, Spinnrad). In den Städten wuchs der Konkurrenzkampf. Handel und Gewerbe gingen enge Bindungen ein, teilweise unterwarfen sich die Produzenten schon dem Handelskapital. Einer städtischen Blüte stand eine landwirtschaftliche Depression gegenüber. Pest dezimierte die Menschen und verursachte eine Agrarkrise mit Preisverfall landwirtschaftlicher Erzeugnisse bei steigenden Löhnen und hohen Preisen in der gewerblichen Wirtschaft. Es entstand eine Schicht von *Neureichen* mit Interesse an einer neuen Produktion. Im Handel entfaltete sich Kaufmanns- und Wucherkapital. Handwerk und Handel wurden die großen Wirtschaftsmächte. Die Spezialisierung von Handwerk und Beruf nahm zu. Preiswerk siegte über Lohnwerk (Preisschere des 14. Jahrhunderts). Im 15. Jahrhundert war das Handwerk in den Städten überbesetzt, es zeichneten sich soziale Krisen ab. Meister und Geselle traten wirtschaftlich und gesellschaftlich auseinander. Ein Umschichtungsvorgang in Wirtschaft und Gesellschaft der Städte förderte die Bildung von „Stadtarmut" und Kleinbürgertum. Die mittelstädtische Schicht schmolz in den Städten zusammen, das Geld wurde zur beherrschenden Macht im gesellschaftlichen Leben. Der geldwirtschaftliche Charakter der Wirtschaft nahm weiter zu; es stiegen Erwerbsvermögen und Investitionen im Gewerbe. Im *Denken* dieser wirtschaftenden und höchst aktiven Menschen verlor die Ordo-Idee ihre zwingende Kraft. Lebensstil und Verhältnis zur Güterwelt und deren Konsum wandelten sich. Der Kaufmann und der Produzent waren zielstrebig und auch brutal in der Ausnutzung der Situationen, sie fühlten sich ungebunden und waren klug. Die großen Vermögen verdankten Handel und Bergbau, Monopolrenten, Geldhandel und Bankgeschäft, Erbgängen und Aneignung herrenlosen Gutes ihre Entstehung. Nutznießer dieses Strukturwandels waren das handel- und gewerbetreibende Bürgertum der Mittel- und Großstädte sowie die Arbeiter-Lohnempfänger im Gewerbe (Gesellen, Diener, Knechte, Gelegenheitsarbeiter), deren wirtschaftliche Lage sich durch Lohnanstieg auch im 15. Jahrhundert noch besserte. Arbeitskräftemangel in Stadt und Land steigerte die Löhne und förderte den Abgang in die Städte und den Wechsel des Berufes.

Der dynamische Strukturwandel der Wirtschaft seit der zweiten Hälfte des 15. Jahrhunderts kündigte eine neue Wirtschaftsform, die auf Kapitalgütern und Kapitaleinsatz beruhte, an; die politisch führende Kaufmannsschicht verlor ihr selbstverständliches Interesse am Gemeinwohl, kehrte ihr Geschäfts- und Standesinteresse hervor und identifizierte es mit dem Stadtinteresse und stiftete damit Widerspruch in der Bürgerschaft. Doch hatten innerstädtische Auseinandersetzungen auch schon sozialen Charakter und revolutionäre Inhalte. Da zahlreiche schwächere Handwerksmeister ihre wirtschaftliche Selbständigkeit aufgeben mußten, setzte sich das *Verlagswesen* durch; dazu trug wesentlich die Bildung des Kaufmannskapitals bei, das kaufmännische Herrschaft über bestimmte Gewerbezweige schuf und sich dabei in Industriekapital wie im 19. Jahrhundert, z. B. beim Eisenbahnbau, verwandelte. Da der Handel den höchsten Gewinn erbrachte und das Kapital vermehrte, trug er stark zur sozialen Differenzierung der Stadtbevölkerung bei. Eine Verstärkung der Organisation weitete den Groß- und Fernhandel zum Welthandel. Neue Formen des Bergbaus sowie Schriftlichkeit des Geschäftsverkehrs, Buchführung, Wechsel- und Kreditwesen waren Voraussetzung dafür. Zwischen 1450 und 1530 weitete sich der Wirtschaftsraum der Städte, verschoben sich Standorte, traten große Unternehmergestalten und Gesellschaften auf den Plan und betätigten sich besonders im Gründungs- und Finanzierungsgeschäft. Die Warenproduktion stieg weiter, es entwickelten sich die Produktionskräfte und bildeten sich weitere Formen kapitalistischer Produktionsweise aus. Die gesellschaftlich und wirtschaftlich führenden Kreise begannen sich zu *feudalisieren.* Entscheidend in diesem Strukturwandel wurde es, daß die Liberalisierung von Wirtschaftsgefüge und Wirtschaftsgesinnung, die neuen Betriebs- und Arbeitsstrukturen, die Erweiterung des Marktes, die technischen Neuerungen, die neuen Formen des Geld- und Kreditwesens nur der patrizischen Oberschicht, den bürgerlichen Großkaufleuten und den Produzenten für den überlokalen Markt zugutekamen, während sozialer Abstieg die übrige Stadtbevölkerung, vor allem die bürgerliche Mittelschicht, bedrohte, das Kleinbürgertum und eine neue städtische Unterschicht entstehen ließen. Es wuchs die Kluft in der städtischen Gesellschaft. Die städtische Mobilität verlangsamte sich, die Führungsschicht formierte sich, individueller Aufstieg und Vermögensbildung gewannen große Chancen. In den großen und mittleren Handels- und Gewerbestädten verhärteten sich die Schichtgrenzen, polarisierten sich die Gesellschaftsschichten in eine Minderheit der Reichen und eine Mehrheit der Besitzlosen und Inhaber kleinster Vermögen, der vom Kaufmannskapital abhängigen

Handwerker. Ein Wandel im sozialen Bewußtsein trat ein und entlud sich in städtischen Protestbewegungen (Regensburg, Augsburg, Frankfurt). Neben der Kritik der Humanisten traten die Prädikanten (Schilling in Augsburg) mit sozialkritischen Bemerkungen, die von kritisch-satirisch-kämpferischen Schriften von Intellekturellen unterstrichen wurden.

Seit dem 15. Jahrhundert entwickelten die Städte eine organisierte *Armenfürsorge* und Sozialpolitik, obwohl man auch nicht übersehen darf, daß sich darin auch eine Intensivierung des Stadtregiments und der patrizischen Herrschaft ausdrückte (Dirlmeier). Sicher hat die Übernahme reformatorischen Gedankenguts die Wertung von Armut und Arbeit auch verändert, aber ich habe schon für das 11. bis 13. Jahrhundert gezeigt, daß damals ein neues Arbeitsethos in den aufsteigenden Städten Italiens, Frankreichs und Deutschlands sich entfaltete, daß Armut und Arbeit eine Ideologie der aufsteigenden Bürgerschichten (Pataria in Mailand) war und daß Armut als Ideal und Ideologie gerade wegen ihrer religiösen Gehalte die frühbürgerliche Gesellschaft in hohem Grade motivierte, mobilisierte, anheizte. Der heilige Franz und seine Armutsbewegung sind das beste Beispiel dafür. Gesellschaftliche und wirtschaftliche Dynamik waren, wie in der Aufbruchzeit, auch das auslösende Moment für innerstädtische Bewegungen und soziale Proteste seit dem 14./15. Jahrhundert, die ein neues Kollektivbewußtsein der Abhängigen entbanden. Die Revolution der Bauern wirkte auch auf die Mentalität der Stadtbewohner; die vorreformatorischen Jahrhunderte und die Reformationszeit brachten den deutschen Städten höchste Unruhen. Maschke zählte von 1301-1550 an die 200 Unruhen in den Städte. Mit der Armutsbewegung des 11. bis 13. Jahrhunderts sowohl wie mit der evangelischen Bewegung war den sozioökonomischen Protesten des ausgehenden Mittelalters der Kampf gegen die Kritik an der weltlichen Macht und an der reichen und verweltlichten Macht- und Herrschaftskirche gemeinsam. Das Schwergewicht der Bewegung lag in den Mittel- und Großstädten, in den vom Handel beherrschten Gewerbestädten (Textilgewerbe). Vom wachsenden

Pauperismus in diesen Orten würde ich selbstverständlich sprechen, doch bin ich vorsichtig mit dem Wort *Proletarier* und Proletarisierung, die ich wegen des zugrundeliegenden Klassen-, Massen- und Entfremdungsbewußtseins dem 19. Jahrhundert vorbehalten möchte. – Ich spreche von Schichten und Ständen, aber nur in besonderen Situationen von Klassen in der mittelalterlichen Gesellschaft. Deshalb schreibe ich hier auch nicht über Sozial-, sondern über *Gesellschaftsgeschichte* des Mittelalters. Der Begriff der Gesellschaftsgeschichte ist weiter als der der Sozialgeschichte; er umfaßt alle Bereiche und menschlichen Fähigkeiten, die wir als „Kultur" bezeichnen und die sowohl vom Individuum, wie von der Gesellschaft geschaffen, geprägt, bestimmt sind. Den modernden sozialen Bereich, der die wirtschaftlich Schwachen, die Minderheiten, die Entfremdeten, die in der Gefahr der Deklassierung Stehenden, die Ausgeschlossenen von den Gütern und Reichtümern, die zur „Lohnarbeit" Verdammten, die all' dies mit Bewußtsein Erleidenden und zum Protest und zu Kampf Bereiten gab es in diesem exakten Sinne noch nicht; es gibt auch deshalb den Sozialstaat und die Sozialgesellschaft nicht, wie es auch das Leistungsprinzip und den Fortschritt nicht gibt und Dienst, Arbeit, Armut bis zur Reformation als gottgegebenes Schicksal mehr oder minder geduldig ertragen werden und auch der Wille zur revolutionären Veränderung der Gesellschaft höchst selten ist, da im Denken der Menschen *„Reform"*, nicht Revolution als legales Mittel der Veränderung und der Korrektur zum Bessern verstanden wird, dessen Ideal in den gottgewollten Urzuständen vorgebildet ist. Man bildet selbst noch keine „Klassen", sondern wird in gottgefügte *„Geburtsstände"* hineingeboren. Der deutsche Begriff „Sozial" meint die Unterschichten und das Elend, das Unausgeglichene in der menschlichen Gesellschaft, der englische, französische und italienische Begriff „Sozial" meint die Gesamtgesellschaft in ihren Schichten, Ständen, Klassen- und klassenlosen Strukturen und verbindet sich deshalb in historischem Verstande auch mit Kultur als der Summe aller menschenwürdigen und förderlichen Tätigkeiten. Ich habe ein rationales Unbehagen, auf die Feudalgesellschaft bis zum Ende des 18. Jahrhunderts, auf die Oberschichten oder postfeudalen Führungsschichten bis 1918 den „deutschen“ Begriff „Sozialgeschichte“ anzuwenden und ich freue mich, daß J. Kocka und offenbar auch E. J. Hobsbawm darin zuzustimmen scheinen (history of society gegen social history). Ich stimme einer Sozialgeschichte des 19./20. Jahrhunderts zu, aber nicht einer Sozialgeschichte des Mittelalters. Schon darum, weil eine Geschichte der Unterschichten von den Quellen her sehr schwer zu schreiben und eine Statistik kaum möglich ist. Dann aber auch, weil unter den modernen Historikern des 20. Jahrhunderts ich vielleicht der erste bin, der eine gesellschaftliche Strukturgeschichte sowohl Deutschlands, wie Europas (10.-14. Jhdt), wie Italiens geschrieben und neben den Ober-, auch die Mittel- und Unterschichten analysiert hat.

Die Bürgerhäuser der deutschen Groß-, Mittel- und Kleinstädte, die Kern- und Alt-, die Burg- und Vorstädte (suburbia) in der Topographie der gewachsenen deutschen und europäischen Städte sind heute noch lebendige Zeugen mittelalterlichen Bürgertums, seiner gesellschaftlichen, wirtschaftlichen, politischen Funktion im Aufbau der Kultur unseres Kontinents, ihre Erhaltung und ihr Schutz vor der Zerstörung durch die moderne technische Kultur ist von ganz Europa als lebensnotwendiges Werk der Wahrung und Sicherung unserer europäischen Identität erkannt und begründet worden (Europäischer Denkmalschutz). Das mittelalterliche Bürgertum konnte sich zwar mit dem Anwachsen des Absolutismus seit dem 16. Jahrhundert nicht mehr in seiner alten Aktivität und Bedeutung erhalten. Nicht einmal nach seinem Aufbruch in der amerikanischen und französischen Revolution, deren Ergebnisse in Deutschland durch unblutige Staatsreformen von oben durchgeführt wurden, hat das aufgeklärte, liberale Bürgertum in Deutschland sich politisch gegenüber dem konstitutionellen Verfassungsstaat und seiner postfeudalen Führungsschicht durchsetzen können, sondern nur eine Führungsrolle in der zum Industrialismus in den modernen Städten und als intellektuelle Oberschicht im Geistesleben sich unbestritten behaupten können. Erst die Revolution von 1918 hat dem Bürgertum wie auch dem Arbeiter-

und Bauerntum die volle Gleichberechtigung und den freien Zugang zur Leitung des Staates gebracht. Meine Analyse des Bürgertums und der Stadt im deutschen und europäischen Mittelalter sollte den *Sachzwang* einer „Gesellschaftsgeschichte" des Mittelalters an einem entscheidenden bis heute europakonstitutiven Beispiel aufzeigen, ganz abgesehen von der menschlichen und kulturellen Bindung auch unserer nivellierten, klein- und mittelbürgerlichen Gesellschaft, ohne festen Klassen, zur Identitätspflege, die schon wegen der ungezählten Zeugen in unserer Natur- und Kulturlandschaft unabdingbar ist.

Es ist zwar nicht mehr möglich in gleicher Ausführlichkeit wie Stadt und Bürgertum als historische Strukturmodelle der mittelalterlichen Aufbruchsgesellschaft auch noch die damals erfolgreiche Neubildung von Adel und politischer Führungsschicht, die bis heute weiterlebt, und den halben Aufstieg des Bauerntums, beide aus einer qualifizierten Leibeigenschaft, abschließend zu qualifizieren. Das große Becken aller gesellschaftlichen Aufbrüche und Entfaltungen war der schon genannte abhängige Personenverband der familia der Herren. Die frühfeudale Gesellschaft mit ihrem Dualismus einer hauchdünnen herrschenden Oberschicht und einer meist leibeigenen, aber differenzierten dienenden Klasse ist dadurch erstmals durchbrochen, abgebaut und erweitert worden, daß sich seit dem 12. Jahrhundert die gesellschaftlichen Trennwände zwischen den einzelnen familiae der verschiedenen Herren abbauten, aber auch die Barrieren innerhalb des einzelnen Personenverbandes sich erweiterten und die familiae dadurch auflösten. Das geschah durch die Bildung des neuen bürgerlichen Mittelstandes, durch den Aufstieg der ministerialischen Oberschicht der familiae vor allem des Reiches und der Reichskirche zur niederadeligen Führungsschicht im Reich und in den Territorien im Spätmittelalter und auch durch einen wirtschaftlichen und persönlichen, aber nicht freiheitlich-rechtlichen Wandel in der Stellung des Bauernstandes im Zuge der Auflösung der Wirtschaftsform des alten Fronhofsverbandes und der Aufweichung des alten Personalverbandes der familiae seit dem 12. Jahrhundert. Der dabei sich vollziehende tiefgreifende

Strukturwandel in den „Unterschichten“ der alten archaischen, frühfeudalen Gesellschaft, die Ausformung neuer Schichten, Stände, Klassen, neuer Lebens- und Denkformen und der auch die altadelig-kirchliche Herrenschicht mit dem König wesentlich verändernde Geschichtsablauf hat die europakonstitutiven Grundlagen unserer Gesellschaft und Kultur geschaffen, bis heute. Militärischer Dienst, Hof- und Verwaltungsdienst gaben der bewaffneten Oberschicht der familiae, die auch leibeigen war, wenn auch in qualifizierter Weise (adelige Unfreiheit) die Chance zum politischen und gesellschaftlichen Aufstieg. Durch genossenschaftlichen Zusammenschluß und durch hartes Auftreten gegen ihre Dienstherren setzten sie sich durch. Da im 11. wie im 12./13. Jahrhundert der Adel der alten Herren- und Dynastengeschlechter ausstarb, rückten sie im Dienste von Kaiser, Reichskirche, Territorialherren in deren militärisch-politisch-administrative Führungspositionen in breiter Front ein und wurden mit dem Titel ministerialis = Dienstmann bezeichnet, der im 9./10. Jahrhundert nur dem alten Laien- und Kirchenadel vorbehalten war. Ihrer leibrechtlichen Stellung entsprechend erhielten sie zunächst als „Entlohnung“ nur Dienstlehen (Dienstgut) und keine echten vasallitischen Lehen, bekamen aber in zunehmendem Maße von anderen Herren und zuletzt auch von ihren Dienstherren echte freie Lehen. Das schuf die personalrechtliche Voraussetzung ihrer Aufnahme in die *höfisch-ritterliche Gesellschaft* in der zweiten Hälfte des 12. Jahrhunders, wo sie menschlich gleichberechtigt neben den Geburtsadel traten. Ähnlich wie die niederen Vasallen und Ritter Frankreichs vor allem wurden sie Träger und Schöpfer einer neuen von Laien in der nationalen Sprache geschaffenen Literatur des Helden- und Ritterepos und der Lyrik (Troubadours, Minnesang); sie sprachen den Geist einer neuen Laiengesellschaft und -gesinnung aus, die sich zunächst neben der kirchlichen Gesinnung und Klerikerliteratur rasch durchsetzte. Seit dem Ende des 12. Jahrhunderts hatten sie die obersten Posten der Reichsregierung in Deutschland und Reichsitalien inne und seit dem Untergang der Stauferherrschaft in der Mitte des 13. Jahrhunderts wurden sie die Hauptstützen der neuen Territorialstaaten, gewannen selber auch Herrschaftsrechte, zum Teil beachtlichen räumlichen und sachlichen Umfangs. Sie entwickelten dabei soviele aktive politische Kraft, daß sie die führenden Träger der *landständischen Bewegung* im Spätmittelalter und des Ständestaates vor und dann mit Prälaten/Klerus und Bürgern und schließlich auch den Bauern wurden. Wenn man so oft sagt, daß die moderne Demokratie und Repräsentation (Vertretung von Ständen, Klassen, Volk, Nation) keine Geschichte und Tradition in Deutschland habe, so widerspricht das den gesellschaftsgeschichtlichen Tatsachen seit dem 13. Jahrhundert in Bayern und Deutschland genau so, wie in Frankreich und vor allem in England (Magna Charta libertatum von 1215 – Ottonische Handveste von 1311 in Bayern). Die vorparlamentarische Repräsentation beruht auf dem sich im 13. Jahrhundert durchsetzenden Prinzip, daß das „was alle angeht, auch von allen gebilligt werden muß". Dieser ältere Ministerialen- und spätere *Niederadel,* dem in Deutschland etwas später wie in Italien und Frankreich das städtische *Patriziat* zur Seite trat, war im Spätmittelalter das vorwärtsdrängende Element im Reich, in den Territorien, in den Städten, das zwar wirtschaftlich und militärisch im 14. und 15. Jahrhundert zusehends an Bedeutung einbüßte, sich aber als Herrschaftsträger, in Verwaltung und Heer sowie als ständische Kraft bis zum Ende des alten Reiches, als Mitglied der alten ständischen Feudalgesellschaft behauptete, wenn auch in immer engerer Anlehnung an die fürstlichen Höfe und ständig erweitert durch den Brief- und Beamtenadel. Die politische Führung im 19. und beginnenden 20. Jahrhundert lag noch zumeist in den Händen dieser dann postfeudalen Führungsschicht, die zwar ihre *Herrschaftsrechte* seit der Aufhebung der Ständegesellschaft (durch Montgelas in Bayern) verlor, aber nun im Bunde mit Thron und Altar die Entwicklung des in der „Volkssouveränität" grundgelegten Parlamentarismus und der parlamentarischen Demokratie bei uns hintanhielt und hemmte. Die Vorfahren der gleichen politischen Führungsschicht waren vom 13. bis zum 16./17. Jahrhundert die Hauptvertreter des ganzen Volkes und seiner Interessen gegenüber den Landesherren, deren Willkürregiment sie hinderten und deren Absolutismus sie um Jahrhunderte hinausschoben. Sie fühlten sich als Vertreter des *Gemeinwohls*, bis im 17. Jahrhundert der absolutistische Fürst dieser Prärogative an sich riß und die Stände zum guten Teil entmachtete, indem er sie als egoistische Vertreter ihrer Standesinteressen und Privilegien entlarvte.

Aber nicht nur ministerialischer Niederadel und städtisches Bürgertum erlebten im Mittelalter ihren großen gesellschaftlich-politisch-wirtschaftlichen Aufstieg; die neue Entfaltung der Gesellschaft vom 11. bis zum 13./14. Jahrhundert brachte auch eine Aufwertung der bäuerlichen Menschen, die in der alten familia nach der „adeligen Unfreiheit" der Ministerialen/Dienstmannen und der „freien Unfreiheit" der städtischen Bürger die eigentlich leibeigene und abhängige Unterschicht der entwickelten feudalen Gesellschaft bildeten und bis zu den Anfängen des 19. Jahrhunderts auch blieben. Der auf sie bezügliche Begriff *„Die Armen"* meinte nicht die Mittellosigkeit, sondern die Herrschaftsgewalt- und Schutzlosigkeit; sie verfügten oft über mehr Geld als die armen Ritter und die bäuerliche Oberschicht der Meier und Amtshofbauern, ahmten oft in Mode und Lebensstil die kleinen Ritter auf dem Lande nach. Die Stellung der Bauern besserte sich zufolge dem agrarischen Strukturwandel. Infolge der Auflösung des alten Fronhofsverbandes und einer vielfachen Aufgabe des Eigenregiebaues wurden alte Herren- und Amtshöfe in Pacht ausgegeben und wurde das Verhältnis der Hufenbauern zum Grundherrn lockerer. Es entstand oder setzte sich durch eine Art Leihe- oder Pachtverhältnis (auf Zeit, ein- oder zwei Leiben, auf Ewig: Freistift, Leibpacht, Erbpacht). Das alte leibherrliche Verhältnis lockerte sich in vielfacher Weise durch den Landesausbau und die Ostbewegung. Viele Bauern oder deren Söhne verließen ihre alten Siedelstellen freiwillig oder aus Protest gegen Herrenwillkür und folgten den Werbungen oder Werbern neuer Herren, die Wald- und Sumpfgebiete oder Ödland, wie auch schon Kaiser Heinrich IV. im Harz, freigaben und

Kolonisten – bäuerliche Pioniere zum Siedeln und zur Kultivierung einluden und ihnen für den Anfang bestimmte Freiheiten von bestimmten Abgaben und Diensten gewährten, weswegen man sie oft *„Freibauern"* nannte, ohne daß sie je im ganzen die persönliche Freiheit erlangten. Sie konnten zwar durch ihren Zug in die Ferne ihren alten Leibherrn abschütteln und zunächst ohne einen neuen Zins- und Pachtbauern auf Neubruchland werden, von dem sie wie z. B. im alten Egerland den Noval – Neubruchzehnten an ihre reichsministerialischen Rodungsherrn oder die Kirche zahlten. Die Bauern insgesamt rückten auf eine höhere Ebene in der agrarischen Gesellschaft. Das wurde darin sichtbar, daß sie vom 12. Jahrhundert an die Abgaben der alten „Freien" zahlten, die in der archaischen Epoche als Nachfahren oder in den Formen römischer Bürger oder des Bürgerrechts unter dem besonderen Schutz von König, Kirche, Adel Kopf- und Grundsteuer, Heirats- und Todfallsabgabe zahlten. Diese letztgenannten Leistungen erbrachte ursprünglich nicht der Sklave-Leibeigene (servus), dessen Zahl bis in das 12. Jahrhundert hinein noch immer groß blieb, sondern der „Freie", der aber seit der Karolingerzeit schon im Absinken begriffen war. Unter diesen „freien" und „unfreien" Mitgliedern der Unterschichten hatte in Italien und Frankreich schon im 10. Jahrhundert ein „sozialer" Wandel großen Ausmaßes eingesetzt, der auch das bäuerliche Strukturgefüge wesentlich auflockerte. In Italien haben wir Belege für großzügige Freilassung leibeigener, schollegebundener Bauern.

In West- und Südeuropa früher, in Deutschland später führte die Auflösung des Hof (curtis-) -Systems schließlich zu einer allgemeinen gehobenen Lokal-Leibeigenschaft auf dem Lande und im Dorf. Es bildete sich im Spätmittelalter eine dörfliche Gesellschaft aus und es bildeten sich auch im Zuge der Kolonisation selbst im Altsiedelland *die* Dorfformen, die dann bis in das 19./20. Jahrhundert bestehen blieben, wenn auch bei uns seit dem Ende des 18. Jahrhundert die geschlossene Dorfgesellschaft zerfiel. Bis dahin gab es vielfach, aber nicht überall und immer, einen oder mehrere Dorfherren, jedoch wirtschaftlich setzten sich besonders im Umkreis von Mittel- und Großtstädten auch Handwerker fest, die vor dem Zunftzwang in der Stadt auf das Land auswichen; sie bildeten oft die Hälfte der sonst agrarischen Dorfbevölkerung. Seit dem 19. Jahrhundert aber trennten sich von der dominanten Gruppe der Hofbauern und selbständigen Agrarleute die Arbeiter und Taglöhner ab, die allmählich in die wachsenden Städte abwanderten und dort das ungelernte Arbeitertum und das Proletariat stellten. Aus diesen ländlichen Schichten kamen und kommen im 19./20. Jahrhundert die Menschen, die die Großstädte biologisch am Leben erhalten und mit den nötigen Arbeitskräften versorgen. Trotzdem die Bauern im ganzen nicht die persönliche Freiheit der Bürger erlangten und bis zum Ende des ancien regime in mehr oder minder großer Abhängigkeit von ihren Grund- und Leibherren blieben, schlossen sie sich doch genossenschaftlich und gemeindlich zusammen und entwickelten in günstiger Situation nicht nur einen gemeinsamen wirtschaftlich-kommunalen, sondern auch einen politischen Willen und setzten sich dort, wo ihre Kräfte besonders wichtig und gefragt waren, wie im Gebirge oder am Meer, auch als ein politischer Stand, als bäuerliche Korporation im Ständeund Landesstaat durch, bildeten eine bäuerliche „Landschaft" (Blickle), wie in Tirol, im Salzburgischen, im Land Berchtesgaden, in der Grafschaft Kempten, in Südwestdeutschland oder in Schleswig, Holstein, Friesland. In diesem selbständigen Bauerntum Schwabens und Frankens wurde in zunehmendem Maße im 14./15./16. Jahrhundert seine Rechtsstellung als unnatürlich und schmachvoll empfunden und auch in Schriften ausgesprochen, wuchs der Unmut über eine wirtschaftliche Lage zur Zeit der oben geschilderten Lohn- und Preissperre, vor allem aber über das Mißverhältnis zwischen Wirtschafts-, Rechts- und Sozialstand und entlud sich in Aufständen in ganz Europa und zuletzt im großen deutschen Bauernkrieg, der auch auf das Bürgertum in den Städten einen starken Einfluß z. B. in Frankfurt am Main oder in der Pfalz ausübte und sich teilweise auch mit Gedanken der neuen evangelischen Lehre motivierte und identifizierte. In dem Klosterland Bayern waren sehr viele Bauern klösterliche Grundholden und Hofmarksleute. Sie unterstanden also dem Schutz und Schirm des Klostervogtes, der in den allermeisten Fällen der wittelsbachische Landesherr war, dessen Vogtholden sie nun wurden, neben den herzoglichen Urbarsbauern, die auf Grund und Boden des herzoglichen Landesherrn saßen und wirtschafteten.

Zusammenfassend läßt sich sagen, daß in der Aufbruchsepoche des Mittelalters und sogar noch zum Teil in der Ära der Erschöpfung und Revolution ein großartiger Aufstieg aus Leibeigenschaft, Hörigkeit, Schollegebundenheit, Zwangsarbeit, Dienstverpflichtung zur adeligen und bürgerlichen Freiheit sowie zur bäuerlichen Besserstellung erfolgt ist, und zwar gerade in Deutschland ziemlich einheitlich aus der Grundstruktur der familia. Dabei bildete sich ein neues Maß an Mobilität, Aktivität, technisch-geistiger Intensität, an Arbeitskraft und kultureller Energie aus, das schließlich die Grundlagen für die europäische Gesellschaftsentwicklung bis heute, trotz aller Phasenverschiebungen, Strukturwandlungen und Umbrüche, legte. Schließlich ist ja auch die Französische Revolution von 1789 nicht vom (Pacht-) Bürgertum, von Arbeitern und Proletariern, sondern von den französischen Generalständen eingeleitet worden, indem sie den König zwangen, sie unter dem Zwang des Staatsbankrotts einzuberufen, ihren Willen zu erkunden und in Finanz- und Steuerfragen ihre Zustimmung zu suchen. Mit dem gesellschaftlichen Aufbruch des Mittelalters ging gleichzeitig einher und war vielfach mit ihm funktionell verbunden eine erste Aufklärung des Geistes, eine gewaltige Erweiterung und Vertiefung des geographischen und geistigen Horizonts, ein neues Arbeitsethos, neue Lebensformen, eine erste Laisierung und Individualisierung, eine neue Kunst und ein neues Schönheitsbewußtsein, eine Verrechtlichung und neue Herrschaftsauffassung, eine neue Rationalität und Originalität, eine neue Selbständigkeit und Innovation auf vielen Gebieten. Kurz: "Europa" begann sich auszuformen, nachdem es sich von den Elementen der karolingischen Spätantike zusehends gelöst und aus Perzeption zu Innovation fortgeschritten war. Für alle diese Vorgänge und Ereignisse von grundlegener Wirkung ist die Verbindung von „Gesellschaft und Kultur" als Generalnenner und Grundaspekt nicht nur ein hilfreiches Werkzeug der Zusammenschau, sondern auch Ausdruck einer allgemeinen Funktion der Einzel- und Kollektivtätigkeiten des mittelalterlichen Menschen, dessen differenzierte und spezifische Wesenheit man vielleicht so am überzeugendsten und systematisch greift, weil man auf diese Weise auch die komplexe Struktur des Mittelalters und seiner Gesellschaft befriedigend und umfassend analysieren kann.

Ich kehre zur Ausgangsfrage meiner Studie zurück, wozu Gesellschaftsgeschichte des Mittelalters nütze und notwendig sei. Ich beantworte sie mit der hoffentlich überzeugenden Feststellung, daß Gesellschaft und Kultur des Mittelalters nicht nur ein reales und überschaubares Modell einer deutschen und europäischen Erforschung unserer Geschichte ist, das nicht fehlen kann, wo man nach überzeugender Gesamterkenntnis strebt, sondern auch als Inhalt eines geschichtlichen Modells wirkt, das sich an Zeugen, Denkmälern, Lebens- und Denkformen der vergangenen und der gegenwärtigen Menschen orientiert und einsieht, daß in jeder Gegenwart mindestens fünfzig Prozent Vergangenheit steckt. Ohne Kenntnis von Gesellschaft und Kultur des Mittelalters gibt es keine europäische Identität, die den Menschen angeht und den historisch-anthropologischen Generalaspekt der modernen Gesellschafts- (nicht Sozial-) Geschichte zur Voraussetzung hat.

Literaturhinweise

Karl Bosl, Die Grundlagen der modernen Gesellschaft im Mittelalter. Eine deutsche Gesellschaftsgeschichte des Mittelalters. 2 Bde (Stuttgart 1972) – Europa im Aufbruch. Herrschaft, Gesellschaft, Kultur vom 10. bis zum 14. Jahrhundert (München 1980) – Frühformen der Gesellschaft im Mittelalterlichen Europa. Ausgewählte Beiträge zu einer Strukturanalyse der Mittelalterlichen Welt (München 1964) – Die Gesellschaft in der

Geschichte des Mittelalter (1975): italienische Ausgabe Modelli di societa medievale (Bologna 1979) – Die Reichsministerialität der Salier und Staufer. Ein Beitrag zur Geschichte des hochmittelalterlichen deutschen Volkes, Staates und Reiches. 2 Bde (Neudruck Stuttgart 1968/9) – Staat, Gesellschaft, Wirtschaft im deutschen Mittelalter, Gebhardt, Handbuch der deutschen Geschichte I (Stuttgart 9. Aufl. 1970) 693 bis 835 – Über soziale Mobilität in der mittelalterlichen Gesellschaft. Dienst, Freiheit, Freizügigkeit als Motive sozialen Aufstiegs, in Frühformen 156 ff; englische Übers. „On social mobility in medieval society", in S. Thrupp „Early medieval society (1967) 87-102 – Herrscher und Beherrschte im deutschen Reich des 10. bis 12. Jahrhunderts, in Frühformen; engl. Übersetzung: in F. L. Cheyette, Lordship and community in medieval Europe (New York/Chicago 1968) – Die Sozialstruktur der mittelalterlichen Residenz– und Fernhandelsstadt Regensburg. Die Entwicklung ihres Bürgertums vom 9. bis zum 14. Jhdt. (München 1966) – Die wirtschaftliche und gesellschaftliche Entwicklung des Augsburger Bürgertums vom 10. bis zum 14. Jhdt. (München 1969) – Nürnberg. Dreihundert Jahre Entwicklung zur Reichsstadt (1050-1300) in Pfeiffer, Nürnberg. Geschichte einer europäischen Stadt (München 1971) 11-33 – Der Mensch und seine Werke. Eine anthropologisch-humanistische Deutung der Geschichte. in Festschrift f. G. Franz, Wege und Forschungen der Agrargeschichte (1967) 9-17 – Gesellschaftsgeschichte – Sozialgeschichte. Modellfall, in Festschrift f. Friedrich Hausmann (1977) 39-57 – Gesellschaftliche Anpassung und persönliches Engagement. Kirche, Welt und Individuum im Reformationszeitalter, in H. Schade, Albrecht Dürer. Kunst an einer Zeitenwende (1971) 17-35 – Der Aufbruch von Mensch und Gesellschaft. Eine epochale Struktur in der europäischen Geschichte, in Krohn/Thum/Wapnewski, Die Stauferzeit (Stuttgart 1978) 11-27 – Leitbilder und Wertvorstellung des Adels von der Merowingerzeit bis zur Höhe der feudalen Gesellschaft, in H. Scholler, The epic in medieval society. Aesthetic and moral values (1977) 18-36 – Gesellschaftswandel, Religion und Kunst im hohen Mittelalter (München 1976) – Die familia als Grundstruktur der mittelalterlichen Gesellschaft, in Festschrift f. R. Dietrich (1974) 109-128 – Das Problem der Armut in der hochmittelalterlichen Gesellschaft (Wien 1974) – Armut Christi. Ideal der Mönche und Ketzer. Ideologie der aufsteigenden Gesellschaftsschichten des 11. bis 13. Jahrhunderts (München 1981).

F. Lütge, Das 14. und 15. Jahrhundert in der Sozial- und Wirtschaftsgeschichte, in Studien zur Sozial- und Wirtschaftsgeschichte. Ges. Abh. (1963) 281-335.

K. Czok, Die Bürgerkämpfe in Süd- und Westdeutschland im 14. Jhdt; in C. Haase, Die Städte des Mittelalters 3 (1973) 304-344.

P. S. Huizinga, Herbst des Mittelalters (11. Aufl.)

P. S. W. Abel, Agrarkrisen und Agrarkonjunktur (2/1966)
E. Maschke, Die Unterschichten der mittelalterlichen Städte Deutschlands, in Haase, Die Städte Deutschlands 3 (1973) 346-454; ders., Verfassung und soziale Kräfte in der deutschen Stadt des Spätmittelalters, besonders in Oberdeutschland, in VSWG 46 (1959) 289-343, 433-476 – Ders. & J. Sydow, Städtische Mittelschichten (Stuttgart 1972)
R. Endres, Zünfte und Unterschichten als Elemente der Instabilität in den Städten, in P. Blickle, Revolte und Revolution in Europa (1975) 151-176.
J. Gurjewitsch, Das Weltbild des mittelalterlichen Menschen (1972)
W. Ullmann, The individual and the society in the middle ages (London 1967)
J. Kocka, Sozialgeschichte. Begriff – Entwicklung – Probleme (1977)
J. Kocka & G. A. Ritter, Deutsche Sozialgeschichte (1974)
E. Weis, Gesellschaftsstrukturen und Gesellschaftsentwicklung in der frühen Neuzeit, in Bosl/Weis, Die Gesellschaft in Deutschland I (1976) 131-266.

Anmerkungen zur Arbeiterkultur

Klaus Tenfelde

Als einer der ersten hat Johann Jacoby, 1848er Revolutionär, Demokrat und Freund der frühen Arbeiterbewegung, deren Entstehung[1] als einen umfassenden kulturgeschichtlichen Prozeß gedeutet: Die „Gründung des kleinsten Arbeitervereins“ werde, so Jacoby, für künftige Kulturhistoriker eine größere Bedeutung einnehmen als beispielsweise die Schlacht von Sadowa. Wilhelm Liebknecht, sicher der herausragende Bildungs- und Kulturpolitiker der frühen deutschen Arbeiterbewegung, hat sich diese Deutung in zahllosen Äußerungen zu eigen gemacht. Die Sozialdemokratie sei, betonte Liebknecht, „an sittlicher Kraft den bürgerlichen Parteien überlegen“ und verfüge „als ganzes wie in ihren Teilen über eine größere Summe von sittlicher und persönlicher Kraft“; die Partei sei, diese Nuancierung ist für Liebknecht charakteristisch, „eine große Arbeiter-Bildungsschule“, und überhaupt: „Die Arbeiterklasse ist die Trägerin der modernen Kultur“[2].

Dies waren, wie allein die Bedeutung Liebknechts für die Frühgeschichte der Sozialdemokratie belegt, keine vereinzelten Äußerungen. Die Nachweise lassen sich beliebig vermehren, ja, die Überzeugung von der kulturgeschichtlich bedeutsamen, sogar kulturstiftenden Rolle der Arbeiterschaft und Arbeiterbewegung hatte sich mindestens den Arbeiterführern bis hinunter in die mittleren Ränge tief eingeprägt. Der Kommunismus bedinge, so behauptete der – lassalleanische – „Neue Sozialdemokrat“ schon 1873[3], „die wahre Kultur der Menschheit“, wie sich in Kunst, Wissenschaft und Bildung erweise. In der

Zeit der mächtig aufstrebenden kulturellen Massenorganisationen der Arbeiterbewegung, also jener Arbeitersänger-, Freidenker-, Naturfreunde-, Volksbühnen- und sonstigen Bewegungen besonders seit den 1890er Jahren, gehörte die tiefe Durchdrungenheit von der zukunftsweisenden, gestalterischen, die Bedürfnisse der Millionenheere aufstrebender Arbeiter in aller Herren Länder befriedigenden Rolle und Funktion der Arbeiterbewegung nachgerade zum Gemeingut ihrer Führer und Mitglieder. Kein März-, Mai-, Stiftungs- oder Gewerkschaftsfest, keine öffentliche Versammlung und kaum eine theoretische oder propagandistische Schrift, in der diese Durchdrungenheit nicht in dieser oder jener Form zum Ausdruck gekommen wäre. Man denke schließlich an Schriftsteller und Arbeiterführer wie Paul Kampffmeyer, der die Arbeiterbewegung wiederholt als Kulturbewegung gedeutet hat[4], an Karl Frohme, der ein ganzes Buch dem Thema „Arbeit und Kultur“ widmete[5], an Carl Legien, der gewerkschaftliche Auseinandersetzungen nicht zuletzt als Kulturaufgaben begriff[6]: Die „einsichtigen Sozialpolitiker“, hieß es bereits 1893 im „Correspondenzblatt“, dem Organ der Generalkommission der deutschen Gewerkschaften[7], hätten durchweg – soweit ihr „Gehirn noch nicht durch das einseitige Verharren auf dem Unternehmerstandpunkt verkleistert“ sei – festgestellt, „daß in den Arbeiterorganisationen eine hohe, sittliche Kraft und ein unbezähmbarer Drang nach höherer Kultur liegt. Und wer diese Organisationen zu vernichten sucht, der sucht gleichzeitig diesen Trieb nach menschenwürdigeren Zuständen, nach höherer Bildung und Zivilisation zu hemmen und handelt gegen den Fortschritt . . . “.

Welche Kultur schwebte diesen Arbeiterführern und ihren zahllosen Anhängern als Endziel kämpferischen politischen Strebens vor? Uns scheint, als sei den vielen überlieferten Stimmen über die Kulturbedeutung von Arbeiterschaft und Arbeiterbewegung dreierlei gemeinsam: zunächst der allerdings nicht durchweg nachweisbare Bezug auf die kulturstiftende Funktion von Arbeit und Arbeitsteilung; zweitens ein Kulturverständnis, das in erster Linie die Trias von Kunst, Bildung und Wissenschaft umfaßt;

endlich die schon bei Jacoby erkennbare Konkretisierung jener „neuen“ Kultur in den Kulturorganisationen der Arbeiterbewegung.

So knapp diese Hinweise sind, so klar geht aus ihnen hervor: Das Kulturverständnis der zeitgenössischen Arbeiterbewegung[8] blieb diffus, unscharf, mehrdeutig, und die neueren wissenschaftlichen Begriffsprägungen wie Arbeiterkultur, Industriekultur, Freizeitkultur, bald auch Alltag und damit verknüpfte Wortkomposita, stehen dem älteren Kulturverständnis darin wenig nach[9]. Nicht nur die mangelnde Schärfe, die immerhin mit gewisser Zwangsläufigkeit die tatsächliche Vielfalt der historischen Erscheinungen zum Ausdruck bringen könnte, auch die Konjunktur von Begriffen wie den genannten, mahnt zur Vorsicht. Das Interesse an der – ich bevorzuge aus weiter unten darzulegenden Gründen diesen Begriff – Arbeiterkultur, woher rührt es? Warum jene neueren zahlreichen Bestrebungen um eine Ergründung des historischen Alltags, wenn darin doch, wie jedermann bald einsichtig wird, nur ein Teil, ein arg vernachlässigter zwar, aber vielleicht nicht wirklich der bewegende Teil von historischer Wirklichkeit erkennbar wird? Zu welcher Erkenntnis verhelfen „Lebensgeschichten“[10] von Proletariern, wenn nicht allein oder vorrangig zur Kenntnis dessen, wie es eigentlich gewesen ist? Oder auch, anders gewendet: Welche Perzeptionsformen fördert man mit der musealen Dokumentation von proletarischem Alltag in der Geschichte, und läßt sich dem hier gewiß besonders starken antiquarischen Interesse am historischen Alltag überhaupt mit den Möglichkeiten musealer Dokumentation wirksam begegnen, läßt sich solcherart gewonnene Kenntnis anleiten, zur kritischen Erkenntnis verfestigen? Wem nutzt die Kenntnis, wem die Erkenntnis?

In Zeiten seligen jungsozialistischen Angedenkens konnte sich das Interesse an der Arbeiterkultur so artikulieren[11]: Gerade in den subkulturellen Bindungen und Beziehungen in der Arbeiterbewegung habe sich Kultur als Gegenkultur konstituiert, und die Arbeiterbewegung habe gerade hieraus ihre Überzeugungskraft, ihren Wertreichtum gewonnen. Und so gelte es denn, dieses kulturelle Beziehungsgeflecht zu restituieren, um erneut den Rang einer geschichtsmächtigen Bewegung zu erklimmen. Man schüttelt zu Recht den Kopf über solche Kurzschlüsse: Daß politische Intentionen historischen Erkenntniswillen anleiten können, bleibe dahingestellt; daß solche Intentionen die historischen Rahmenbedingungen für die Konstituierung von Arbeiterkultur in Deutschland anscheinend ebenso wie die Arbeiterkultur wiederbeleben wollen, ist grotesk. Denn das gerade war das Bezeichnende der deutschen Arbeiterkultur, auch das Unterscheidende etwa zur englischen „popular culture“: daß sie seit ihrer Entstehung eine den prägenden Einflüssen des bürgerlich-preußischen Obrigkeitsstaats „zu dankende“ politische Komponente trug, die in erster Linie ihre eigenartigen Formen, ihren kritischen Akzent und zum Teil auch ihre Überlebensreste bis heute erklärt. Wie immer die folgende Stellungnahme weiter zu differenzieren ist: Der in den traditionellen Gegensatz von Obrigkeit und Untertan, von Herrschern und Beherrschten vermengte Klassengegensatz hatte im Wilhelminischen Deutschland die Dimensionen einer Kulturspaltung vor allem dann angenommen, wenn man unter Kultur im traditionellen Verständnis Bildung, Kunst, Wissenschaft und deren Konkretisierungen versteht. Unter diesen Bedingungen war Arbeiterkultur, besonders in ihrer Ausprägung als Arbeiterbewegungskultur, ein Phänomen, dessen Eigenständigkeit nachgerade erzwungen wurde, ein Zeugnis auch für den Selbstbehauptungswillen, schließlich Begriff und Perspektive für die Formung proletarischer Identität. Es war „schlimm, aber ehrenvoll, wenn man vaterlandslos“ war[12]. Ohne diese gesellschaftlichen und politischen Rahmenbedingungen läßt sich die Geschichte der kulturellen Entfaltung der Arbeiterschaft in Deutschland nicht verstehen; mit anderen Worten: Wer über Alltag und Arbeiterkultur in der Geschichte nachdenkt, möge Isolation und Repression, industrielles Wachstum und politische Rückständigkeit, Klassenbildung und Schichtendifferenzierung mitbedenken – nicht nur im Sinne von Nuancen und Schattierungen, sondern als konstitutive Merkmale. Es waren gewichtige historische Erfahrungen, die Sozialdemokratie und Gewerkschaften in der Bundesrepublik veranlaßten, den Wiederaufbau jener „Heimat" von Festen und Vereinen nach 1945 allenfalls zögernd zu betreiben.

Soweit zur historischen Ausprägung von Arbeiterkultur in Deutschland. Daß sie im Kern mehr war, andere Wurzeln aufwies, sich aus dem Verständnis von gesellschaftlicher und politischer Wirklichkeit im kaiserlichen Deutschland nur zum Teil erschließt, wird nur unter weitem Rückgriff auf die Erscheinungsformen und die gestalterische Kraft der Industrialisierung im Verlauf des 19. Jahrhunderts deutlich. Eine knappe Skizze bisheriger wissenschaftlicher Annäherungen an die Arbeiterkultur soll, ohne den Anspruch erschöpfender Abhandlung zu erheben, einen derart umfassenden und zugleich konkretisierbaren Begriff von Arbeiterkultur begründen helfen[13]:

Eine Reihe von Anregungen sind, erstens, der älteren und jüngeren Volkskunde bzw. Ethnologie zu verdanken. Unter deren zahlreichen Richtungen kennzeichnete jene, die gewöhnlich mit dem Namen Wilhelm Heinrich Riehls verbunden wird und die in Deutschland über lange Jahrzehnte vorherrschte, ein enger Zusammenhang mit der Nationalstaatsbildung, der sich unter anderem in der Selbsteinschätzung als eine Kulturwissenschaft schlechthin, als die zur wissenschaftlichen Begründung des Deutschtums berufene Zunft niederschlug. Ihr Kulturbegriff blieb an vorindustriellen Daseinsverhältnissen und Werthorizonten orientiert; er verfestigte sich zum vorindustriellen Syndrom, so daß über die Vielfalt ländlichen und handwerklichen Daseins hinaus die Arbeiterschaft als Forschungsgegenstand nicht oder nur mit negativem Wertakzent in das Blickfeld rückte, galten doch deren kulturelle „Leistungen" als minderwertig oder gar, im Sinne jener „Misch-Masch-Kultur", als schlechthin nicht vorhanden. Reste dieses nicht einfach klassenspezifischen Kulturbegriffs sind bis heute aufzufinden, wenn auch die alte Volkskunde in der Forschung nur noch provinzielle Bedeutung hat. Gleichwohl sind ihr, etwa in der Handwerksforschung oder auch in Gestalt älterer volkskundlicher Erhebungen mit besonderem Quellenwert[14], Leistungen zu verdanken, deren Kenntnis auch für die Arbeiterkulturforschung unentbehrlich ist.

Eine Umgewichtung in der älteren Volkskunde hat sich spätestens mit dem Erscheinen von Will-Erich Peuckerts „Volkskunde des Proletariats“[15] abgezeichnet. Sie fand in der gründlich positiven Sicht auf Arbeit und Leben der industriellen Arbeiterschaft in den nach 1945 veröffentlichten Arbeiten von Wilhelm Brepohl über das Ruhrgebiet Widerhall, auch wenn in solcher „Industrievolkskunde“[16] noch gelegentlich Deutungen zu erkennen sind, in denen die Pervertierung von Volkskunde in der nationalsozialistischen Zeit oder auch jene kapitalismuskritischen Akzente nachklingen, wonach „Rationalismus, Kapitalismus und Individualismus (besser Atomismus)“ als Kennzeichen jener neuen „Gesittung“ „keinen gesunden Zustand“ bedeuten[17].

In der jüngeren Volkskunde ist das Forschungsfeld endlich gezielt auf das Industrieproletariat ausgedehnt worden. Der in der neueren marxistischen Volkskunde postulierte Zusammenhang von „Kultur und Lebensweise“[18] ist auch westlichen Volkskundlern und Ethnologen nicht fremd; so hat beispielsweise die angloamerikanische Ethnologie in der Erforschung primitiver Kulturen einen Kulturbegriff geformt, in dem wie kaum sonst Arbeit, Familie und dörflich-politische Organisation als Einheit verstanden werden[19]. Auch das Vorbild der skandinavischen Ethnologie wirkte mit, wenn der früher für die Volkskunde konstitutive Gegensatz von niederer Volkskultur und höherer Oberschichtenkultur in den Hintergrund gedrängt, das Verhältnis von materieller und immaterieller Kultur neu überdacht und kulturelle Novations- und Diffusionsprozesse ohne ideologische Verklärungen untersucht wurden[20]. Schließlich sind in jüngeren volkskundlichen Arbeiten – hierin zeichnen sich Parallelen auch zur sozialgeschichtlichen Forschung ab[21] – vermehrt relativ geschlossene und definierbare Lebensbereiche wie das Dorf in das Blickfeld gerückt und unter ausführlichen historischen Rekursen mit sozialwissenschaftlichen Methoden und dem Ziel, Lebensformen und deren Veränderungen begreiflich zu machen, untersucht worden[22].

Naturgemäß gelangen derartige „community studies“ jedenfalls nicht zwangsläufig zu einem Kulturbegriff, unter dem sich das Besondere von Arbeiterkultur erfassen ließe. Einen weithin auch in der neueren Arbeiterkulturforschung rezipierten Ansatz hierzu formulierte insbesondere die amerikanische Soziologie mit ihren aus der Beobachtung und Erforschung von Großstadtkulturen gewonnenen Konzepten, jener Gegenkultur („contra-culture") oder Subkultur („subculture")[23]. Impulse bezogen diese Ansätze beispielsweise aus dem Studium von Vorstädten und großstädtischen Gettos, von Minderheiten- und Jugendkulturen. Diese Subkulturforschung ist durch Fritz Sack und andere in der deutschen Soziologie heimisch geworden und von Schwendter auf die Arbeiterbewegung bezogen worden; sie neigt zur Betonung von funktionalen gegenüber genetischen Aspekten und läßt sich insoweit auch in der historischen Forschung nutzbringend adaptieren. Ähnliches gilt für die jüngst wieder vermehrt diskutierten, gelegentlich mit den Begriffen „soziale Kontrolle" und, ausgreifender sowie vorbildverbunden, „kulturelle Hegemonie" umschriebenen Konzepte[24].

Dagegen hat jenes ehedem weite und außerordentlich vielschichtige Feld der allgemeinen Kulturgeschichtsschreibung, in der unter „Kultur" schlechthin alle Äußerungen menschlichen Daseins und Handelns erfaßt oder Kultur im Gegensatz zu „Zivilisation" definiert wurde, seit dem Zweiten Weltkrieg kaum noch Fortsetzungen gefunden. Auch sind kulturmorphologische Geschichtsdeutungen nach dem Muster Oswald Spenglers oder Toynbees heute verblaßt. Gleichwohl ist das in jener älteren Kulturgeschichtsschreibung verkörperte Nachdenken über Kultur nicht ohne Einfluß auf die Arbeiterbewegung geblieben – man denke nur an die hier geläufigen Vorstellungen von „höherer" Kultur, rubriziert unter „Kunst, Bildung, Wissenschaft"[25] und damit nicht fern von den eingangs zitierten Worten Wilhelm Liebknechts. Die sogenannten „Kulturstatistiken" dieser Zeit spiegeln diese Hochschätzung von tatsächlich der Oberschichtenkultur eigenen Elementen. Mit den Volkskundlern verband diese Historiker neben anderem der Wertakzent auf den „großen Kulturleistungen" der Menschheit, die Minderbewertung der materiellen Kultur und völlige Vernachlässigung der

Arbeiterschaft, deren Einfluß wiederum eher kulturzerstörend gedeutet werden konnte. Die ausnehmend breite Variante des Kulturbegriffs, wie sie sich in den zahlreichen „Kultur- und Sittengeschichten" der älteren Zeit niederschlug, fand schließlich einen späten Nachklang in Otto Rühles „Kultur- und Sittengeschichte des Proletariats"[26], freilich unter materialistischen Vorzeichen.

In der jüngeren Geschichtsschreibung zur Arbeiterbewegung wurde naturgemäß, soweit Ausprägungen von Arbeiterkultur debattiert wurden, der Akzent auf die Untersuchung der Kulturorganisationen der Arbeiterbewegung gelegt und insoweit vor allem durch Guenther Roths Interpretation[27] in den Rang einer die Rolle und Bedeutung der Sozialdemokratie im Kaiserreich mitbestimmenden Komponente erhoben. Gerade den Kulturorganisationen wurde hierbei großes Gewicht als Institutionen einer Integration „wider Willen" oder auch, in den Worten Dieter Grohs, einer „negativen Integration"[28] zugewiesen, und in neueren Arbeiten ist wiederholt die Rezeption bürgerlicher Verhaltensformen in diesen Vereinen betont worden[29], während in der DDR-Historiographie gewöhnlich auf ihren instrumentellen Charakter für die Formung von Klassenbewußtsein im tagespolitischen Kampf abgehoben wird[30]. Ein Bezug auf das eigentliche Entstehungsfeld der Arbeiterkultur, auf Arbeitsplatz, Arbeiterfamilie, Wohnung und kommunale Umwelt fehlt gewöhnlich.

Diesem Entstehungsfeld haben sich hingegen in der jüngeren Forschung zahlreiche Autoren zugewandt. Hier scheint es, als ob die bereits in den 1950er Jahren, zumeist ausgehend von Studien über Vormärz und Frühindustrialisierung[31], erhobenen Forderungen nach detaillierter sozialgeschichtlicher Feldforschung sei es im regionalen – gewerbe- und industrieräumlichen – oder sektoralen, branchen-, berufs- oder betriebsgeschichtlichen Rahmen nunmehr endlich Früchte getragen und Ergebnisse gezeitigt hätten, mittels derer angesichts der Fülle des ausgebreiteten Materials auch die Arbeiterkulturforschung wesentliche Impulse erfahren hat. Ohne die Ansätze der regionalen und sektoralen Sozialgeschichte hätte die historische „Alltags"-Forschung kaum jenen bemerkenswerten Aufschwung der vergangenen Jahre nehmen können; mehr noch, die Regional- und Branchengeschichte genießt im Vergleich zur Erforschung eines begrifflich notwendig diffusen, auch kaum präzisierbaren „Alltags" nach wie vor den Vorzug eingrenzbarer Quellenbefunde und eines vergleichsweise stabilen Methodengerüsts. Auch wenn manche der neueren Arbeiterschaftsstudien[32] die Chance der Ausweitung ihrer Fragestellungen auf den proletarischen Alltag und die Formen kultureller Entfaltung in der Arbeiterschaft nicht nutzen, scheint doch ein weiterer Vorteil einer Alltags- und Arbeiterkulturforschung im Rahmen der Regional- und Branchengeschichte darin zu liegen, daß die eingangs als grundlegend für die deutsche Arbeiterkultur hervorgehobenen gesellschaftlich-politischen Rahmenbedingungen gleichsam a priori in die Analyse eingehen, also nicht a posteriori „hineingehoben" werden und damit der Gefahr der Vernachlässigung, wenn nicht bequemen Streichung ausgesetzt sind. Schließlich werden Alltag und Arbeiterkultur innerhalb angemessener Dimensionen einer Gesellschaftsgeschichte der Industrialisierung gewichtet und interpretiert und entgehen eher sozialromantischen Illustrationsanstrengungen. Eine „Geschichte des Alltags" für sich, gar noch eine solche des deutschen Volkes[33], dürfte, wenn nicht Willkür oder Dogmatismus die Erkenntnisse leiten sollen, schon aus Gründen der Überlieferung, zu schweigen von konzeptionellen Problemen, zu deren Lösung jedenfalls bisher keine Strategien erkennbar sind, zum Scheitern verurteilt sein; ähnliches gilt von einer „Geschichte der Arbeiterkultur", soweit nicht auf einen verengten Kulturbegriff (Bildung, Kunst, Wissenschaft) zurückgegriffen wird. Es ist durchaus nicht zufällig, daß die bisherigen, vielfach gewichtigen Reflexionen über Alltag und Arbeiterkultur zum Teil in Gestalt von Ausstellungskatalogen bzw. Bildbänden[34], zum überwiegenden Teil jedoch in Gestalt von Beiträgen zu Sammelbänden[35] erschienen sind. Zu einer systematischen und tiefengegliederten „Phänomenologie" von Alltag mochte sich bisher niemand bereitfinden.

Inwieweit trägt nun regionale oder sektorale Sozialgeschichte, Sozialgeschichte überhaupt, zur Kenntnis, Analyse und Gewichtung von Alltag und Arbeiterkultur bei?

Uns scheint, als läge ein zugleich forschungspragmatischer und in methodischer Hinsicht vielversprechender Ansatz in der Unterscheidung von Wirklichkeitsbereichen von Arbeiterdasein im Verlauf der Industrialisierung. Sinnvoll lassen sich solche Wirklichkeitsbereiche – mit jeweils sehr unterschiedlichen Überlieferungsfeldern und methodischen Erfordernissen – nach Arbeitsplatz, Familie/Wohnung und kommunaler Umwelt unterscheiden; es steht hierbei auf einem anderen Blatt und ist jeweils anhand der Überlieferung, also unterschiedlich in bestimmten Zeiten, Gewerben, Regionen, zu entscheiden, inwieweit diesen Wirklichkeitsbereichen im Hinblick auf erkenntnisleitende Fragestellungen tendenziell Autonomie zukommt und inwieweit sie sich berühren, überlappen, ob sie gar weitgehend zusammenfallen[36].

Arbeitsplatz und Arbeitsorganisation unterlagen im Verlauf der Industrialisierung bekanntermaßen fundamentalen Umwälzungen, die hier nur knapp auf die Stichworte Gewerbebefreiung, Technisierung, Arbeitsteilung, Marktbildung und Entstehung von Großbetrieben gebracht werden sollen. Nicht nur, daß über Jahrhunderte gewohnte Formen von Arbeit und Arbeitsorganisation entweder schlicht überflüssig oder radikalen Veränderungen ausgesetzt wurden; wichtiger, eine Mehrzahl von sehr neuartigen Arbeitsplätzen entstand erst in der Folge jener umfassenden Neuordnung volkswirtschaftlicher Beziehungsgeflechte. Arbeitsverbundenes, insbesondere handwerkliches Brauchtum schwand oder zerbrach zu Reliktformen; Sinn und Rhythmus von Arbeit veränderten sich; die Arbeitsattitüde, Formen der Arbeitsverrichtung, Gesten des Arbeitsalltags, nahmen neue, fremdartige, noch zu erlernende und auch deshalb zunächst vorwiegend erlittene Dimensionen an. Arbeit begann das Dasein in vorher kaum bekannten Formen zu ordnen und zu bestimmen. Schließlich wurde Arbeit, in rasch zunehmendem Umfang, in Gruppen gleicherart Betroffener verrichtet und erfahren; der Arbeitsplatz und die Arbeitsorganisation standen im Zentrum von Gruppenbildungen, die sich vor den Toren der Zechen und Betriebe fortsetzen konnten. Arbeitskräfte wurden auch, mehr und anders als früher, austauschbar: Märkte für Rohstoffe und

Waren, für Kapital und Besitz, schließlich für Arbeiter entstanden, begünstigt von der raschen Verkehrserschließung, landesweit, und die industrielle Mobilität der austauschbaren Arbeitskräfte wurde über Jahrzehnte zum Kennzeichen der neugeschaffenen Märkte. Konjunkturelle traten an die Stelle saisonaler Produktionsrhythmen, wirtschaftliche Rezessionen mit Einkommenseinbußen an jene der früheren agrarischen Hungerkrisen.

Die Um- und Neuformung der *Arbeiterfamilie* im Verlauf der Industrialisierung hat man unter der suggestiven Kraft des von Otto Brunner in seiner Darstellung der alteuropäischen Gesellschaft hervorgehobenen, als Realtypus verstandenen „Ganzen Hauses" lange vorrangig in der Ausgliederung produktiver Funktionen aus der Familie, in deren reproduktiven Funktionen und dem Ende der hausväterlichen „Herrschaft" gesehen[37]. Kein Zweifel, daß auch in der Familie, wenn auch wahrscheinlich zögernd und mit erheblichem Rückstand, der Prozeß der De-Hierarchisierung menschlicher Beziehungen, der Entkleidung von Autorität und neuen Wertsetzungen stattfand – Veränderungen und Umwertungen, die sich beispielsweise in gewandeltem Heiratsverhalten, abnehmender Fruchtbarkeit und einer neuen Rolle der Arbeiterfrau ausdrückten. Schwer wiegt auch die neue Abhängigkeit der Arbeiterfamilie vom Geldeinkommen und von eben entstehenden Konsumentenmärkten, ferner die geringe oder völlig entschwundene Aussicht auf den Erwerb von Wohnbesitz, an dessen Stelle das Elend der überfüllten Arbeiterwohnungen trat. Auch diese Prozesse vollzogen sich, vielfach schattiert, in langen Dekaden, und viel spricht dafür, daß gerade die Arbeiterfamilie noch lange der wichtigste Ort des Austausches von Erfahrungen war und das gerade hier, oft stabilisiert durch Formen einfacher Religiosität, die erlernten Wertorientierungen noch lange über die Herausforderungen von Arbeit und Umwelt obsiegten.

Nachbarschaft und kommunale Umwelt sind wertbildende Daseinsbereiche und Verhaltensräume von eigenem Rang. Auch hier: die Herausbildung neuer Beziehungsgeflechte, beispielsweise die Ersetzung der sehr alten nachbarlichen Gepflogenheiten und Bekanntschaften durch die

Straßenschluchten im Arbeiterviertel, das Verlieren alter und die Anknüpfung neuer Gruppenbeziehungen. Man bedenke nur, welchem Bedeutungswandel Verwandtschaften je einzelner Familien dann unterworfen waren, wenn die jeweils ältere Generation aus der Familie ausgegliedert, sich selbst überlassen und damit der jeweils jüngeren entfremdet wurde und wenn die Ein- oder Zweigenerationenfamilie diesen Beziehungsverlust durch Anknüpfung neuer schichtspezifischer Beziehungen im Wohnbereich kompensierte. Welche neuen Bedingungen wurden etwa für Kindheit und Erziehung, für Spielbeziehungen und Schulfreundschaften, für Paten-, Heirats- und Freundschaftsbeziehungen in der Arbeiterschaft durch den beherrschenden Prozeß der Urbanisierung in den Industrieregionen gesetzt? Sie datiert in Deutschland, sieht man von den Hauptstadtregionen ab, etwa seit den 1880er Jahren, aber es dauerte teilweise bis nach 1945, daß die zunächst weit überwiegenden großstadtkritischen Stimmen versiegten. Versteht man überdies unter Urbanisierung mehr als nur Verstädterung, nämlich die Herausbildung einer umfassenden kommunalen Infrastruktur, einer kommunalen Leistungsverwaltung und, insbesondere, städtischer Verhaltensorientierungen[38], dann war freilich der Prozeß der Urbanisierung auch bis 1914 noch keineswegs abgeschlossen. – In mancherlei Hinsicht differenzierte die Urbanisierung das durch Arbeits- und Wirtschaftsorganisation geschaffene Schichtungsbild neu, denn mindestens tendenziell wirkte die neue städtische Infrastruktur schichtenunspezifisch und kam den Bedürfnissen gerade der Arbeiterschaft entgegen – man denke nur an das Nahverkehrswesen, das seit den 1890er Jahren rasch das Mobilitätsverhalten der Bevölkerungen bestimmte, auch an die typischen Stadtmedien und städtischen, plan- und architekturbedingten Zentrenbildungen. Andererseits setzte sich der produktionsverbundene Schichtungsprozeß bis in die „Weichbilder" der Städte fort, wenn die liberalen Stadtväter alles taten, um etwa im Wohnbereich eine säuberliche Trennung zwischen Arbeiterschaft und Mittelstand sicher zu stellen oder um den mittelständischen Schichten das gewohnte Maß an Bildungsmöglichkeiten zukommen zu lassen. Arbeiterviertel,

Industriekommune und Stadt waren überdies die Entstehungsfelder von Beziehungsgeflechten, die sich nicht primär dem Arbeitsplatz und Betrieb oder der Familie zuordnen lassen: von einer Unzahl an Vereinen aller denkbaren Aufgaben, Ziele und Funktionen im vorpolitischen Raum, mit dem Akzent der Interessenvertretung oder mit politischer Zielsetzung. Die Wurzeln des Arbeitervereinswesens[39], unter anderem in Gestalt von Lesegesellschaften und Arbeiterbildungsvereinen, reichen weit in die früh- und vorindustrielle Zeit zurück; gleichwohl steht außer Zweifel, daß der Verein, in welcher Schattierung immer, mit dem Durchbruch der Industrialisierung seit den 1850er Jahren zur beherrschenden Gesellungsform der Arbeiterschaft wurde. Seit dieser Zeit war das Bild von den Vereinen, die „wie Pilze" aus dem Boden schössen, in aller Munde, und der Vereinigungsgedanke, beflügelt durch die Monate revolutionärer Gärung 1848/49, erfaßte alle Schichten, politischen Richtungen, Konfessionen, Interessen; er brach sich im Sparkassen- und Versicherungswesen, in der Unternehmensverfassung (Aktiengesellschaften) und im politischen Parteienwesen, in den Interessenverbänden, aber auch, und vor allem, im alltäglichen Miteinander, in den zahllosen Geselligkeits-, Gesangs-, Krieger-, Bildungs-, bald auch in den Sport- und sonstigen Freizeitvereinen Bahn. Der Verein, so mag man ohne Übertreibung behaupten, geriet zum Strukturprinzip der bürgerlichen Gesellschaft schlechthin, auch wenn sich bald genossenschaftliche und in anderer Weise „verrechtlichte" Sonderformen, beispielsweise in Gestalt von Landwirtschafts-, Ärzte- und Rechtsanwaltskammern, ausbreiteten, Formen, hinter denen heute kaum noch jemand den Verein als strukturbildendes Prinzip vermutet. Daß der Verein als Rechts- und Sozialform der Vereinigung von der Arbeiterschaft rasch adaptiert wurde, darf vielleicht als der wichtigste Schritt in Richtung auf eine Integration in die bürgerliche Gesellschaft, als das wichtigste Indiz von „Verbürgerlichung" – was immer man kritisch hierzu anmerken will[40] – gelten.

Mit dem Verein drang die repräsentative Willensbildungsform in die Arbeiterschaft und Arbeiterbewegung und verdrängte auf Dauer jene älteren direktdemokratischen Wege der Entscheidungsfindung, wenn diese auch niemals völlig verschwanden. Auch in einem anderen umfassenden Sinn muß die Vereinsgeschichte gedeutet werden: als Ablösung der ständisch-korporativen Gesellungsform durch die freiheitlich-demokratische, mithin wiederum als Ersetzung hierarchisch-autoritärer Bindungen an Obrigkeiten durch teils individualistische, teils gleichheitliche, von gleichen Rechten und emanzipatorischen Ansprüchen beseelte Beziehungen. Auch diese Formulierung ist nicht mehr als eine idealtypische Verdichtung von Prozessen, die sich tatsächlich sehr viel differenzierter vollzogen, über Jahrzehnte währten, ja, zum Teil bis heute nicht abgeschlossen sind[41].

Das Spektrum des proletarischen Vereinswesens erreichte seine größte Farbigkeit in der Zeit um die Wende zum 20. Jahrundert. Es differenzierte sich nicht nur nach Vereinszwecken, sondern bald auch, so seit dem Kulturkampf in den 1870er Jahren, nach konfessionellen Kriterien, schließlich nach (interessen-)politischen Richtungen, die seit den 1890er Jahren überwogen. Die Trennung von Besitz und Nichtbesitz, von Freiheit und Abhängigkeit vollzog sich in den Vereinsorganisationen insbesondere der Klein- und Mittelstädte zögernd seit den 1860er Jahren, doch hat es beispielsweise unter Handwerkern und im Gewerbevereinswesen noch über Jahrzehnte bedeutende Organisationen gegeben, in denen Meister und Gesellen, Honoratioren und Arbeiter zusammengeschlossen blieben. Auch im Vereinswesen reproduzierte sich mithin der dem kapitalistischen Wirtschaften eigene Prozeß der Klassenbildung – freilich zögernd und versteckt, mit einem oft bedeutenden „time-lag“.

So sehr Sozialdemokratie und Gewerkschaften in den Vereinen der Arbeiter fußten, so sehr veränderten sie deren Zielsetzungen und nahmen Einfluß auf die Bedürfnisse ihrer Mitglieder. Kaum sonst läßt sich die Dialektik von Sozialem und Politischem ähnlich überzeugend zeigen wie hier, denn was autochthon an Gesellligkeits- und Bildungsbedürfnis entstanden war, wurde politisch angeeignet und aneignend verändert. Über die Assimilationsleistungen des Vereinswesens hinaus erbrachten Programmatik, Ideologie und Politik Orientierungshilfen in Bewußtwerdung und Interessenformierung, ein Vorgang, für dessen Effizienz die Situationsadäquanz der praktischen und theoretischen Perspektiven proletarischer Politik, d.h. die Fähigkeit, die proletarische Situation einleuchtend zu erklären, zu deuten und einer Sinnmitte zuzuordnen, von ausschlaggebender Bedeutung war.

Dabei waren die gewerkschaftlichen und sozialdemokratischen Ortsverbände stets mehr als bloße Keimzellen politischer Willensbildung: Sie waren kommunikative Zentren der Arbeiterschaft, Mittelpunkte gemeinsamer Bindungen und Beziehungen in regelmäßigen geselligen Abenden und Festen[42] oder auch durch Parteifreundschaften, die vielfach betriebliche und kommunale Beziehungen schlicht fortsetzten und politisch gleichsam verfestigten. Als Zentrum der Kommunikation konnte der (politische) Verein schließlich eine Art des Ersatzes für die Vorenthaltung politischer Partizipation bilden; jedenfalls wurde er für Millionen von Arbeitern der Ort der Einübung demokratischer Verfahrensformen, verbandlicher und parteipolitischer Willensbildung.

Worin besteht nun, nach dieser kurzen Skizze verschiedener Wirklichkeitsbereiche als mutmaßlichen Entstehungsfeldern von Arbeiterkultur, das Besondere, das Neue dieser Arbeiterkultur etwa vor dem Hintergrund der älteren Zunftkultur, der bürgerlichen Bildungskultur oder gar der barocken höfischen Kultur? Es scheint, als habe die Industrialisierung als zweite wichtige Zäsur der Menschheitsgeschichte[43] nach der Phase des in der agrarischen Produktionsverfassung ruhenden Feudalismus nicht nur eine völlig neue wirtschaftliche, gesellschaftliche und politische Grundordnung gebracht, sondern darin auch und vor allem das Gefüge der zwischenmenschlichen Beziehungen, die Formen des Umgangs miteinander und deren Voraussetzungen, das Auffinden persönlicher und kollektiver Identität und die hierin wirksamen gegenseitigen Einschätzungen, die Verhaltensorientierungen und Wertbezüge fundamental verändert, und die Arbeiterschaft, jene homines novi der Industrialisierungsgeschichte, wurde in vielerlei Hinsicht zum Vorreiter einer neuen Form kultureller Entfaltung. Der Prozeß kollektiver Identitätsfindung, den die Industrialisierung provozierte und der in der neueren Forschung[44] mühselig anhand so scheinbar nebensächlicher Verbindungen und Verhaltensorientierungen wie der Wohn- und Nachbarschaftsbeziehungen, der Taufpaten- oder Heiratsbeziehungen rekonstruiert wird, stand im Kern dieses Vorgangs. Man mag sogar weitergehen und nicht in erster Linie die gewerkschaftlichen und politischen Emanzipationskämpfe, sondern vielmehr die langwierigen Anpassungs- und Selbstfindungsprozesse in den tagtäglichen Existenzkämpfen als entscheidend für die kollektive Identitätsfindung bezeichnen: „Kultur wird langsam und opfervoll durch Generationen erkämpft.“[45] Daß sich die Arbeiterschaft darin vielfach, möglicherweise sogar zumeist, der vorgefundenen Formen kultureller Entfaltung bediente, sich ihnen annäherte, sie sich gar überstülpte, ist eine letztlich banale, da selbstverständliche Feststellung, denn es gehört nachgerade zu den Gemeingütern volkskundlicher oder soziologischer Erkenntnis, daß „jeder Kreis mit ängstlichem Nachahmungsstreben die angestammte Art des nächsthöheren“ zu übernehmen trachtet[46]. Darin steckt der Kern jener These von der „Verbürgerlichung“, und wer hierüber geringschätzig denkt, möge sich erinnern, daß schon die sogenannte „bürgerliche Kultur“ starke Elemente der Nachahmung enthält und dem Vorgefundenen zunächst nachzueifern strebte, um es schließlich mit neuem Sinn zu füllen. Niemand wird deshalb die bürgerliche Gesellschaft für kulturlos halten[47].

Die Aneignung und aneignende Veränderung vorgefundener Formen kultureller Entfaltung, mithin die Auffüllung dieser Formen mit neuen Sinnbezügen erscheint uns vielmehr als nachgerade normal. Erst in zweiter Linie werden in einem solchen Prozeß Akzente gesetzt und neue Formen kreiert – man denke an die Rolle des Theaters für die proletarische Literaturrezeption[48] und an die letztlich kaum überzeugenden Massenfestspiele der frühen 1920er Jahre[49], in denen im übrigen in Gestalt der „lebenden Bilder" in mancherlei Hinsicht wiederum ein Kulturelement überlebte – freilich kein bürgerliches, sondern ein barockes, höfisches, Ähnliches ließe sich übrigens über manche Bestandteile der Maifeiern, darunter besonders die festlichen Umzüge von Arbeitervereinen sagen.

Persönliche und kollektive Identität[50] wurde in den skizzierten Wirklichkeitsbereichen in je verschiedener Weise, jedoch entlang im Kern ähnlichen Grundlinien erworben. So entsprach der Lösung des einzelnen aus seinen gewohnten, überwiegend hierarchisch-obrigkeitlich geprägten Bindungen und Beziehungen am Arbeitsplatz oder im Dorf, in der Kleinstadt, auf der anderen Seite das Eingehen neuer, durch neue Produktions-, Markt- und Daseinsverhältnisse geförderter, tendenziell egalitärer Daseinsbezüge. Konkreter ausgedrückt, mündete der Prozeß der Dekorporierung[51] und De-Hierarchisierung der ständischen Gesellschaft in der Vereinskultur des Industrialisierungsjahrhunderts; der Verein mit seinem im Prinzip freien Zugang, seiner geregelten demokratischen Willensbildung, der Gleichberechtigung seiner Mitglieder und der Selbständigkeit in Finanzierung, Aufgaben- und Zielformulierung ersetzte das ständische Gefüge, in das sich der Mensch nach dem Kriterium der Geburt auf Lebenszeit eingebunden sah. Natürlich ließe sich diese vergröbernde Typisierung „vom Stand zum Verein" in mancherlei Hinsicht kritisieren: Gerade aus den außerständischen Gruppen, den „Unter"-Schichten rekrutierte sich die frühindustrielle Arbeiterschaft. Aber ein Blick auf den Auszehrungsprozeß der Agrarregionen durch Abwanderungen seit den Agrarreformen, insbesondere dann seit der Ausbildung nationaler Märkte in den 1850er Jahren, belehrt ähnlich den ungemein komplizierten, durch eine widersprüchliche Gleichzeitigkeit von Niedergang (z.B. Schneider, Schuhmacher u.a.) und Aufstieg (Baugewerbe u.a.) gekennzeichneten Vorgängen im dekorporierten Handwerk über die Grundsätzlichkeit und Weitläufigkeit dieses Vorgangs der Entlassung aus gewohnten Bindungen bei gleichzeitiger Entstehung neuer Daseinsgefüge, in dem alte Autoritäten und Unterordnungen versanken und neue aufstiegen, alte Werte relativiert wurden und neue Wertkonstellationen das Denken und Verhalten anzuleiten begannen. Zu den sozialen Grundbedingungen dieser neuen Wertkonstellationen gehörte in erster Linie die Gleichartigkeit der Daseinserfahrungen und deren Kommunizierbarkeit innerhalb großer gleichartig betroffener Menschengruppen.

Raymond Williams hat aus Gründen, die nach dem bisher Gesagten offenkundig sind, unter „Arbeiterkultur" jene „fundamentale kollektive Idee zusammen mit den von ihr ausgehenden Einrichtungen, Gewohnheiten der Gedanken und Intentionen" verstanden, also sowohl soziale als auch institutionelle und organisatorische Phänomene unter ein Dach zu bringen versucht[52]. Gerade hierin erweist sich der Vorzug eines weiten Kulturbegriffs freilich auf Kosten geringerer begrifflicher Schärfe. Eine Eingrenzung läßt sich sowohl auf Seiten der Träger von „Arbeiter"-Kultur als auch im Bereich ihrer Konkretisierungen treffen, ohne den Sinngehalt jener „kollektiven Idee" aufzugeben; Arbeiterkultur umfaßte demnach solche Manifestationen der Gruppenexistenz als Arbeiter, die den besonderen Charakter dieser Gruppe spiegeln, Merkmale der Abstaktion tragen und als solche tradierfähig sind[53].

Eine solchermaßen eng an die Trägerschaft geknüpfte Definition scheint uns eher geeignet, die spezifische Neuartigkeit von Arbeiterkultur zu erfassen und insbesondere jene durch die Systembedingungen des preußisch-deutschen Konstitutionalismus mindestens geförderte Eigenart der deutschen Arbeiterkultur einzuschließen, als der jedenfalls schichtenunspezifische Begriff von der „Industriekultur"[54]. Letztere erweist sich begrifflich als wenig geeignet, das besondere Neben- und Gegeneinander mindestens zweier Kulturen im Kaiserreich, die Gegensätzlichkeit einer tendenziell affirmativen bürgerlichen Kultur[55] auf der einen, einer tendenziell oppositionellen Arbeiterkultur auf der anderen Seite, mithin die fatalen Anzeichen und Ausprägungen eines kulturellen Schismas zu umfassen, die es – vielleicht mit Ausnahme des ländlich-agrarischen Bereichs – verbieten, von einer „popular culture", einer „Volkskultur" etwa im Wilhelminischen

Deutschland zu sprechen. So gesehen, verspricht der Begriff der „Arbeiterkultur“, historische Sonderformen zu präzisieren, während „Industriekultur“ zur Verallgemeinerung drängt und überdies anscheinend die „materielle Kultur“ akzentuiert. Noch verschwommener, da nicht einmal mehr chronologisch präzisierbar, d.h. auf die Phase der Entstehung und Entwicklung der modernen Arbeiterschaft zu beziehen, müßte eine Definition von „Alltagskultur“ ausfallen, erscheint doch für den, der unter „Alltag“ nicht gleich die „kleinen Leute“, die Armen und Vergessenen, die Unterdrückten und die Ausgebeuteten und sonstigen, von der historischen Forschung möglicherweise Vernachlässigten meint, sondern den Begriff sozusagen beim Wort nimmt, „Alltag“ schlechthin grenzenlos, alle Tage, alles. Alltag ist keine brauchbare historische oder soziologische Kategorie – es sei denn, der Begriff sollte eine Art „histoire totale“ des womöglich „einfachen“ Menschen signalisieren, was sich freilich präziser ausdrücken ließe.

Eine wichtige formale Eingrenzung von „Arbeiterkultur“ hilft, Beliebigkeit auszuschließen: Kulturelles kann nicht als einmaliger Akt erfahren werden, sondern muß überindividuell wiederholbar, damit tradierfähig sein und aus solcher Tradierung seinen Sinngehalt gewinnen. Nicht die Geste der Arbeitsverrichtung, das Detail der proletarischen Wohnungseinrichtung für sich trägt die Qualität von Kultur, sondern der Sinngehalt, den beides zu verkörpern vermag, sobald die Geste, das Detail, wiederholt werden, weitergegeben werden, darin an Abstraktion gewinnen, schließlich als Merkmale spezifischer Situationen, Verhältnisse, Eigenarten, Bestrebungen und Wertvorstellungen gelten dürfen. Fäustel, Hacke und Grubenlampe des Bergmanns oder sein Gruß „Glückauf“, zahlreiche handwerkliche Werkzeuge und Arbeitsgesten, die Rituale der Gruppenbildung und die eingewöhnten Formen von Geselligkeit, aber auch die Einrichtungen der proletarischen „Wohnküche“, die Gegenstände, Statuten und Verfahrensformen im Arbeiterverein tragen eine solche Qualität – eine Liste, die sich in einem umfassenden Sinn, jedoch nicht beliebig erweitern ließe. Anders ausgedrückt:

Es erscheint uns sinnlos, Kulturelles aus dem Kontext von Werten zu lösen. Ein Gegenstand, eine Handlung, eine Situation oder ein Zusammenhang gewinnt die Qualität einer Kultur oder eines Merkmals von Kultur nicht anders als durch eine spezifische, nicht notwendig durchweg und gleichbleibend, jedoch oft ursprünglich mit dem Stoff, der Funktion und Bedeutung dieses Gegenstands, der Handlung etc. verknüpfte Wertvorstellung. So war der Wandschmuck in der Arbeiterwohnung, das beste Kleid der Arbeiterfrau oder die Taschenuhr des Proletariers[56] mehr Ausdruck einer demonstrativ gezeigten Wohllebigkeit als einer bloßen Bedürfnisbefriedigung; die Reihenfolge, in der man in Krisenzeiten die wenigen Besitztümer des Arbeiterhaushalts versetzte, zeigt dies überdeutlich. An solchem Verhalten Wertorientierungen aufzuzeigen und in ihnen die Veränderungen im Wertgefüge sichtbar zu machen, sollte die vornehmste Aufgabe der Arbeiterkulturforschung sein. Williams' Formulierung von der „kollektiven Idee“ erscheint auch deshalb glücklich gewählt, weil sie die generelle Tendenz dieser Verschiebungen und Veränderungen hin zu einem neuen Mittelpunkt im Wertgefüge erkennen läßt und zugleich das Augenmerk auf jene zahllosen, konkreten Formen lenkt, die das Merkmal „kollektiv“ annehmen konnte. Ob und in welchem Umfang der Wert „Solidarität“ im Zentrum der neuen Verhaltens- und Wertorientierungen gestanden hat, ließe sich dabei an der Fülle der Erscheinungen, beispielsweise an der Entfaltung eines Arbeitsethos innerhalb der Arbeiterschaft, an ihrer Haltung gegegenüber der Frauenarbeit und überhaupt gegenüber der Rolle der Frau in der Arbeiterfamilie, an der Realität von Solidarität im Arbeitskampf, im Vereins- und Festleben, an dem Grad an politischer Übereinstimmung und insbesondere im Verhalten gegenüber den überkommenen Autoritäten wie Kirchen und Obrigkeit aufzeigen. Die zahlreichen feststellbaren Brechungen von Solidarität sei es im Arbeitskampf oder in politischen Auseinandersetzungen[57], die anhaltenden Wirkungen der traditionellen Sozialisationsinstrumente Kirche, Volksschule und Armee[58], die entsolidarisierenden Folgen eines sich erneuernden strukturellen und sozialen Wandels im Erwerbsgefüge und in den außerbetrieblichen Beziehungsgeflechten mahnen insoweit eher zu einem skeptischen Urteil.

Anstelle einer an sich der historischen Forschung als Aufgabe gestellten Phänomenologie von Arbeiterkultur vor dem Hintergrund und im Rahmen der oben skizzierten Entstehungsfelder seien diese „Anmerkungen" durch einige Hinweise auf Periodisierungsfragen ergänzt, die ja für den Historiker zugleich definitorische Probleme einschließen. Für jeden Versuch einer Periodisierung kultureller Erscheinungen erweist sich, wie seit den Untersuchungen William F. Ogburns hinreichend bekannt ist[59], stets als besonders hemmend, daß kultureller Wandel dem wirtschaftlichen und sozialen Wandel nicht auf den Fuß, sondern in allerdings beschreibbaren Abständen zu folgen pflegt. Kulturelle Innovation, Diffusion und Adaption ist ein langwieriger, je nach Konstellation verschiedenartiger Prozeß; man wird Innovationszentren, Diffusionskanäle und Adaptionsbedingungen unterscheiden und darin auch den Relikträumen fehlenden oder geringen Einflusses des kulturellen Wandels Aufmerksamkeit widmen müssen. Überdies legen neuere Studien über die Entstehung gruppenbildender Beziehungsgeflechte in der Arbeiterschaft nahe, den Prozeß kollektiver Identitätsbildung eher als rhythmischen intergenerationellen Vorgang denn als intragenerationellen Lernprozeß zu verstehen; eine zur Präzisierung erforderliche historische Sozialisationsforschung ist freilich bisher keineswegs systematisch betrieben worden.

Andererseits veranlassen sowohl die ökonomischen Rahmendaten der Entstehung von Arbeiterkultur als auch die politischen Rahmenbedingungen der deutschen Arbeiterkultur zum Rekurs auf Periodisierungsansätze, die sich auch wirtschafts- und politikgeschichtlich fundieren lassen. Insoweit erscheint die Wilhelminische Zeit als die, kulturmorphologisch gesprochen, Blütezeit der deutschen Arbeiterkultur – auch wenn die Vielfalt der Erscheinungen in den Jahren der Weimarer Republik möglicherweise noch zunahm. Das „Ende der Arbeiterkultur" – nun, eine Diskussion dieses Themas berührt in hohem Maße gegenwärtige politische Standpunkte und Überzeugungen. Ohne Zweifel kommt auch hierin dem Ende des Zweiten Weltkriegs und der Gründung der Bundesrepublik/DDR eine epochenbildende Funktion mindestens insoweit zu, als die politischen Voraussetzungen der Existenz einer eigenständigen Arbeiterkultur verändert wurden und die gesellschaftliche Isolation der Arbeiterschaft schwand; ob indessen die wirtschaftsstrukturellen und sozialen Voraussetzungen der Arbeiterkultur in gleicher Weise fortbestehen, ob nicht vielmehr der gesellschaftliche Schichtungsprozeß durch die immense Zunahme des tertiären Sektors, durch eine tiefere Gliederung auch der industriellen Erwerbsformen und manche anderen Entwicklungen ein sehr heterogenes Gefüge von Positionen im Schichtungsbild, das zudem im Gegensatz zu den Verkrustungen bis 1933 von weitaus stärkerer Mobilität gekennzeichnet ist, gebracht und darin die kollektive Identitätsbildung einer Arbeiterschaft erschwert, wenn nicht unmöglich gemacht hat, müßte Gegenstand einer eigenen Untersuchung sein. Jedenfalls ist es in der Geschichtswissenschaft keine seltene Erscheinung, daß man über Ereignisse und Entwicklungen in dem Augenblick zu forschen beginnt, in dem sie zu einem gewissen Abschluß geführt zu sein scheinen.

Anmerkungen

1 Leicht veränderte und durch einige Anmerkungen ergänzte Fassung eines Vortrags im Seminar über „Industriekultur“, Nürnberger Gespräche 1979, Nürnberg, 3.11.1979.
2 Jacoby: Rede v. 30.1.1868 (Gesammelte Schriften und Reden Bd. 2, Hamburg 1872, S. 327); Liebknecht: Rede während des Leipziger Hochverratsprozesses vom Jahre 1872; beide zit. n. Wilhelm Wendorff, Schule und Bildung in der Politik von Wilhelm Liebknecht. Ein Beitrag zur Geschichte der deutschen Arbeiterbewegung im 19. Jahrhundert, Berlin 1978, S. 69, 96, vgl. S. 119.
3 Nr. 117/10.10.1873.
4 Z.B.: Die Sozialdemokratie im Lichte der Kulturentwicklung, 5. Aufl. Berlin 1920.

5 Hamburg 1905. Vgl. Gerhard A. Ritter, Arbeiterkultur im Deutschen Kaiserreich. Probleme und Forschungsansätze, in: ders. (Hrsg.), Arbeiterkultur, Königstein 1979, S. 15-39, 16f.

6 Vgl. John A. Moses, Gewerkschaftliche Kultur- und Klassenkampfaufgabe bei Carl Legien, in: Immanuel Geiss u.a. (Hrsg.), Deutschland in der Weltpolitik des 19. und 20. Jahrhunderts. Fritz Fischer zum 65. Geburtstag, Düsseldorf 1973, S. 185-204.

7 Nr. 11/29.5.1893, „Zur Lage" (wahrscheinl. v. Carl Legien). Vgl. auch Legiens Aufsatz im Socialpolit. Centralblatt 3 (1893/94) S. 42.

8 Vgl. etwa Helmut Barth (Hrsg.), Zum Kulturprogramm des deutschen Proletariats im 19. Jahrhundert. Eine Sammlung kulturpolitischer und ästhetischer Dokumente, Dresden 1978, mit kennzeichnenden Schwerpunkten (s. etwa Einleitung S. 21); auch: Peter von Rüden, Anmerkungen zur Kulturgeschichte der deutschen Arbeiterbewegung vor dem Ersten Weltkrieg, in: ders. u.a. (Hrsg.), Beiträge zur Kulturgeschichte der deutschen Arbeiterbewegung 1848-1918, Frankfurt etc. 1979, S. 9-42, 17ff.

9 Anstelle ausführlicher Bibliographierung an dieser Stelle s. Klaus Tenfelde/Gerhard A. Ritter (Hrsg.), Bibliographie zur Geschichte der deutschen Arbeiterschaft und Arbeiterbewegung 1863 bis 1914, Bonn 1981, Einleitung S. 69ff. und 127ff. sowie Bibliographie Kap. VI, Nr. 6241-6682; ferner: Hermann Glaser, Wolfgang Ruppert, Norbert Neudecker (Hrsg.), Industriekultur in Nürnberg. Eine deutsche Stadt im Maschinenzeitalter, München 1980; Gerhard Huck (Hrsg.), Sozialgeschichte der Freizeit. Untersuchungen zum Wandel der Alltagskultur in Deutschland, Wuppertal 1980.

10 In Verbindung mit einer Ausstellung: Wolfgang Ruppert (Hrsg.), Lebensgeschichten. Zur deutschen Sozialgeschichte 1850-1950, Opladen 1980, u.a. S. 11 mit dem Hinweis auf das Erfordernis, proletarische „Lebensgeschichten" nicht isoliert von Gesellschaft und Politik zu betrachten.

11 Vgl. etwa Maja Christ-Gmelin; Die württembergische Sozialdemokratie 1890-1914. Ein Beitrag zur Geschichte des Reformismus und Revisionismus in der deutschen Sozialdemokratie, Diss. Stuttgart 1976, S. 10-22.

12 Kurt Eisner, Feste der Festlosen. Hausbuch weltlicher Predigtschwänke, Dresden 1906, S. 113.

13 In dieser Skizze wie auch in den nachfolgenden begrifflichen und forschungsstrategischen Erörterungen fasse ich einige Ergebnisse meines Beitrags über Bergarbeiterkultur in Deutschland. Ein Überblick, in: Geschichte und Gesellschaft 5 (1979) S. 12-53, zusammen. Zur Kritik an dort vorgetragenen Thesen s. jetzt: Hermann Rotermund, Alltagskultur. Kritische Literaturhinweise, in: Materialistische Kulturtheorie und Alltagskultur, Berlin 1980 (=Argument-Studienhefte, Sonderband AS 47), S. 122-136.

14 Vgl. etwa: Ingeborg Weber-Kellermann, Erntebrauch in der ländlichen Arbeitswelt des 19. Jahrhunderts auf Grund der Mannhardtbefragung in Deutschland von 1865, Marburg 1965.

15 Frankfurt a.M. 1931; vgl. Probleme einer Volkskunde des Proletariats, in: Zeitschrift für Volkskunde 54 (1958) S. 11-23. Vgl. auch die Arbeit von Ernst Zunker, Die volkskundliche Erfassung des deutschen Handarbeiterstandes. Studien zur Gegenwartsvolkskunde, Leipzig 1934, in der bereits die heute geläufige Formulierung vom „geborenen Proletarier" vorweggenommen worden ist.

16 Vgl. Wilhelm Brepohl, Industrielle Volkskunde, in: Soziale Welt 2 (1950/51) S. 115-124; ders., Industrievolk im Wandel von der agraren zur industriellen Daseinsform, dargestellt am Ruhrgebiet, Tübingen 1957.

17 Alfred Vierkandt, Die seelischen Schädigungen der kapitalistischen Kultur, in: Schmollers Jahrbuch 66 (1942) S. 325-336, 325.

18 Mit vorzüglichen Einzelbeiträgen: Wolfgang Jacobeit/Ute Mohrmann (Hrsg.), Kultur und Lebensweise des Proletariats. Kulturhistorisch-volkskundliche Studien und Materialien, 2. Auf. Berlin (O) 1974; s. ferner Zur Geschichte der Kultur und Lebensweise der werktätigen Klassen und Schichten des deutschen Volkes vom 11. Jahrhundert bis 1945. Ein Abriß, Berlin (O) 1972.

19 Vgl. R. Linton, Gesellschaft, Kultur und Individuum. Interdisziplinäre sozialwissenschaftliche Grundbegriffe, Frankfurt a.M. 1974, S. 31, 33.

20 Vgl. bes. die Arbeiten von Günter Wiegelmann, u.a. Diffusionsmodelle zur Ausbreitung städtischer Kulturformen, in: Gerhard Kaufmann (Hrsg.), Stadt-Land-Beziehungen, Göttingen 1975, S. 255-266; „Materielle" und „geistige" Volkskultur. Zu den Gliederungsprinzipien der Volkskunde, in: Ethnologia Europaea 4 (1970) S. 187-193.

21 Zur „occupational community" s. unter Aufnahme neuerer historisch-soziologischer Ansätze etwa David F. Crew, Town in the Ruhr. A Social History of Bochum 1860-1914, New York 1979, bes. S. 191-194; als ein englisches Bsp. etwa Alan B. Campbell, The Lanarkshire Miners. A Social History of their Trade Unions 1775-1875, Edingburgh 1979, bes. S. 145-177.

22 Vgl. Albrecht Lehmann, Das Leben in einem Arbeiterdorf. Eine empirische Untersuchung über die Lebensverhältnisse von Arbeitern, Stuttgart 1976; Albert Ilien/Utz Jeggle, Leben auf dem Dorf. Zur Sozialgeschichte des Dorfes und zur Sozialpsychologie seiner Bewohner, Opladen 1978; Utz Jeggle, Kiebingen – Eine Heimatgeschichte. Zum Prozeß der Zivilisation in einem schwäbischen Dorf, Tübingen 1977; grundsätzlich: Hermann Bausinger u.a., Grundzüge der Volkskunde, Darmstadt 1978, S. 27ff. zum „erweiterten Kulturbegriff" sowie S. 152ff. Aus der „Wiegelmann-Schule" s. etwa Wolfgang Kleinschmidt, Der

Wandel des Festlebens bei Arbeitern und Landwirten im 20. Jahrhundert. Eine empirische Untersuchung in zwei unterschiedlich strukturierten Gemeinden der Westpfalz, Meisenheim a. G. 1977. Kritische Erörterungen und Forschungsberichte zur Arbeiterkultur hat wiederholt Dieter Kramer verfaßt; vgl. etwa Forschungsbericht: Literatur zur Kultursoziologie der Arbeiter, in: Zeitschrift für Volkskunde 71 (1975) S. 88-103, sowie in: Massen/Kultur/Politik, Berlin 1978, S. 161-181.

23 Vgl. J. Milton Yinger, Contraculture and Subculture, in: American Sociological Review 25 (1960) S. 625-635; zum Folgenden Fritz Sack, Die Idee der Subkultur. Eine Berührung zwischen Anthropologie und Soziologie, in: Kölner Zeitschrift für Soziologie und Sozialpsychologie 23 (1971) S. 261-282; Rolf Schwendter, Theorie der Subkultur, Neuausg. Köln 1978; als Materialiensammlung aus soziolog. Sicht s. jetzt Kurt Hammerich/Michael Klein (Hrsg.), Materialien zur Soziologie des Alltags, Opladen 1978.

24 Über eine neue Gramsci-Rezeption unter jüngeren englischen Sozialhistorikern s. etwa Geoff Eley/Keith Nield, Why does social history ignore politics?, in: Social History 5 (1980) S. 249-271. Zur These von den „zwei Kulturen" im Anschluß an Lenin s. etwa Wolfgang Emmerich (Hrsg.), Proletarische Lebensläufe, Bd. 1, Reinbek 1974, S. 33 f.

25 Kennzeichnend etwa Paul Hinneberg (Hrsg.), Die Kultur der Gegenwart. Ihre Entwicklung und ihre Ziele, Berlin/Leipzig 1906, darin Wilhelm Lexis, Das Wesen der Kultur, S. 1 mit folgender Definition: „Kultur ist die Erhebung des Menschen über den Naturzustand durch die Ausbildung und Betätigung seiner geistigen und sittlichen Kräfte. . ."; im Bd. selbst dann realisiert durch Konzentration auf Unterricht, Wissenschaft, Literatur und Kunst.

26 Illustrierte Kultur- und Sittengeschichte des Proletariats Bd. 1, 1930, ND Frankfurt a. M. 1971, Bd. 2, Lahn-Gießen 1977. Anscheinend auf diesen Spuren: Jürgen Kuczynski, Geschichte des Alltags des deutschen Volkes, Bd. 1: 1600-1650, Lizenzausg. Köln 1980, mit unverwechselbaren Vorbemerkungen.

27 The Social Democrats in Imperial Germany. A Study in Working-Class Isolation and National Integration, Totowa 1963.

28 Negative Integration und revolutionärer Attentismus. Die deutsche Sozialdemokratie am Vorabend des Ersten Weltkrieges, Frankfurt a. M. etc. 1975.

29 Etwa Dieter Dowe, Die Arbeitersängerbewegung in Deutschland vor dem Ersten Weltkrieg – eine Kulturbewegung im Vorfeld der Sozialdemokratie, in: Ritter (Hrsg.), Arbeiterkultur, S. 122-144, bes. 138 f.

30 Etwa Hans Schuster, Arbeiterturner im Kampf um die Jugend. Zur Geschichte des revolutionären Arbeitersports 1893-1914, Berlin (O) 1962.

31 Vgl. meinen Forschungsbericht: Wege zur Sozialgeschichte der Arbeiterschaft und Arbeiterbewegung. Regional- und lokalgeschichtliche Forschungen (1945-1975) zur deutschen Arbeiterbewegung bis 1914, in: Hans-Ulrich Wehler (Hrsg.), Die moderne deutsche Geschichte in der internationalen Forschung 1945-1975, Göttingen 1978, S. 197-255, 211 ff.

32 Vgl. Werner Conze/Ulrich Engelhardt (Hrsg.), Arbeiter im Industrialisierungsprozeß. Herkunft, Lage und Verhalten, Stuttgart 1979; Uta Stolle, Arbeiterpolitik im Betrieb. Frauen und Männer, Reformisten und Radikale, Fach- und Massenarbeiter bei Bayer, BASF, Bosch und in Solingen (1900-1933), Frankfurt a. M./New York 1980; über die weiteren wichtigen Veröffentlichungen vgl. meinen Forschungsbericht: Neue Forschungen zur Geschichte der Arbeiterschaft, in: Archiv für Sozialgeschichte 20 (1980) S. 593-615.

33 Vgl. Anm. 26.

34 Vgl. Anm. 9 f. (Glaser, Ruppert) sowie: Arbeiter. Kultur und Lebensweise im Königreich Württemberg. Materialien zur Wanderausstellung, Tübingen 1979.

35 Vgl. Anm. 5 (Ritter), 8 (v. Rüden), 9 (Huck), 18 (Jacobeit/Mohrmann), sowie: Jürgen Reulecke/Wolfhard Weber (Hrsg.), Fabrik, Familie, Feierabend. Beiträge zur Sozialgeschichte des Alltags im Industriezeitalter, Wuppertal 1978; Lutz Niethammer (Hrsg.), Wohnen im Wandel. Beiträge zur Geschichte des Alltags in der bürgerlichen Gesellschaft, Wuppertal 1979; s. auch die diesem Thema gewidmeten Zeitschriftenhefte bzw. -bände, u. a. Geschichte und Gesellschaft 5 (1979) H. 1; Archiv für Sozialgeschichte 14 (1974); Jahrbuch für Volkskunde und Kulturgeschichte 20 (1977); Marxismus-Digest H. 3/1977, Nr. 31, „Kultur der Arbeiterklasse“; Argument-Sonderband AS 47.

36 Ich habe dies an einem Sonderfall punktueller Industrialisierung im ländlichen Oberbayern untersucht: Proletarische Provinz. Radikalisierung und Widerstand in Penzberg/Obb. 1900-1945, in: Bayern in der NS-Zeit, hrsg. v. Martin Broszat u.a. Bd. IV, S. 1-382.

37 Vgl. Otto Brunner, Das „Ganze Haus“ und die alteuropäische „Ökonomik“, in: ders., Neue Wege der Verfassungs- und Sozialgeschichte, 3. Aufl.. Göttingen 1980, S. 103-127; zur anschwellenden Familienforschung etwa Werner Conze (Hrsg.), Sozialgeschichte der Familie. Neue Literatur – Probleme der Forschung, in: Vierteljahrsschrift für Sozial- und Wirtschaftsgeschichte 65 (1978) S. 357-369.

38 Vgl. etwa den Sammelband: Jürgen Reulecke (Hrsg.), Die deutsche Stadt im Industriezeitalter. Beiträge zur modernen deutschen Stadtgeschichte, Wuppertal 1978.

39 Vgl. Klaus Tenfelde, Lesegesellschaften und Arbeiterbildungsvereine. Ein Ausblick, in: Otto Dann (Hrsg.), Lesegesellschaften

und bürgerliche Emanzipation. Ein europäischer Vergleich München 1981, S. 253-274.

40 Vgl. etwa, nach den noch in den frühen 1930er Jahren von Theodor Geiger und anderen eingeleiteten Auseinandersetzungen, von soziologischer Seite Elizabeth Jelin, The Concept of Working–Class Embourgeoisement, in: Studies in Comparative International Development 9 (1974) S. 1-19; auch: Friedhelm Kröll, Vereinskultur und ideologische Hegemonie. Forschungsaspekte, in: Materialistische Kulturtheorie, S. 151-165.

41 Vgl. mit ausführlichen Belegen: Klaus Tenfelde, Arbeiterschaft, Arbeitsmarkt und Kommunikationsstrukturen im Ruhrgebiet in den 50er Jahren des 19. Jahrhunderts, in: Archiv für Sozialgeschichte 16 (1976) S. 1-59, bes. 39 f.

42 Vgl. etwa Peter Friedemann, Feste und Feiern im rheinisch-westfälischen Industriegebiet 1890 bis 1914, in: Huck (Hrsg.), S. 161-185; Klaus Tenfelde, Das Fest der Bergleute. Studien zur Geselligkeit der Arbeiterschaft während der Industrialisierung am Beispiel des deutschen Bergbaus, in: Ritter (Hrsg.), S. 209-245.

43 Vgl. z. B., unter Hinweis auf Arnold Gehlens „absolute Kulturschwellen", Reimer Hansen, Neolithische und industrielle Revolution als universalgeschichtliche Zäsuren. Zur Genesis und Beurteilung einer neueren Periodisierung der Weltgeschichte, in: Festschrift W. Heistermann, Berlin 1978, S. 83-102.

44 Vgl. bes. Hartmut Zwahr, Zur Konstituierung des Proletariats als Klasse. Strukturuntersuchung über das Leipziger Proletariat während der industriellen Revolution, Lizenzausg. München 1981; auch: Bernd Rabe. Der sozialdemokratische Chrarakter, Frankfurt etc. 1970.

45 Susanna Trautwein, Gesellschaft und Geselligkeit in Vergangenheit und Gegenwart, Leipzig/Berlin 1919, S. 67.

46 Ebd. S. 103 f.

47 Z. B. vertrat Hans Staudinger (Das Kulturproblem und die Arbeiterpsyche, in: Die Tat 3, 1914, S. 990-1002, 990) die Ansicht, zwar gebe es „im Grunde keinen Kunstausdruck der unteren Schichten", aber auch die bürgerliche Welt sei nur eine Nachbildung. Vgl. auch Georg Lukács, Alte Kultur und neue Kultur (1920), in: Frank Benseler u. a. (Hrsg.), Georg Lukács. Goethe-Preis 1970, Neuwied/Berlin 1970, S. 44-61, 46.

48 Peter von Rüden, Sozialdemokratisches Arbeitertheater (1848-1914), Frankfurt a. M. 1973.

49 Vgl. Klaus Pfützner, Die Massenfestspiele der Arbeiter in Leipzig 1920-1924, Leipzig 1960.

50 Vgl. aus der neueren soziolog. Lit. den Abschnitt „Persönliche Identität als evolutionäres und historisches Problem", in: Thomas Luckmann, Lebenswelt und Gesellschaft. Grundstrukturen und geschichtliche Wandlungen, Paderborn etc. 1980, S. 123 ff.

51 Grundlegend: Werner Conze, Vom „Pöbel" zum „Proletariat".

Sozialgeschichtliche Voraussetzungen für den Sozialismus in Deutschland, u. a. in: Hans-Ulrich Wehler (Hrsg.), Moderne deutsche Sozialgeschichte, Köln/Berlin 3. Aufl. 1970, S. 111-136; über durch Stände gesetzte „kulturelle Horizonte" und deren Auflösung s. auch Hermann Bausinger, Volkskultur in der industriellen Welt, Stuttgart 1961, S. 143 u. ö.

52 R. Williams, Gesellschaftstheorie als Begriffsgeschichte. Studien zur historischen Semantik von „Kultur", München 1972, S. 392.

53 S. Tenfelde, Bergarbeiterkultur, S. 37. Es sei hervorgehoben, daß hiermit und mit den folgenden Ausführungen keineswegs ein Kulturbegriff gemeint ist, der „sämtliche wertvollen Produkte und Fähigkeiten, die in bezug auf den unmittelbaren Lebensunterhalt zu entbehren sind" (Lukács, a.a.O., S. 46), umfaßte – gerade im „Lebensunterhalt", in den unmittelbaren Daseinszwängen kann sich Kulturelles, Werthaftes, entfalten.

54 Vgl. Glaser u. a. (Hrsg.), Einleitung S. 7: „Aufzuzeigen sind das Leben der Menschen in allen Schichten, ihr Alltag, ihre Lebens- und Arbeitsbedingungen, ihre Art zu feiern, sich zu bilden, zu erholen, ihre Kunst und Kultur, die Zusammenhänge des privaten und öffentlichen Lebens." Es scheint, als würden zwei Kulturbegriffe unterstellt: der eine im Sinne von „Lebensweise", der andere im Sinne von „hoher Kultur" („Kunst und Kultur").

55 Vgl. Herbert Marcuse, Kultur und Gesellschaft, Bd. 1 Frankfurt a. M. 1965, S. 66, 85 u. ö.

56 Vgl. Heilwig Schomerus, Die Arbeiter der Maschinenfabrik Esslingen. Forschungen zur Lage der Arbeiterschaft im 19. Jahrhundert, Stuttgart 1977, S. 247 u. ö.

57 Knapper Überblick: Klaus Tenfelde, Strukturelle Bedingungen für Solidarität. Erfahrungen der deutschen Arbeiterbewegung im 19. Jahrhundert, in: Gewerkschaftliche Monatshefte 28 (1977) S. 245-258.

58 Hierzu neuerdings, mit weiteren Hinweisen: Gerhard A. Ritter, Staat, Arbeiterschaft und Arbeiterbewegung in Deutschland. Vom Vormärz bis zum Ende der Weimarer Republik, Berlin etc. 1980, S. 26 ff.

59 Kultur und sozialer Wandel. Ausgewählte Schriften, hrsg. v. O. D. Duncan, Neuwied/Berlin 1969, u.a. S. 134ff.

Industriekultur in Deutschland
Das Beispiel der Region Nürnberg

Wolfgang Ruppert

Im Sommer 1978 wurde ich vom Schul- und Kulturreferat der Stadt Nürnberg beauftragt, eine Konzeption für ein Projekt zu entwerfen, das die Entwicklung der Region im industriellen Zeitalter veranschaulichen sollte. Es kam mir darauf an, neben der Darstellung des Gegenstandsfeldes auch die kulturpädagogische Bedeutung, die das Projekt haben könnte, zu beschreiben. Der hier vorliegende, leicht überarbeitete Text, war in einer Denkschrift enthalten, die dem Stadtrat der Stadt Nürnberg als Entscheidungsgrundlage über dieses Vorhaben im Winter 1978 vorgelegen hatte.[1] Die grundsätzliche Zustimmung dieses Gremiums ließ offen, ob nach mehrjährigen Arbeiten eine eigene museale Einrichtung geschaffen werden solle.

Diese konzeptionellen Vorstellungen sind, auf die jeweiligen regionalen Formen bezogen, selbstverständlich übertragbar.

I. Ziele

Unser Ziel muß es sein, die Grundlagen der Industriegesellschaft, die Entstehung der modernen Industriekultur herauszuarbeiten und darzustellen. Wir müssen die verschütteten Formen der vergangenen Lebenswelt aufzeigen und einsehbar machen. Wir müssen zeigen, daß unsere Stadtlandschaften sich in einem ständigen Wandlungsprozeß befinden, bei dem es mit der Frage, was wir bewahren oder verändern wollen, immer wesentlich um unsere Lebensqualität geht. Unser Urteil wird nur adäquat und scharf sein können, wenn wir das dafür erforderliche Orientierungswissen aus den langfristigen historischen Entwicklungen gewinnen. Wir müssen unser Bewußtsein für den geschichtlichen Charakter der ineinander verschränkten, jeweils zeittypischen kulturellen Schichtungen unserer Industrielandschaften schärfen, um deutlich zu machen, daß deren materielle Spuren nicht beliebig reproduzierbar sind. Der behutsame Umgang mit gestalteter Lebenswelt ist notwendig.

Hier einzugreifen, noch vorhandene Spuren, wie Alltagsobjekte, Photographien, aber auch bauliche Zeugnisse und die lebendige Erinnerung der Generationen vor uns zu sichern und als kulturgeschichtliche Quelle zum Sprechen zu bringen, ist notwendig, wenn wir die Wandlungsvorgänge verstehen wollen, die wir in unserer eigenen Umwelt erfahren. Diese Spuren in ihrem Zusammenhang mit unserer kulturellen Vergangenheit erkennbar zu machen, sie als Zeugnisse des Lebens von Menschen vor uns plastisch werden zu lassen, muß mit der erklärenden Darstellung und forschenden Suche nach den gesellschaftlichen Strukturbedingungen in der jeweiligen Entwicklungsphase, von typischen Lebens-, Arbeits- und Kulturformen, aber auch durch systematische Sammlung von Objekten, geschehen. Es muß ein Bild der Lebenswelt entstehen, die unsere Gegenwart stiftete. Die Archäologie unserer Industriekultur steht an.

Der Zeitraum von etwa 1850 bis zum Ausbruch des Ersten Weltkrieges 1914 umfaßt die „Sattelzeit", die Phase grundlegender Umstrukturierung der Gesellschaft, die Herausbildung der Industriekultur. In diesem Transformationsprozeß konstituierte sich die industrielle Gesellschaft. Die Lebensverhältnisse der Menschen wandelten sich für die betroffenen Schichten in nahezu allen Lebensbereichen: die Formen der Arbeit und ihre Organisation, die Sozialstruktur des Zusammenlebens, die entstehenden Kulturformen der Freizeit, das Geistesleben und die politischen Ideen, die Formen der Kunst, in denen sich die

Menschen wiederfinden konnten.

Dieser Prozeß erfaßte vor allem die städtischen Zonen industriellen Wachstums, von denen die Evolution ausging. Die feststellbaren Merkmale industrieller Arbeit, der Produktion und der sich verstärkt während der Industrialisierung integrierenden Nation gelten für ganz Deutschland. England hatte die Industrialisierungsvorgänge schon zeitlich früher und unter anderen kulturellen und wirtschaftlichen Voraussetzungen durchlaufen.[2]

Die Dokumentation und Erforschung der Beziehungen dieses wirtschaftlichen, gesellschaftlichen und kulturellen Umbruchs einer industriellen Region hat somit, wenn man die jeweils besonderen örtlichen Bedingungen und wirkenden kulturellen Traditionen beachtet, die in den Industrialisierungsvorgang eingingen, verallgemeinerungsfähige Aspekte. Es ist daher sinnvoll, Forschungsstrategien, Präsentation und Dokumentation nach diesem Gesichtspunkt anzulegen: der Differenzierung von einerseits für die nationale Entwicklung typischen Prozessen und andererseits regionalen Sonderformen.

Die Region um Nürnberg ist als exemplarisches Modell für die Industrialisierung in Deutschland und die Entstehung der Industriekultur aus mehreren Gründen geeignet:

1. Die Entwicklung der Nürnberger Industrie vollzog sich in den für Deutschland typischen Industrialisierungsphasen und Leitsektoren der Wirtschaft aus einer handwerklich-städtischen Kultur, die im Mittelalter ausgeformt worden war und als in den Zünften weitertradiertes Fachwissen eine entscheidende Voraussetzung darstellte. Beispielhaft für die erste Industrialisierungsphase zwischen etwa 1840 und den siebziger Jahren ist der industrielle Durchbruch des Maschinenbaus. Der Eisenbahnbau wirkte seit 1835 mit seinen Aufträgen impulsgebend. Der vorindustrielle „Künstler“ Wilhelm Spaeth montierte in seiner Werkstatt die aus England importierte Lokomotive und fertigte für den Bau der Strecke erforderliche Eisenteile. Er und Johann Friedrich Klett vollzogen in den vierziger Jahren exemplarisch den Übergang von der Werkstatt zur Fabrik. Die zweite In-

dustrialisierungsphase ist durch die Elektrifizierung und Entwicklung der Elektroindustrie in den achtziger Jahren gekennzeichnet. Sigmund Schuckert begann 1873 in einer kleinen Werkstätte zu produzieren und entwickelte diese, zunächst mit der Herstellung von Beleuchtungseinrichtungen, zum industriellen Großbetrieb. Er wurde aufgrund der strukturellen Umstände zu einem Träger dieses Industrialisierungsschubes.

2. Der die Industrialisierung begleitende Prozeß der Entstehung moderner Großstädte ist im Raum Nürnberg genau feststellbar: Die Bevölkerungszahl blieb während der ersten Industrialisierungsphase überschaubar, explodierte jedoch zwischen 1880 und 1910 im Verlauf der zweiten Industrialisierungsphase, von 142 590 auf 333 142 Einwohner. Die Ströme von Zuwanderern auf der Suche nach einem Arbeitsplatz vom Land in die Stadt (beispielhaft aus der Oberpfalz oder dem Frankenwald nach Nürnberg) bedeuteten zugleich eine Fülle sozialer und kultureller Integrationsprozesse. Als Voraussetzung des industriellen Wandels war eine kommunale Infrastruktur erforderlich (Gaswerk 1847, Elektrizitätswerk 1896). Durch Eingemeindungen weitete sich das Stadtgebiet enorm aus. Die Trennung von Wohnung und Arbeitsplatz hatte einen bisher nicht gekannten Massenverkehr zur Folge (Straßenbahn 1881). Die Zweiradindustrie entstand mit der industriellen Fertigung des Fahrrades als Massenkonsumgut („Hercules“ und „Victoria“ 1886). Die Stadt veränderte ihr Gesicht. Die Industriekultur formte sich aus.
3. In der zweiten Hälfte des 19. Jahrhunderts wurde Nürnberg für das nationale deutsche Kulturverständnis als „des Reiches Schatzkästlein“ zum Symbol einstiger Macht des Deutschen Kaisertums und einer romantischen Reichsideologie verklärt. Die Blüte der mittelalterlichen Handwerkerkultur bis ins 16. Jahrhundert gewann eine traditionsstiftende Bedeutung und sollte im Germanischen Nationalmuseum in seinen Altertümern bewahrt werden. Dieses Bild des mittelalterlichen Nürnbergs wurde Ort und Hintergrund des Kulturschaffens mit zeitgenössischen kulturell-politischen Implikationen

(Wagner: Meistersinger von Nürnberg). Daher ist die Nürnberger Region auch geeignet, das geistige Leben, das kulturelle Schaffen, die „Sozialpsyche“ der Zeit zu zeigen.

Diese Skizze muß genügen, um die Interdependenz von regionalen Wandlungsvorgängen und gesamtnationalen, Deutschland betreffenden historischen Prozessen zu belegen. Es gibt bisher keinen Versuch einer umfassenden Darstellung oder musealen Präsentation der Industriekultur am Modell einer größeren deutschen Industriestadt, sieht man vom Museum der Stadt Rüsselsheim ab. Und dennoch zeigt sich die eindeutige Tendenz, daß wir an der Schwelle der Entdeckung der Genese unserer eigenen industriell geprägten Lebensformen stehen. Das Interesse im öffentlichen Bewußtsein ist stark gewachsen. Die Forschung der Geschichtswissenschaft hat sich in den letzten 15 Jahren in Richtung einer wesentlich stärkeren Betonung der Gesellschafts-, Sozial- und Kulturgeschichte geöffnet. Die Umsetzung dieses historischen Wissens in die Anschaulichkeit öffentlicher musealer Präsentation steht jedoch noch aus. Die Voraussetzungen am Beispiel Nürnbergs, ein Modell zu schaffen, sind günstig.

Eine Umfrage zeigte, wie nötig es ist, das Alltagsbewußtsein vom industriellen Charakter unserer Kultur zu schärfen. Nürnberg ist bereits seit der zweiten Hälfte des 19. Jahrhunderts eine Industriestadt. Und dennoch assoziieren Bürger, danach befragt, was ihnen beim Stichwort Nürnberg einfällt, vorwiegend Lebkuchen, die ältere deutsche Geschichte und Dürer. Keine der interviewten Personen besann sich darauf, daß Nürnberg eine bedeutende deutsche Industriestadt ist und die soziale Wirklichkeit hierdurch bestimmt wurde und wird.[3]

Um die Kenntnis der Entstehung der modernen Industriekultur zu vertiefen und einsichtig zu machen, genügt es nicht, eine antiquarisch-historische Sammlung von Objekten und Industriedenkmälern anzulegen, wenngleich dies in der ersten Phase des Projektes als Voraussetzung geschehen muß. Forschung, Sammlung und Dokumentation können sich ergänzen und Wissen wie Rahmen liefern, in dem der Lebenszusammenhang, die historische Realität rekonstruiert und anschaulich werden kann. In der Aneignung dieser industriellen Lebenswelt, in ihren Kulturformen, in ihren Hoffnungen und sozialen Widersprüchen, in ihrer Kunst, steckt eine wesentliche Form von Traditionsstiftung. Ein Geschichtsbewußtsein, das von der sozialgeschichtlichen Mehrdimensionalität vergangener Realität und menschlicher Erfahrung ausgeht, muß dem Betrachter aus den verschiedenen Perspektiven gesellschaftlicher Lagen Urteils- und Identifikationsmöglichkeiten bieten. Die Kenntnis der Wandlungen unserer regionalen Lebensräume, die wir als soziale und kulturelle Heimat erfahren, ist eine wesentliche Basis unserer geschichtlichen Identität.

II. Kulturpädagogische Begründung des Projekts

Das allgemein wiederauflebende Interesse der Öffentlichkeit an Geschichte zeigt, daß die Krise des Geschichtsbewußtseins überwunden ist. Gleichzeitig ist jedoch von einer Orientierungs- und Sinnkrise die Rede: Bei Teilen der Jugend überwiegt eine Stimmung der Resignation, Demotivierung, ziellosen Oppositionshaltung. Diese Rückzugshaltung aus gestaltender Arbeit in den politischen Institutionen, aus dem innovativen Diskurs über die Probleme und Verbesserungschancen der Gesellschaft, bleibt ohne klare Konturen. Die Möglichkeiten in den demokratischen Institutionen aktiv, kreativ und problemlösend an einer gemeinsamen Zukunft mitzuarbeiten, bleiben teilweise unbeachtet.

Einer der Gründe liegt zweifellos darin, daß wir uns gegenwärtig in einem Prozeß des beschleunigten sozialen Wandels befinden. Perspektiven und gesellschaftliche wie individuelle Hoffnungshorizonte verändern sich schnell, und viele gesellschaftliche Fragen sind aufgrund ihrer Komplexität für Jugendliche schwer durchschaubar. Die eigene Erfahrung wird weitgehend individualisiert wahrgenommen, bleibt unreflektiert, ohne Bezug zur Gesamtgesellschaft, oder jedenfalls kaum in Relation gesetzt zu früheren gesellschaftlichen Situationen. Die Frage nach

Qualität und Art des wünschenswerten und realen „Fortschritts" wird in ihrer sinnstiftenden Dimension zu wenig auf langfristige historische Tendenzen gerichtet. Das Orientierungswissen fehlt, und das Gefühl wird hervorgerufen, „daß man da eh nichts machen könne". Und in der Tat bleiben viele gesellschaftliche Wandlungsvorgänge hinter dem Schlagwort „sozialer Wandel" mehr verborgen, als daß sie aufgeklärt würden. Sie sind für sich faktisch feststellbar, aber nur schwer in längerfristige strukturelle Bedingungen einzuordnen.

Doch wir erkennen: Unsere Städte bekommen ein anderes Gesicht. Die Gefahr der „Unwirtlichkeit unserer Städte" (Alexander Mitscherlich) ist mancherorts als normierte Betonlandschaft bereits Realität. Technologische Innovationen verändern die Arbeitsplätze und Berufsbilder, Automation führt zu einer Umstrukturierung der Arbeitsteiligkeit in den Betrieben. Die Elektrifizierung des Haushaltes hat die Situation der Frau verändert. Zugleich wird über die schleichende Anonymisierung in der Gesellschaft und die Auflösung der traditionellen Sozialbindungen wie Familie und Verwandtschaft geklagt. Bekannte, in der eigenen individuellen Lebensgeschichte verwurzelte, vertraute soziale Orte gehen verloren oder lösen sich in den urbanen Wandlungsprozessen auf. Die Unsicherheit der letzten Jahre in pädagogischen Fragen zeigt neben dem fruchtbaren Ertrag des Abbaus obrigkeitsstaatlicher Erziehungsklischees zugleich auch die Umbildung der gesellschaftlich anerkannten Werte und Normen. Die Vorstellungen über die Zukunftschancen und Lebensbedingungen der Kinder bleiben notwendigerweise unklar. Bislang festgelegte Rollenbilder verschieben sich oder werden ungültig. Viele Menschen erleben diese Prozesse am eigenen Leib in ihrer unmittelbaren Umgebung. Allzuoft bleiben die Zusammenhänge unentschlüsselt. Damit geht aber auch die Chance verloren, sich adäquat darauf zu beziehen, Spielräume für persönliche Entscheidungen erkennen und entstehende Probleme bewältigen zu können.

Vor diesem Hintergrund kommt der gesellschaftsgeschichtlichen Darstellung der Herausbildung unserer modernen industriellen Gesellschaft der Stellenwert einer Grundlegung von Orientierungswissens zu. Es muß ein Angebot geschaffen werden, aus dem der einzelne die langfristigen Wandlungsvorgänge im eigenen Lebensraum als Teil der umfassenden kulturellen Evolution der Industrienationen studieren kann. Die Kenntnis der Voraussetzungen, der Bedingungen, Gründe und langfristigen Tendenzen der Veränderung der Lebensbedingungen und der Alltagskultur in der heimatlichen Stadtlandschaft muß ermöglicht werden. Standorte und individuelle Perspektiven können dann geklärt werden. Die Einbettung der eigenen subjektiven Erfahrung in den langfristigen historisch-gesellschaftlichen Wandel kann erkennbar werden.

Geschichte kann nicht Handlungsanweisungen für die Bewältigung der individuellen Gegenwart anbieten, aber indem sie Vergleiche zu anderen sozialen und kulturellen Orten ermöglicht, indem sie verschiedene gleichzeitige oder historisch aufeinanderfolgende Lebens- und Arbeitssituationen offenlegt, hat sie eine kulturelle Orientierungsfunktion. Die subjektiven Verarbeitungen und Hoffnungsinhalte, die Menschen vor uns in ihrer existentiellen Situation entwarfen, lassen einen kulturellen Erfahrungsschatz verfügbar werden, an dem die eigenen Wünsche, Hoffnungen und Utopien konkretisierbar und meßbar sind. Eine solche Beschäftigung mit der Geschichte vergangenen Lebens, das mit unserer eigenen Lebenswelt in Beziehung gesetzt wird, stiftet Phantasie, macht mentale Verhaltensmodelle transparent. Die politischen Vorstellungen und gesellschaftlichen Bedingungen, unter denen sich Menschen zu politischen Organisationen zusammenschlossen und ihre soziale Situation zu bewältigen suchten, wird als Zusammenhang sichtbar. Der Vergleich mit vergangenen Lebenssituationen ermöglicht es, unsere eigene Erfahrung besser zu begreifen und einzuordnen, die eigene Situation schärfer wahrzunehmen und aus der so möglichen Distanzierung klarer bestimmen zu können. Hierin liegt die aufklärende Dimension der Beschäftigung mit der Entstehung der Industriekultur: sie kann dazu beitragen, den eigenen kulturellen, sozialen und politischen Standort zu finden und die individuellen Lebensbedingungen aktiv gestalten zu können.

Die Geschichte der eigenen Gesellschaft hat mit den verschiedenen sie konstituierenden sozialen Lagen und entsprechenden Perspektiven eine zentrale Sozialisationsfunktion. Denn in einer Gesellschaft, die auf Wertepluralismus basiert, dürfen und können eben keine eindeutigen und umfassenden Sinnmuster und Deutungssysteme „verordnet" werden. Es muß vielmehr Grundbestandteil einer demokratischen Gesellschaft und Kultur sein, daß sich die einzelnen Individuen selbständig ihre Interpretation der eigenen Lebenserfahrung erarbeiten und bilden können. Sie müssen sich ihr Bild der Vergangenheit und Gegenwart, der Tradition, die sie für sich als sinnstiftend anerkennen können, selbst schaffen und dürfen dabei aber auch nicht allein gelassen werden. Für diese Erinnerungsarbeit muß ein kulturelles Angebot bestehen. Die Vielfalt der Lebensformen, sozialen Situationen und politischen Deutungen kann Orientierung zur Erarbeitung der individuellen Position bieten. Das Wissen darum, wie in einer gesellschaftlichen Realität vor uns Menschen ihre Situation annahmen und gestalteten, kann zugleich motivierend wirken, zur aktiven Gestaltung der eigenen Lebensumstände und zur politischen Partizipation ermuntern.

Die Enttäuschung über eine unvollkommene und veränderungsbedürftige Gegenwart darf nicht zur Passivität, zur Mutlosigkeit führen. Vielmehr muß die Tatsache, daß unsere Lebenswelt sich in einem permanenten Prozeß des sozialen Wandels mit einer Veränderung der Lebensformen und sozialen Bedingungen befindet, akzeptiert werden, denn diese Tatsache ist nicht veränderbar. Die Kenntnis des langfristigen historischen Zusammenhangs der Evolution der industriellen Gesellschaft kann den Blick öffnen für gesellschaftliche und individuelle Orte, in denen die Entfaltung der eigenen Kreativität und Sinnvorstellungen möglich ist.

Vor allem aber: Die Bedeutung von Formen der republikanischen Öffentlichkeit für unsere Gegenwart kann erst dann ermessen werden, wenn die Vorgeschichte und Geschichte demokratischer Bewegungen in Deutschland, die Auseinandersetzung um die Durchsetzung republikanischer Kultur unter den Bedingungen der jeweiligen gesellschaftlichen Entwicklungsstadien bekannt sind. So wie die verzögerte und verhinderte Entfaltung demokratischer Kräfte im Zeitraum zwischen 1848 und 1918 gerade an den Auseinandersetzungen mit den Anhängern des monarchischen Obrigkeitsstaates anschaulich wird, ist zugleich die Sicht auf die Geschichte der Weimarer Republik und die Entstehungssituation, die Ausgangsbedingungen der politischen Kultur der Bundesrepublik geöffnet.

Die Darstellung der Entstehung der Industriekultur kann noch einer weiteren Aufgabe gerecht werden. Wir kennen zumeist die im Schulunterricht vermittelte politische Geschichte, so zum Beispiel die Politik Bismarcks zur Schaffung der deutschen Reichseinheit, weniger aber die der wilhelminischen Gesellschaft in ihren Widersprüchen. Das Modell einer Region bietet gegenüber dem notwendigen Zwang zur Abstraktion bei der Darstellung der nationalen Geschichte den entscheidenden Vorteil, daß die Wandlungsvorgänge in einem konkreten Raum überschaubar sind.[4] Die Gesellschaftsgeschichte der Region kann somit als innerer Zusammenhang, als ineinandergreifender Prozeß, in den verschiedenen interdependenten Faktoren und Strukturen dargestellt werden. Dabei wird anschaulich, wie die Bedingungen der allgemeinen Geschichte der Nation in die Region wirken und sich in den Vorgängen vor Ort niederschlagen. Geschichte der Nation und Geschichte der Region bedingen und ergänzen sich. Dieser Gesichtspunkt ist deswegen von Gewicht, weil damit auch ein Zugang zum umfassenden Lebenszusammenhang der Menschen methodisch darstellbar wird. Beispielsweise ist die Auswirkung von technischen Innovationen, die die Entstehung der Großindustrie nach sich ziehen, in der Bildung neuer gesellschaftlicher Strukturen und den damit verbundenen Veränderungen der individuellen Lebens- und Arbeitssituation rekonstruierbar. Die Darstellung dieses Zusammenhangs ist notwendig interdisziplinär. Der seit der Aufklärung stattfindende Vorgang zunehmender Spezialisierung der Wissenschaften in verschiedene, sich voneinander isolierende Fachgebiete, kann an konkreten Gegenstandsbereichen und Lebensfeldern wieder auf die

Faktoren zurückgeführt werden, die in der historischen Wirklichkeit als tatsächlicher Zusammenhang wirksam sind. Kulturpädagogisch ist dies nicht unerheblich. Denn die schnelle Veränderung der Berufsbilder bzw. das Veralten traditioneller Berufe, die wir heute feststellen, macht es dringend erforderlich, daß der einzelne mehr über die umfassenden Zusammenhänge von technischen, kulturellen und gesellschaftlichen Bedingungen weiß, in denen seine eigene Berufs- und Lebenssituation gelagert ist. Der Wandel der Industriekultur muß daher als zusammenhängender Prozeß erkennbar sein, durch den die gesellschaftliche Situation des einzelnen Menschen durch konkrete Bedingungsfaktoren verändert wird.

Unsere Distanz zur Epoche zwischen 1850 und 1914, gegenwärtig bereits zu den fünfziger Jahren und der damaligen Lebenswirklichkeit, weiter unsere Perspektive, öffnet Phantasieräume und gibt uns mehr Urteilsfreiheit auch gegenüber verkürzten Perspektiven unserer eigenen Gegenwart.

Es gibt verschiedene Möglichkeiten, sich anhand der Spuren, Requisiten und Dokumente einer Zeit zu nähern. Man kann sowohl mit den im eigenen Haushalt oder auf dem Trödelmarkt überkommenen Gegenständen einer vergangenen Epoche eine Kuriositätenschau veranstalten, als auch die Zeugnisse der Kultur unserer Groß- und Urgroßväter aus einer scheinbar kulturkritischen Perspektive mit abwertender Distanz zu behandeln. Drittens „aber gibt es die Möglichkeit, sich in „kritischer Sympathie" den Spuren einer vergangenen Lebenswelt zu nähern, sich um ein Verständnis der darin enthaltenen subjektiven Erfahrungen und Bedingungen des individuellen Lebens zu bemühen. Wir müssen die emotionale Bereitschaft mitbringen, Formen der Freude wie des Leides nachzuvollziehen: sich einzulassen auf den erzählbaren Erfahrungsschatz, der uns selbst kulturell und emotional bereichert.

Wir können an Gegenständen, die uns teils bekannt sind oder Orte repräsentieren, die uns vertraut sind, Lernprozesse vollziehen. Die Sinnlichkeit der Objekte kann Medium sein. Die Entdeckung der vergangenen Lebenswelt anhand der vertrauten, überkommenen Gegenstände öffnet eine historische Landschaft, in der die Erzählungen vertrauter Personen, der Großeltern, ihren Ort bekommen. Dieser geschichtliche Lernprozeß am bekannten Raum, in der heimatlichen Region, an mit eigenen Erinnerungen verknüpften Objekten, fordert, die mitvollziehende Rekonstruktion des sozialen Wandels. Subjektiver und objektiver Faktor der Kultur sind in ihren Verschränkungen aufschließbar. Das Bewußtsein von der Entstehung der eigenen kulturellen und sozialen Heimat wird geschärft. Die Lebensbedingungen der verschiedenen Generationen werden faßbar. Sie können die Realität der geschichtlichen Entwicklungsprozesse als Lebensformen, der produktiven Gestaltung, aber auch des Erleidens einer Lebenssituation plastisch ausleuchten. Der Betrachter, der sich anhand von Requisiten der vergangenen Lebenswelt nähert, wird nach Orten suchen, die ihm vertraut sind. Er wird dabei auch Traditionen auffinden, mit denen er sich identifizieren kann.

Die für die Darstellung der Industriekultur erforderliche Sammlungsarbeit kann selbst zum Prozeß der Aneignung von geschichtlichem Heimatbewußtsein werden. Die Region ist als soziale und kulturelle Gemeinschaft erkennbar. Der bekannte Lebensraum wird in seinen kulturellen Schichtungen aufgeschlossen, in die das Gestaltungsvermögen, die Arbeit und Auseinandersetzung der Generationen eingegangen sind, denen unsere Groß- und Urgroßeltern angehörten. Deren Leistungen und kulturellen Vorstellungswelten uns zu vergegenwärtigen und zu erhalten, wird als Aufgabe deutlich. Unsere gegenwärtige und zukünftige Lebenswelt wird dadurch reicher.

III. Das Gegenstandsfeld

Der strukturelle Wandel in Deutschland ist im 19. Jahrhundert durch den Übergang von der agrarisch-traditionalen, zur dominant industriellen Gesellschaft geprägt.[5] Die handwerklich-gewerbliche Produktion wurde durch industrielle Großbetriebe mit serieller Massenfertigung überlagert und zurückgedrängt. Eine anwachsende Schicht von „tätigen" Fabrikanten, von unternehmenden Wirtschaftsbürgern war Träger der industriellen Evolution. Als Funktion dieses ökonomischen Prozesses mit zunehmendem Bedarf an freier Lohnarbeit konstituierte sich die Arbeiterschaft. Für sie galten Arbeits- und Lebensbedingungen, die sich von denjenigen der Wirtschaftsbürger in der Regel scharf unterschieden, was sich in den Schichtungen der Alltagskultur und der Ansiedlung in Wohnviertel ausdrückte. Die „soziale Frage“ entstand: unmündige Abhängigkeit im Betrieb, materielles Elend und schlechte Wohnverhältnisse prägten den Alltag großer Teile der Unterschichten. Das Gesicht der Städte veränderte sich, neue Stadtteile bildeten sich. Die mittelalterlichen Stadtbezirke wurden gesprengt.

Entsprechend begann sich in den neuen urbanen Zentren die Arbeiterschaft zu konstituieren und Formen der Selbstorganisation zu entwickeln. Dort wurden auch die Auseinandersetzungen um die Verbesserung der Lebensverhältnisse ausgetragen. Der Anspruch auf demokratische Mitentscheidung über die Angelegenheiten in Gesellschaft und Politik, also auch über die eigenen, wurde formuliert. Mit dem sozialen Wandel strukturierte sich die industrielle Gesellschaft: Alltagskultur, Lebensformen, Erziehungs- und Ausbildungsverhältnisse, Welt- und Leitbilder, kulturelle Symbole, Technik, Arbeit und Arbeitsteiligkeit veränderten sich von Grund auf. Die Gesellschaft befand sich in einem Prozeß umfassender sozialer und kultureller Evolution. Dieser prägte jedoch vor allem die Lebensverhältnisse und Kulturformen der Menschen, die in industrialisierten Gegenden lebten. Gleichzeitig gab es weiterhin hiervon unberührte ländliche Regionen, wie zum Beispiel Niederbayern, wo die althergebrachten traditionalen Lebens- und Kulturformen erhalten blieben, teilweise bis in die fünfziger Jahre des 20. Jahrhunderts.

In den zunehmend industriell geprägten Gegenden, beispielsweise Sachsens, Berlins oder Nürnbergs, im Rheinland und in Schlesien, waren die Lebensumstände wesentlich durch die Faktoren und Phasen der industriellen Evolution bestimmt. Um diese modellhaft herausarbeiten zu können, ist ein kategorialer Rahmen hilfreich. Die verallgemeinerungsfähigen historischen Prozesse können mit Hilfe vergleichender systematischer Interpretationen von spezifischen regionalen Standortbedingungen oder kulturellen Traditionen unterschieden werden.

Der Terminus „sozialer Wandel“ ist deswegen prägnant, weil gleichzeitig ein Teil der Gesellschaft, nämlich der traditional-agrarische, diesen Prozeß nicht mitvollzog, jedoch quantitativ abnahm. Hieraus ist die Gleichzeitigkeit ungleichzeitiger Lebens- und Kulturformen zu erklären, die jedoch größtenteils im Stadt-Land-Gegensatz aufgingen. Auch dies muß herausgearbeitet werden.

Die Struktur des „sozialen Wandels“, in all seinen vielfältigen gesellschaftlichen und kulturellen Erscheinungsformen, wurde durch den Industrealisierungsvorgang bestimmt. Der Begriff Industrialisierung beinhaltet eine Reihe wirtschaftlicher und sozialökonomischer Wandlungsvorgänge. Man spricht vom „Gesamtkomplex eines Wandels, bei dem technisch-wissenschaftliche Entwicklungen eingebettet sind in soziokulturelle Veränderungen“,[6] deren Beziehungen als ein „kompliziertes Geflecht voneinander abhängiger ökonomischer, sozialer, kultureller und politischer Prozesse“ zu sehen ist. Konstituierende Bedingungen des Industrialisierungsprozesses sind: Arbeitskräfte und Kapital, unternehmerisches Organisationsvermögen, Nachfrage und Markt für Industrieprodukte, ausreichend verfügbare Energie (Dampf, Gas, Elektrizität), Rohstoffe und industriell verarbeitbare Materialien.

Der implizierte technologische Fortschritt basiert auf zwei typischen Grundlagen.[7]

Erstens auf dem wachsenden Einsatz von Maschinenkraft und der Mechanisierung von Arbeit. der besseren Beherrschung des Materials, der stärkeren Betonung des anzuwendenden Grundlagenwissens. Neben der unmittelbaren Arbeitspraxis erfuhr der theoretisch-wissenschaftliche Bereich eine enorme Bedeutungszunahme. Das technische Experiment wurde in Großbetrieben als Basis der Forschung zur technologischen Weiterentwicklung eingesetzt, so beispielsweise in der Elektrotechnik im letzten Drittel des 19. Jahrhunderts. Die planende Konstruktion und spezialisierte Ausbildung griffen ineinander. Zweitens erwies sich die Vergrößerung von Industrieanlagen ausschlaggebend für den Rationalisierungsgrad industrieller

Produktion, wie er sich aus Maschineneinsatz und Arbeitsteiligkeit ergab.

Mit dem Wandel von Arbeit und Lebensformen wurden auch neue Verhaltensmaßstäbe gültig, nicht nur im Verhältnis Produzenten/Konsumenten, sondern auch zwischen Unternehmern und Arbeitern. Die industrielle Produktion verlangte von den Arbeitskräften neben spezifischen Ausbildungsqualitäten auch eine sich dem Maschinenbetrieb anpassende Disziplinierung am Arbeitsplatz (Arbeitsrhythmus). Die alten ständischen Hierarchien und Verhaltensmuster lösten sich teilweise auf oder erhielten neue soziale Bezugs- und Orientierungspunkte. Der Übergang von der argrarischen Gesellschaft brachte ein Auseinanderbrechen der standespezifischen Merkmale, die bisher in der Hierarchie altständischer Gesellschaft verankert waren: Ökonomische, berufliche, politische und soziale Funktionen, Bildung, Besitz, Lebensstil. Sie waren als Rollenbilder nicht mehr mit der jeweiligen Standeszugehörigkeit vorgegeben, sondern entwickelten statusbildende Qualitäten, die das Individuum jeweils für seine Person und Familie erst ausweisen mußte. Dieses individuelle Aktivität und Qualifikation fordernde Leitbild entsprach der Möglichkeit der vertikalen Moblilität, der Möglichkeit des Auf- und Abstiegs. Die zeitgenössische Sicht vieler Unternehmerpersönlichkeiten orientierte sich an der Fähigkeit, mit Hilfe von Kenntnissen und kaufmännischen Techniken, aber auch „Tatkraft und starkem Willen“ (wie eine der Parolen der zweiten Hälfte des 19. Jahrhunderts lautete), den Aufstieg zum „Arbeitgeber“ und wohlhabenden Besitzbürger vollzogen zu haben.

Die sich mit dem Industrialisierungsvorgang neu herausbildenden Kulturformen sollen als „Industriekultur“ bezeichnet werden. In sie gingen freilich, wie in die Schichtungen der entstehenden industriellen Gesellschaft, vorindustrielle Bedingungen und Faktoren ein. Das Beispiel der Handwerker, die faktisch als Arbeiter beschäftigt waren und an zünftischen Ehrbegriffen festhielten, zeigt dies in der zweiten Hälfte des 19. Jahrhunderts ganz deutlich.

Diese mentalen und kulturellen Voraussetzungen beeinflußten neben Leitbildern und Lebensstil auch die Geschwindigkeit des Wachstums, die industrielle Organisation und die Methoden der Kapitalbeschaffung. Diese Tatsache ist besonders für die Untersuchung der Innovationsprozesse an Modellen, wie beispielsweise der Region um Nürnberg, interessant. Die handwerkliche Tradition zählt ebenso dazu wie die Arbeitsformen und Beziehungsnetze der Kaufleute, die die Finanzierung des Aufbaus von Fabriken besorgten und die Marktbildung vorantrieben. Zugleich aber ist an der ersten und zweiten Generation der Unternehmer die für Deutschland typische Tendenz zu beobachten, nicht mehr am demokratischen Postulat bürgerlicher Selbstbestimmung festzuhalten, wie es für 1848 gegolten hatte, sondern sich weitgehend auf den eigenen wirtschaftlichen Interessensbereich zurückzuziehen und sich gesellschaftlich der restfeudalen Oberschicht anzunähern, bzw. sich zu integrieren. Die Nobilitierung und der Bau herrschaftlicher Wohnsitze als repräsentatives Symbol waren nur die äußeren Zeichen dieser Tendenz.

Die nun bedeutsamen soziokulturellen Faktoren waren in vorindustriellen Phasen erworben, bzw. in spätmittelalterlichen Formen tradiert worden und gingen als individuell beherrschte Fähigkeiten in die Industrialisierung ein.

Handwerkliche Befähigungen waren vielfach in Verbindung mit innovativem Gestaltungsvermögen die Basis für die Qualifikation der „Unternehmerpersönlichkeiten", um aus technischen Erfindungen umsetzbare technologische Entwicklungen herausarbeiten zu können, wie dies am Beispiel des Elektroindustriellen Sigmund Schuckert zu sehen ist. Die zweite unternehmerische Befähigung bestand darin, Märkte erschließen zu können, wozu neben entsprechender Kapitalbasis (meist aus Kaufmannskapital) auch kaufmännisch-organisatorisches „Know-how" erforderlich war.

Gleichzeitig bedurfte es eines ausreichenden Potentials an Facharbeitern in der Region, die qualifiziertes Arbeiten wie Formen, Gießen oder Drehen auch ausführen konnten. In Nürnberg war durch die weiterbestehende handwerkliche Tradition in metallverarbeitenden Gewerben ein guter Stamm an Facharbeitern vorhanden. Dies wurde gerade für den Maschinenbau oder die Elektroindustrie zur ausschlaggebenden Voraussetzung. Das Selbstverständnis dieser Arbeiter wurzelte vielfach in der handwerklichen Kultur. Neben einer klassenbewußten Schicht von Arbeitern, die sich gewerkschaftlich zu organisieren versuchten und die den Stamm der Sozialdemokratie bildeten, gab es eine beträchtliche Zahl von Arbeitern, die ihr individuelles Leitbild darin sahen, sich eine gesicherte, „kleinbürgerliche" Existenz zu schaffen und einen anerkannten sozialen Ort im wilhelminischen Staat zu schaffen.

IV. Die Industrialisierung

Flächenüberspannende Stadtlandschaften, wie das Ruhrgebiet, entstanden ebenso wie um alte Stadtkerne konzentrierte Industrieregionen.[8] Eben dieser Charakter einer überschaubaren städtischen Industrielandschaft macht Nürnberg als Modellfall geeignet.

Im Gesamtvorgang der Industrialisierung sind mehrere Phasen unterscheidbar.[9]

Die erste Phase beginnt etwa 1835 (die Datierungen differieren bis etwa 1850) und endet mit der „Gründerzeit" 1873. Sie erfährt ihren wichtigsten Impuls durch den Eisenbahnbau, der auf die Entwicklung der Maschinenbauindustrie stimmulierend wirkte. Zwischen 1869 und 1873 entwickelte sich eine industrielle Hochkonjunktur, die durch die 5 Milliarden Goldfrancs, die Frankreich an das siegreiche Deutschland zahlen mußte, angeheizt wurde. Während dieses Booms wurden viele Aktiengesellschaften ohne den Hintergrund eines ausreichend entwickelten Marktes gebildet. Die „Gründerzeit", die sich auch als Kulturepoche durch ihren eklektizistisch-romantisierenden Stil ausgeprägt hat, endete 1873 mit dem Zusammenbruch vieler Aktiengesellschaften, mit dem „Gründerkrach".

Die zweite Phase zwischen 1873 und 1914 ist vom Durchbruch der industriellen Produktion gekennzeichnet: systematisch organisierte Großunternehmen entwickelten sich und konnten auf Grund sich verändernder Bedürfnisse innerhalb der Gesellschaft ihre Marktsektoren ausweiten. Die Elektroindustrie expandierte binnen eines Jahrzehnts zur Großindustrie (Sigmund Schuckert), da sich mit der Elektrifizierung seit den achtziger Jahren ein gewaltiger Markt öffnete. Während bis etwa 1895 ein stetiges, aber gegenüber der stürmischen Wachstumsperiode der Gründerzeit um 1870 dennoch verlangsamtes wirtschaftliches Wachstum festzustellen ist, gibt es von da an bis zum Ersten Weltkrieg starke Aufschwungtendenzen. Das für Nürnberg wichtige Versicherungswesen entstand in diesem Zeitraum.

Die Interessen der Arbeitenden mußten organisiert werden: Gewerkschaften und Arbeitgeberverbände entstanden. Die Bedeutung des technisch-wissenschaftlichen Fachwissens nahm zu, das Bildungswesen wurde ausgebaut, eine „Volksbildungsbewegung" versuchte für Arbeitnehmer ein zusätzliches weiterführendes Bildungsangebot zu institutionalisieren. Um die sozialen Probleme (äußerste Armut, Not, Krankheit und Ungerechtigkeit) zu mildern, sollte den in Not lebenden oder geratenen Menschen gehofen werden: Sei es durch Selbstorganisation zur gegenseitigen Hilfe in Verbindung mit Gewerkschaften (Unterstützungskassen) oder durch unternehmerische Fürsorge (Arbeitersiedlungen, Betriebskrankenkassen), die der Sozialdemokratie ihre politische Stoßkraft nehmen sollte.

Der Umbruch der Industrialisierung vollzog sich im gesamten gesellschaftlichen Leben und brachte eine neue Sozialstruktur hervor. Neue kulturelle Formen, großteils schichtenspezifisch ausgeprägt, entstanden aus den veränderten Notwendigkeiten, Erfahrungen und Bedürfnissen: in der Freizeit, der Kunst, der Architektur, der Erziehung u.a.m.

Unter Kultur muß daher der umfassende menschliche Lebens- und Beziehungszusammenhang verstanden werden: die Formen des menschlichen Zusammenlebens, der Arbeit, der Wünsche, sowie der Notwendigkeiten und Zwänge, in denen Menschen ihr Handeln und Zusammenleben ordnen, die Formen, in denen sie Freude und Lust, aber auch Schmerz und Leiden erleben und ausdrücken.

Kultur beinhaltet einen subjektiven Faktor, den des menschlichen Gefühls, wie einen objektiven, der uns in

Gegenständen und anderen Objektivationen als Resultat menschlichen Mühens und Arbeitens überliefert ist. Diese sind Ausdruck des gesellschaftlichen und kulturellen Lebens und müssen in ihren Zusammenhängen und Beziehungen behandelt werden. Es muß gezeigt werden, wie soziale Strukturen und Prozesse sich entwickeln, in welchen spezifischen Kulturformen die jeweiligen Klassen, Schichten und Gruppen lebten, kooperierten und ihre Konflikte austrugen, arbeiteten, wie sie ihre Empfindungen und Erfahrungen ausdrückten. Der Zusammenhang dieser gesellschaftlichen Entwicklungen ist in seinen Aspekten darstellbar: Technik und Wirtschaft, horizontale und vertikale Mobilitätsvorgänge in der Gesellschaft, Verstädterung, Verkehrsentwicklung, kulturelle Institutionen, und Inhalte, Leitbilder, typische Normen und Wertvorstellungen, Formen der Öffentlichkeit, Kommunikations- und soziale Beziehungsformen, Familienstrukturen, kollektive Mentalitäten, Sozialisationsvorgänge und -institutionen, Gesundheits- und Sozialwesen, Formen der Alltagskultur, des Designs und anderes mehr.

Diese Reihung ist nur scheinbar abstrakt. Ihr innerer Bezug ist der faktische strukturelle Lebenszusammenhang, in dem die Menschen stehen. Dort laufen die verschiedenen Gebiete als sich ineinander verknüpfende strukturelle Bedingungen individueller Existenz zusammen. Die Interdependenz dieser zusammenwirkenden Bedingungen kann schwieriger für den nationalen Bereich dargestellt werden, dort müßte sie abstrakt, ohne Anschaulichkeit und wirklichen Bezug bleiben. Weit plastischer kann dies am überschaubaren Modell von Stadtlandschaften geschehen.

Die kulturellen Objektivationen menschlichen Lebens müssen dazu in verschiedener Richtung erschlossen werden. Einmal gilt es die subjektiven Erfahrungen der Zeitgenossen zu dokumentieren: Quellen zu systematisieren, in denen die Erfahrungen der historischen Ereignisse (Krieg 1870/71, Reichsgründung, etc.), von sozialen Situationen (Arbeitssuche, Erfahrungen am Arbeitsplatz, Bankrott eines Unternehmers der „Gründerzeit“), eines erlebten Festes oder einer Krankheitsgeschichte beschrieben werden. Weiter sind von Bedeutung: Lebensgeschichten, Memoiren,

Autobiographien. Diese sind besonders interessant, wenn sie die für eine soziale Gruppe oder Klasse exemplarischen Erfahrungen schildern.

Ferner sind bedeutungsvoll Briefe, Gedichte, Tagebücher, in denen auch alters- und generationsspezifische Erfahrungen faßbar werden: aus ihnen kann die Jugendbewegung oder auch das Leben als Lehrling oder Dienstmädchen erschlossen werden.

Mit heute lebenden Personen können mündliche Lebensberichte oder selbstgeschriebenen Lebensläufen erarbeitet werden, in denen Schilderungen von Phasen und Formen der Sozialisation des familären Lebens, der Arbeit und der Freizeit zugänglich werden. Anhand solcher subjektiver Quellen kann zweierlei demonstriert werden:

Einerseits typische soziale Lagen einer Klasse, Schicht, Generation, Gruppe, etc. die darin individuell erfahrene Situation und die Elemente und Symbole der Lebenskultur.

Zugleich aber ersehen wir hieraus, wie diese Situationen oder Ereignisse von den Individuen verarbeitet und beurteilt wurden, welche Zukunftshoffnungen entworfen wurden und welche kulturellen Traditionen dabei eingingen.

Anmerkungen

1 Der Text ist um eine tabellarische Skizze der Gegenstandsfelder und die Organisationsvorschläge gekürzt.

2 Vgl. die zusammenfassende Darstellung von: Eric J. Hobsbawm, Industrie und Empire. Britische Wirtschaftsgeschichte seit 1750, Frankfurt/M. 1969; ferner: David S. Landes, Der entfesselte Prometheus. Technologischer Wandel und Industrielle Entwicklung in Westeuropa von 1750 bis zur Gegenwart, Köln 1973. Die Entstehung dieses Prozesses im 18. Jhd. habe ich am Beispiel der Kaufleute beschrieben: Wolfgang Ruppert, Bürgerlicher Wandel, Frankfurt/New York 1981, S. 47ff.

3 Erhebung durch Infratest, veröffentlicht in der Süddeutschen Zeitung vom 19. Mai 1978.

4 Das in den letzten Jahren stärker werdende Interesse an der Regionalgeschichte wurde zusammenfassend erörtert von: Peter Steinbach, Alltagsleben und Landesgeschichte. Zur Kritik an einem neuen Forschungsinteresse, in: Hessisches Jahrbuch für

Landesgeschichte 29, 1979, S. 225-305.

5 Im Vergleich zum englischen und französischem Beispiel der Industrialisierung wurde für Deutschland von einer sogenannten „relativen ökonomischen Rückständigkeit" gesprochen. Zum Problem der Phasenverschiebung industrieller Prozesse unter internationalen Gesichtspunkten: Alexander Gerschenkron, Wirtschaftliche Rückständigkeit in historischer Perspektive, abgedurckt in: Rudolf Braun u.a. (Hrsg.): Industrielle Revolution. Wirtschaftliche Aspekte, Köln 1976.

6 Vgl.: Rudolf Braun, Industrielle Revolution, S. 10.

7 Simon Kusznets, Wirtschaftliche Vorbedingungen der Industrialisierung, in: Rudolf Braun, Industrielle Revolution, S. 18f.

8 Zur vergleichenden Erforschung des Industrialisierungsprozesses in städtischen Zentren beispielsweise: Lothar Baar, Probleme der industriellen Revolution in großstädtischen Industriezentren. Das Berliner Beispiel, in: Wolfram Fischer (Hrsg.), Probleme der frühen Industrialisierung, 1968, S. 529ff.: ferner Wolfgang Köllmann, Sozialgeschichte der Stadt Barmen im 19. Jahrhundert, Tübingen 1960; Jürgen Reulecke (Hrsg.), Die deutsche Stadt im Industriezeitalter, Wuppertal 1978.

9 Ich folge in der Bestimmung der Eckdaten der systematisierenden Zusammenfassung von Ritter/Kocka in: Gerhard Ritter/Jürgen Kocka, Deutsche Sozialgeschichte, Bd. 2, München 1975, S. 11ff.

Lebensgeschichten

Wolfgang Ruppert

Die Ausstellung „Lebensgeschichten" war zunächst als Versuch gedacht. Sie entstand als erstes Modell einer sozialgeschichtlichen Ausstellung im Rahmen des Aufbaus des Projektes Industriekultur in Nürnberg und war im Sommer 1980 zu sehen. Zu diesem Zeitpunkt gab es in der Bundesrepublik noch kaum vergleichbare Vorhaben, die neuen wissenschaftlichen Ansätze der Sozial- und Kulturgeschichte, vor allem aber auch der „oral history" über das klassische Medium der Ausstellung für ein breiteres interessiertes Publikum ins Bild zu setzen und zu inszenieren. Dieses Medium muß sich naturgemäß auf die visuelle, anschauliche und dingliche Darstellung konzentrieren, Geschichte kann in Bildern erscheinen. Daher hielt ich es für notwendig, gleichzeitig über das zweite Medium des Katalogbuches die Geschichten zu erzählen, die historischen Zusammenhänge zu beschreiben, zu erklären und einzuordnen.[1] Denn im Buch kann das Bildmaterial in seinem sozialgeschichtlichen Quellenwert interpretiert werden – ohne den sinnlich-visuellen Reiz einzubüßen – und zugleich im Medium der Schrift die geschichtliche Darstellung geboten werden. Beide Medien ergänzen sich, in ihrer jeweils eigenwertigen Sprache.

1. Ziele

Es ging darum, zu untersuchen, wie sich die Lebensbedingungen über einen Zeitraum von hundert Jahren hinweg veränderten, wie sich die Dialektik zwischen der Evolution von Gesellschaftsstrukturen während der Industrialisierung und den subjektiven Erfahrungen in der konkreten individuellen Existenz darstellt. Daß sich mit der Industrialisierung auch die Vorstellungen und das Wertgefüge der Menschen veränderten und die Entfaltungschancen und -grenzen der individuell-persönlichen Entwicklungen verarbeitet werden mußten, verweist auf den inneren Zusammenhang von Technik-, Wirtschafts-, Sozial- und Kulturgeschichte. Dieses anschaulich und deutlich zu machen, sollte unternommen werden.

Voraussetzung zur Einlösung dieses Erkenntnisinteresses ist es, nicht in der Ebene der in individuellen Lebensgeschichten zunächst hervortretenden Fakten von Lebenseinschnitten und Ereignissen steckenzubleiben. Vielmehr bekommt die Vielzahl und Beliebigkeit von Details eine wesentliche Dimension, wenn es gelingt, nach der Erfahrung des Alltags zu fragen und die strukturelle „Normalität" darin deutlich zu machen.

Der Begriff Alltag bedarf somit der Differenzierung und inhaltlichen Strukturierung, um ihn aus seiner Unverbindlichkeit und Beliebigkeit zu befreien.[2] Er gewinnt seine erschließende Kraft, wenn es gelingt, „das Gewöhnliche" sichtbar zu machen und unter systematischen Kategorien der Sozialgeschichte als Lebenszusammenhang zu bestimmen: in Formen von Arbeit, der Freizeit, des Zusammenlebens, der materiellen Kultur der Lebenswelt. Die Farbigkeit, die diese Analyse von Alltag für uns annimmt, resultiert zweifellos aus dem bewußt gewählten Ausschnitt, aus der „Lebensnähe" konkreter, aber doch vielfach verallgemeinerbarer Erfahrungen. Erfahrungen eben, die der Betrachter, Leser oder Hörer aus seinem eigenen Lebenszusammenhang ähnlich kennt. Daß die alltägliche Lebenswelt in den verschiedenen gesellschaftlichen Schichten unterschiedlich aussieht, beim Unternehmer und seinen Arbeitern, beim Dienstmädchen oder dem kleinbürgerlichen Postadjunkt, wissen wir zu allgemein. Es muß im Detail beschrieben, erforscht werden, um anhand von differenzierten Bildern in seinen Elementen in Beziehung gesetzt und aus dem Vergleich gewertet zu werden. Die Erarbeitung von Lebensgeschichten aus verschiedenen schichtenspezifischen Lebenszusammenhängen stiftet Vergleiche und ermöglicht ein Gesamtbild. Dieses herzustellen, die in der Gesellschaft existenten unterschiedlichen Perspektiven sowohl in der Lebens- und Arbeitserfahrung aber auch in den weltanschaulichen, politischen und kulturellen Vorstellungen und Sinnansprüchen uns erkennbar zu machen, erscheint als wesentliche aufklärende Aufgabe für eine neue Sozialgeschichte.

Soziale Lagen und Lebensformen sind sehr konkret in lebensgeschichtlichem Material enthalten. An exemplarisch ausgewählten Beispielen können die gesellschaftlichen Orte unterschieden und der Wandel der Lebensverhältnisse in den hundert Jahren zwischen 1850 und 1950 in seinen typischen Phasen herausgearbeitet werden. Wir wissen in abstraktiven Kategorien vom Übergang von der altständisch-agrarischen zur industriellen Gesellschaft. Was es für die Lebensmöglichkeiten – die Chancen, Hoffnungen aber auch Mangelerfahrungen – bedeutete, müssen wir uns veranschaulichen. Aus der Perspektive von Lebensgeschichten stoßen wir auf zentrale gesellschaftliche Prozesse: soziale Aufstiege und Abstiege;
die Konsolidierung, Integration und Selbstorganisation der neuen sozialen Schichten und Klassen – Arbeiter, Angestellte, Dienstmädchen, Industrieherren;
die Entstehung neuer Kulturformen und Mentalitätsmuster;
auf den Wandel von Arbeitswelt, der Freizeit, der städtischen Lebensräume.

Daß dieses komplexe Feld insgesamt Lebenszusammenhänge konstituiert, macht die vergleichende Untersuchung an der überschaubaren Entwicklung des individuellen Lebenslaufes als interdisziplinäre Aufgabe reizvoll.[3] Hierin liegt die Brisanz für die Weiterentwicklung eines neuen Geschichtsbildes, das Technik-, Sozial-, Kultur- und Geistesgeschichte in ihren Bezügen erfaßt und die Interdependenzen zu klären versucht.

2. Die sozialgeschichtliche Konzeption

Von diesen Überlegungen her bot es sich an, die verschiedenen subjektiven Perspektiven in neun in sich geschlossenen Lebensgeschichten zu entwickeln. Allen diesen biographischen Einheiten ist die Zugehörigkeit zu einem urbanen, industriell geprägten Lebensraum gemeinsam. Sie wurden nach ihrer Aussage- und Interpretationsfähigkeit für typische Phasen, strukturelle Prozesse und soziale Lagen des sozialgeschichtlichen Wandels in Deutschland und nicht nach den regionalen Spezifika des Lebensraumes, der Region um Nürnberg ausgewählt. In ihnen sollen die charakteristischen Lebens- und Arbeitsformen während der Industrialisierungsvorgänge seit der Mitte des 19. Jahrhunderts faßbar und anschaulich werden. Entsprechend sind die Lebensgeschichten von dieser konzeptionellen Überlegung her nach beruflichen sozialen Orten, nach der Funktion der Personen im Arbeitsprozeß ausgewählt:[4] ein Industrieherr, ein Fabrikant, Arbeiter, ein Rechtsrat, ein Dienstmädchen, ein Postadjunkt, ein Angestellter und ein Dreher.

Die Zeitspanne der hundert Jahre zwischen 1850 und 1950 legitimiert sich aus dem Signalwert, den diese Jahre für die industrielle Entwicklung in Deutschland besitzen. 1850 beginnt der erste Industrialisierungsschub, das industrielle „take-off", nachdem sich seit etwa 1835/40 in einer Anlaufphase erste Fabriken als Zeichen des „Fortschritts" und einer neuen „industriösen" Zeit etablieren konnten.

1950 steht als markantes Wendejahr: für das Ende der Nachkriegszeit, das Anlaufen der Wirtschaft und die politische Konsolidierung der Bundesrepublik. Es ist etwa die Zeitwende, als sich das Alltagsleben nach den durch den Zweiten Weltkrieg verursachten Krisen normalisierte und der Beginn der neuen starken Industrialisierungs- und Modernisierungswelle der fünfziger, sechziger und siebziger Jahre sich vorbereitete. Somit endet der erfaßte Zeitraum vor Beginn dieser dritten Industrialisierungsphase der Gegenwart, die mit den Stichworten Rationalisierung, Automatisierung, Mikroelektronik, Kernenergie zu umschreiben ist.

Die Region Nürnberg – der geographische Raum unserer Lebensgeschichten – wurde in ihrer Entwicklung geradezu idealtypisch durch die beiden Industrialisierungsschübe der zweiten Hälfte des 19. Jahrhunderts geprägt. Zwischen 1835 und 1845 begann die Expansion des Leitsektors Maschinenbau, von Mechanischen Werkstätten zu Fabriken, ausgelöst durch die neuen Erfordernisse des Eisenbahnbaus. Einige dieser Fabriken entwickelten sich in den fünziger Jahren zu Industriebetrieben mit den Merkmalen der neuen industriellen Produktion: Serienfertigung – beispielsweise von Eisenbahnwagen –, dem kombinierten Einsatz von Werkzeug- und Kraftmaschinen und einer sich differenzierenden Arbeitsteiligkeit.

Die Maschinenfabrik des Industrieherrn Theodor Cramer-Klett vollzog diesen industriellen Wachstumsprozeß auf der Basis der neuen technologischen Möglichkeiten geradezu beispielhaft: neben Eisenbahnbedarf wurden die Eisenkonstruktionen von Brücken (Großhesselohe bei München, Rheinbrücke bei Gustavsburg) aber auch neuartige Eisen-Glas-Konstruktionen (Münchner Glaspalast für die 1854 stattfindende Industrieausstellung) gebaut. Die Biographie von Cramer-Klett stand im Spannungsverhältnis einer Unternehmerkarriere – Wahrnehmung der Chancen, die der rasche industrielle Fortschritt bot –, geschäftlichem Erfolg, der sich in Reichtum niederschlug, und andererseits literarischen, musischen, bildungsbürgerlich-romantischen Bedürfnissen und Lebensvorstellungen.

Die zweite Industrialisierungswelle setzte nach 1880 ein und beruhte auf der Reifung der Elektrotechnik und ihres Durchbruches als Elektrifizierung in die neue industrielle Massenkultur. Sigmund Schuckert gestaltete diese neuen Entwicklungen im Aufbau eines Betriebes von der mechanischen Werkstätte zum, neben Siemens und AEG, führenden Großunternehmen mit.

Zwischen 1870 und 1910 setzte eine gewaltige Wanderung und Mobilität von Menschen ein, die Arbeit in den Industriebetrieben suchten. Die Gesellschaft urbanisierte sich, in den Industriestädten entwickelten sich neue Lebensformen. Die Arbeiterschaft konstituierte sich zu einer gesellschaftlichen Schicht, die Arbeiterkultur assimilierte sich mit schichtspezifischen Merkmalen: Selbstbewußtsein entstand; eine neue politische Utopie, die im Wunsch nach Verbesserung der Lebensverhältnisse wurzelte; „Solidarität“ als Wertanspruch einer neuen Moral des Umgangs miteinander.

Dennoch darf nicht vergessen werden: Um 1900 lebten 10% der städtischen Bevölkerung in der abhängigen und unmündigen Stellung von Dienstboten. Die Lebensgeschichte von Dora D. spricht für die große Zahl der Frauen, denen keine andere Wahl blieb, als zwischen ihrer Dienstherrschaft, dem eigenen Haushalt und Kindern in den Alltagsnöten ihr Leben einzurichten und zu meistern.

Die Perspektive des wilhelminischen Beamten Theodor S. zeigt entgegengesetzte Standorte: als städtischer Rechtsrat und Chef der Polizei galt sein Pflichtgefühl der Wahrung von Ordnung und Sicherheit im Obrikeitsstaat. Dagegen blieb dem kleinbürgerlichen Postbeamten August St. ein größerer beruflicher Erfolg versagt. Er suchte seine persönliche Erfüllung im privaten Leben in seiner Familie, als Laienmaler und im Harmoniumspiel zu finden. Georg G. gelang es dagegen, im Verlauf der zwanziger Jahre sich vom Schlosser bei „Klett“ zum Versicherungsangestellten hochzuarbeiten und sich im kleinbürgerlichen Vereinsleben zu etablieren: die Kinder „durften“ schon die Höhere Schule besuchen, ein Motorrad konnte erworben werden, Mitte der dreißiger Jahre bereits ein Auto und ein Reihenhaus. Der Dreher Otto K. fand seine „Heimat“ in der Arbeiterjugend und der Metallarbeitergewerkschaft. Während der NS-Zeit mußte er deswegen eineinhalb Jahre im Konzentrationslager Dachau durchleiden. Nach 1945 versuchte er aus der Perspektive der organisierten Arbeiterbewegung als Gewerkschaftsbevollmächtigter die existentiellen Bedingungen zu verbessern und die Demokratisierung im Nachkriegsdeutschland voranzutreiben.

Die subjektiven, kulturellen Lebensformen und gesellschaftlichen Strukturen, die diese neun Lebensgeschichten beinhalten, ergänzen sich. Eine Geschichte des Wandels von alltäglicher Lebenswelt, von Arbeit und Freizeitleben entsteht.

3. Die Ausstellungskonzeption

Die Ausstellung war „mittelgroß" angelegt, mit etwa 500 qm Grundfläche. Der Vorteil dieser Größenordnung – im Unterschied zu den Großausstellungen – ist es, daß das angebotene Material überschaubar bleibt und in ein bis eineinhalb Stunden begangen werden kann.

Die Ausstellungsarchitektur war so konzipiert, daß die einzelnen Lebensgeschichten offene Bögen bildeten, so daß aus verschiedenen Standorten Rückblicke oder Vorgriffe in die anderen Lebensgeschichten möglich waren und somit Vergleiche angeregt wurden. Die Lebensgeschichten waren in ihrer Folge chronologisch geordnet.

Eine historische Ausstellung muß sich auf die markanten Zeitzeichen mit visueller Aussagekraft konzentrieren. Daher sollten die knappen Bildunterschriften „headline"-Charakter tragen, in Stichworten Interpretationshilfen bieten und nicht durch umständliche wissenschaftsformale Erläuterungen die mitvollziehende Betroffenheit und fiktive Nähe blockieren.

Entsprechend waren die Ausstellungstexte auf zwei Typen reduziert: eine Vita bot für jede Lebensgeschichte chronologisch die wichtigsten Daten und Stichworte. Zusätzlich hierzu wurden in sogenannten Leittexten die markantesten Züge skizziert und in ihren sozialgeschichtlichen Bezugsrahmen gestellt.

4. Biographisches Material und soziale Schichtungen

Man kann die Rekonstruktion von Lebensgeschichten als Versuch zur Organisation von tradiertem Material in seinem Entstehungs- und Bedeutungszusammenhang interpretieren. Vorteil dieser heuristischen Methode der Rückübersetzung auffindbarer Spuren in ihren Sinnzusammenhang ist naturgemäß die Tatsache, daß wir anhand der

Lebensdaten das auffindbare Material in überschaubare chronologische Bögen strukturieren können. Eine geschlossene innere Logik des Lebenszusammenhangs wird nachvollziehbar, die jedoch in ihre sozialen, kulturellen und politischen Bedingungen eingebettet war und in diesen Aspekten auch interpretierbar ist. Bisher gibt es keine ideale Typologie, die ein Schema zur Bewertung der Repräsentativität einer Lebensgeschichte bietet. Und – dies ist klar zu unterstreichen – vor einer allzu eindeutigen Typologie sollten wir uns auch hüten, da sie die Differenzierungen, die lebensgeschichtlichen Brüche und Mischungen der sozialen Lagen allzuleicht verstellten könnte und damit die „Nähe" der authentischen, einzelnen Lebensgeschichte aufheben würde. Es erscheint somit sinnvoll, auf die Behauptung des Repräsentativen zu verzichten und statt dessen von „typischen Zügen" zu sprechen.[4] Eine Ausnahme hiervon stellen allerdings die Kollektivbiographien dar. Denn sie sind in unserem Zusammenhang der Beschreibung der Arbeiterschaft einerseits Hilfsmittel – für fehlende Einzelbestände zusammengestellt und damit sehr stark in ihren Aspekten von der verfügbaren Quellenbasis abhängig – andererseits legitimieren sich die Kollektivbiographien gerade aus dem Gruppenzusammenhang, aus den kollektiven Arbeits- und Lebensformen, die die individuelle Existenz prägten, aus den Formen der Arbeiterkultur.

Die Lebensgeschichten der Industrieherren und Unternehmer sind in der Regel am besten belegt, da ihre Archive und lebensgeschichtlichen Traditionsbestände für Wert erachtet wurden, in eigene Privat- oder Betriebsarchive übernommen zu werden. Dies trifft exemplarisch auf Sigmund Schuckert zu. Von ihm besitzen wir seinen Paß, Hefte aus der Schulzeit, Lehr- und Schulzeugnisse, Notizbücher mit Konstruktionsdetails und beispielsweise Urlaubsbilder von einer Reise ins Engadin 1885. Als ebenso charakteristisch ist die Tatsache zu werten, daß der Traditionsbestand des nobilitierten Maschinenbauindustriellen Theodor von Cramer-Klett sich nahezu ausschließlich im Privatbesitz der Familie befindet und das Betriebsarchiv von M.A.N.-Nürnberg über nur wenige Dokumente verfügt. Dies ist daraus zu erklären, daß so unumschränkt mächtige Unternehmer versuchten, sich von der Belegschaft und eigenen Mitarbeitern abzuschirmen. Nach der Umwandlung der Maschinenfabrik in eine Aktiengesellschaft in den siebziger Jahren war diese Trennung ohnehin auch formal vollzogen.

Auf der Suche nach Nachlässen der Arbeiterschaft erweisen sich am ehesten Stadtarchive als ergiebig. Allerdings sind mir bisher keine geschlossenen Nachlässe von Arbeitern – mit Ausnahme von Funktionären der Arbeiterbewegung – vor dem ersten Weltkrieg bekannt geworden. Solche biographischen Bestände sind – wenn es sie gibt – seltene Ausnahmen. Dennoch müssen wir bei Recherchen auf den Faktor Zufall hoffen: Im Nürnberger Stadtarchiv hat sich das Ausgabenbuch des Johann Fiesenig gefunden, eines Hilfsarbeiters, der zwischen 1889 und 1917 alle Einnahmen und Ausgaben genau eingetragen hat und wir daher über fast zwei Jahrzehnte hinweg seine Lebenshaltung verfolgen können.

Die behördlichen Aktenniederschläge der Vereinsgeschichten der Arbeiterschaft ermöglichen es uns, die Geschichte der Arbeiterbewegung und der Arbeiterkultur zu untersuchen, soweit sie Gegenstand obrigkeitlicher Genehmigung oder Beobachtung war. Daß diese Archivalien – gerade wenn politische Dimensionen berührt sind – mit quellenkritischer Vorsicht interpretiert werden müssen, ist selbstverständlich.

Wie aber kommen wir an Materialien zu Lebensbereichen und Personen, die nicht Gegenstand obrigkeitlicher Verwaltungs- oder Hoheitsakte waren? Bei konsequenter Suche nach privaten Tradierungen biographischer Nachlässe über persönliche Kontaktaufnahmen werden zweifellos ausreichend biographische Materialien zum Vorschein kommen. So hat die Familiengeschichte des Angestellten Georg G. einen nahezu lückenlosen Bestand an Photomaterial von etwa 1890 beginnend zutage gebracht. In diesen familiengeschichtlichen Tradierungen haben sich vielfach gleichzeitig Objekte der häuslichen Lebenswelt, Erinnerungsstücke aus dem sozialen Zusammenleben oder von Ereignissen, Familienphotos erhalten. Erschließende Feldarbeit ist daher eine wesentliche Voraussetzung, um die Geschichte des „kleinen Mannes" schreiben zu können.

5. Lebenszusammenhang und die Aussagefähigkeit von Material

Inwieweit tragen die Spuren beim Versuch der Annäherung an die vergangene Realität? Was zeigen sie? Welche Typen von Inhalten finden wir auf den Photos? Was ist aus ihnen herauszulesen?

Einige Beispiele: Da sind Gruppenaufnahmen, besser Gruppenportraits. So von der Maschinenbau-Aktiengesellschaft Nürnberg. Entstanden 1891, als der Betrieb vom ersten Betriebsgelände, auf dem die Fabrik seit 1840 allmählich gewachsen war, auf ein neues größeres Gelände umzog. Die Photoserie zeigt die betrieblichen Abteilungen: die Hammerschmiede, die Sattler, die Gießer, die Schlosser. Und diese Typologie ist außerordentlich aufschlußreich, sie ermöglicht den Vergleich. Die Abbildungen zeigen, wie sehr die Art der Arbeit sich auf Statur, Gebärde, körperliche Ausdruckssprache auswirkte. Die Gruppenszenen sind deutlich inszeniert, Werkzeuge und Produkte als Arbeitsgegenstand und -mittel ins Bild gebracht. In diesen Selbstdarstellungen von Facharbeitern tritt deutlich ein handwerklicher Arbeitsstolz hervor. Zugleich ist auch klar die Angleichung der einzelnen Arbeiter an kollektive Gruppennormen zu sehen. Dies zeigt, daß die Arbeiterkultur um 1890 bereits Muster der Körpersprache und des symbolischen Ausdrucks ausgebildet hatte.

Dagegen wirkt das Einzelportrait des Hilfsarbeiters Johann Fiesenig sehr aufschlußreich: es zeigt einen wenig selbstbewußten Mann mit einem Schraubenschlüssel in der Hand, ohne starke Ausdruckshaltung.

Erst nach 1890 gibt es Aufnahmen, die den Arbeitsalltag, die „Normalität" von Arbeitsabläufen festhalten: Aufnahmen von Maschinenhallen oder von Arbeitsszenen beim Straßenbau.

Die Familienszenen, die in großer Zahl überliefert sind, beinhalten in der Regel ein Sozialmodell: das der inneren

Hierarchie und der emotionalen Nähe. Der Familienvater in überragender und zentraler Beschützerpose, die Mutter mit den Kindern davor. Auch hier handelt es sich zweifellos um eine vom Photographen unterstützte oder arrangierte Selbstinszenierung. Solche Photos dienten vielfach als ständig präsenter Wandschmuck, sie symbolisierten das idealtypische Sozialmodell der Familie, oder besser einer Fiktion der „heilen" Familie.

Aufnahmen von Straßenszenen oder von den Innenräumen eines Konsumladens haben dagegen sicherlich eine größere Nähe zur sozialen Wirklichkeit. Sie besitzen daher hohen dokumentarischen Wert für die Geschichte der Sachkultur.

Was also können wir an solchen Materialien für den Wandel von Lebensverhältnissen deutlich machen? Klar muß bleiben: Bilder können immer nur einen Eindruck, ein Bild von sozialer Realität geben, sie können Momente und Facetten festhalten, jedoch nicht die soziale Realität in ihren verschiedenen Aspekten. Dennoch kann die Authentizität von Photos, oder besser die Illusion hiervon, Anstöße für die innere Vorstellungskraft des Betrachters geben, die eben dann der Klärung, Vertiefung und Ergänzung bedürfen. Die Entdeckung der Fotographie als historische Quelle in den letzten Jahren ist zweifellos mit der Verschiebung unseres Interesses an der Geschichte verknüpft: das Stichwort Sozialgeschichte des Alltags hat die Erschließung dieser neuen Quellenformen der subjektiven Erfahrung gesellschaftlich gegebener Bedingungen der Existenz notwendig gemacht.

Es bleibt festzuhalten: Stärke der Lebensgeschichten als heuristisches Prinzip ist, daß der Betrachter, Leser oder Hörer aus seiner eigenen Alltagserfahrung heraus die Spuren deuten kann, zumindest wenn sie mit nachvollziehbaren Interpretationshilfen versehen sind. Um jedoch die strukturelle Dimension von Lebensgeschichten als verallgemeinerungsfähig für sozialgeschichtliche Entwicklungen nachzuweisen und zu werten, ist es als Ergänzung unumgänglich, mit Hilfe quantitativer Methoden und Strukturbeschreibungen diese lebensgeschichtliche Ebene zu ergänzen.

Die Versuche, soziale Realität als gesellschaftliche Totalität zu rekonstruieren, scheitern immer an der Vielfältigkeit des historisch Gleichzeitigen, der verschiedenen Aspekte von Lebensverhältnissen, sich mischender soziokultureller Lagen oder auch der individuellen Unterschiede. Wir müssen uns deshalb darauf verständigen, daß wir notwendige Versuche unternehmen – und dies beharrlich mit verschiedenen sich ergänzenden Materialien und Aspekten – unser Bild dieser sozialen Wirklichkeit anzunähern.

Die Rolle der materiellen Kultur, der Objekte, muß hierbei mit aller Skepsis als begrenzt tragfähig eingeschätzt werden. Denn oftmals haben wir erst aus der Verknüpfung der verschiedenen Quellenebenen die Möglichkeit, ein Bild, eine Geschichte zu rekonstruieren und mit der Anschaulichkeit der Erzählung ein Bild vom Lebenszusammenhang zu entwerfen.

Wir haben dies beispielhaft an der Lebensgeschichte der Dora D. versucht, die zunächst als Dienstmädchen, nach ihrer Heirat als Hausfrau und Zugehfrau arbeitete. Die Bearbeiterin führte zunächst Gespräche mit Dora D. im Altersheim, in dem diese jetzt wohnt. Aus den Mitschriften entstand ein Manuskript. Dora D. konnte nach einigen Bitten auch dazu bewegt werden, einige Photographien herauszusuchen und zur Verfügung zu stellen. Cornelia Julius, die das Gespräch mit Dora D. führte, erfragte jedoch sehr detailliert einige wesentliche Lebensumstände: So, wann Dora D. am Abend aufhörte zu arbeiten – etwa gegen 8 oder 9 Uhr. Dora ging dann nach ihren Aussagen auf ihre Kammer, besserte dort Wäsche aus oder betete. Wir wissen aus diesen Gesprächen sehr genau, wie diese Dienstmädchenkammer eingerichtet war. Es bot sich also für die Ausstellung an, mit Hilfe von Objekten, die nach Dora's Schilderungen sich darin hätten befunden haben können, diese Kammer zu rekonstruieren. Wir haben dazu entsprechende Objekte (angefangen bei Bett, Schrank, Stuhl, Kleidung, Wandschmuck) beschafft. Dora D. selbst konnte erst hinzugezogen werden, als die Kammer schon zusammengestellt war. Sie bestätigte dann die grundsätzliche Authentizität dieser Rekonstruktion. Um ihre Arbeitssituation zu veranschaulichen, hatten wir um einen

Herd herum Küchen- und Haushaltsgerät aus der Zeit zwischen 1910 und 1920 aufgebaut. Hier ergab sich das Problem, die Objekte so zu placieren, um den Eindruck zu wecken, einiges sei gerade benützt worden, und Dora sei nun gerade aus dem Raum hinausgegangen. Es kam hier darauf an, die Objekte in ihren Funktionszusammenhang zu bringen. Hier konnte uns Dora D. beschreiben, wie ihre Lebenswelt ausgesehen hat. Sie konnte als Betroffene an der Rekonstruktion des Bildes, das es von ihrer Lebensgeschichte zu entwerfen begonnen hatten, mitarbeiten.

6. Reaktionen

Die Ausstellung wurde von Besuchern wie Kritikern ausgesprochen positiv aufgenommen. Längerfristig hat sich jedoch gerade auch das Katalogbuch als für das Thema und den sozialgeschichtlichen Gegenstandsbereich tragfähiges Medium erwiesen. Es wurde in seiner ästhetisch-anschaulichen Dimension aber auch in seiner erzählenden Qualität als sehr aussagefähig gelobt, was ich auf die beschreibende Dimension der Texte zurückführe. Die jeweils eigengewichtigen Sprachen der Bildquellen und der narrativ-interpretierend-analytischen Texte scheinen in ihrer Ergänzung eine deutliche Klarheit des Sinn- und Lebenszusammenhangs ergeben zu haben. Dies spräche für die These, daß Geschichte nur mit Hilfe eines Textzusammenhangs darstellbar ist.

Einzelne Besucher sahen sich direkt angesprochen, so Verwandte von August St. Der Sohn des Postadjunkten und seine Frau brachten Requisiten, die in ihrer Familie erhalten, jedoch bereits auf einem Geburtstagsphoto von 1905 abgebildet waren: eine Kaffeekanne und eine Zuckerdose, auf der August St. seine Initialen eigenhändig und kunstvoll aufgemalt hatte. Ferner ein Zinnkrüglein, das auf dem Photo auf einem Wandbord zu sehen war. In dieser Verschränkung der Zeitebenen wird überraschend deutlich, wie „nah“ von der Generationenfolge her unsere Vergangenheit ist, zu deren visuellem Erscheinungsbild in der Alltagskultur wir beim Betrachten des Photos große Distanz empfinden.

In solchen Ergänzungen aus der dinglichen Tradierung gewinnt diese aus verschiedenen Perspektiven und Spurenebenen unternommene Annäherung an Lebensgeschichten eine hohe emotionale Qualität. Die vergangene soziale Realität erscheint in ihren authentischen Fragmenten „greifbar". Das Wiedererkennen vertrauter Szenen, Erfahrungen, Personen oder Orte ist sowohl von der regionalen Bekanntheit her möglich, es kann jedoch auch durch die eigene Kenntnis sozialer Lebensräume und idealtypischer Kulturformen von Schichten ausgelöst werden. Eine mit visuellen und akustischen Spuren arbeitende Ausstellung oder ein von der Anschaulichkeit von Quellen ausgehendes Buch kann Anregungen bieten. Die individuelle Betroffenheit des Besuchers oder Lesers fordert die eigene Erinnerung, Bezüge zum eigenen Lebensumfeld können hergestellt werden, Vergleiche drängen sich auf. Die Identifikation und Bestimmung des eigenen Standortes aus den angebotenen visuellen Spuren und beschriebenen Zusammenhängen ermöglicht uns die Versicherung unserer individuellen wie sozialen Identität.

Anmerkungen

Dieses Manuskript ist die überarbeitete Fassung eines Vortrages auf der Tagung ‚Lebenslauf und Lebenszusammenhang' der Deutschen Gesellschaft für Volkskunde im März 1981 in Freiburg.

1 Ruppert, Wolfgang (Hrsg.): Lebensgeschichten. Zur deutschen Sozialgeschichte 1850-1950, Opladen 1980.

2 Vgl. hierzu beispielsweise: Niethammer, Lutz, Anmerkungen zur Alltagsgeschichte, in: Geschichtsdidaktik, H. 3, 1980, S. 231 ff.

3 Zur Bedeutung der Biographie: Schulze, Hagen, Die Biographie in der „Krise der Geschichtswissenschaft", in: GWU 29, 1978, H. 8, S. 508-518.

4 Aus soziologischer Sicht sind die methodischen Probleme unter verschiedenen Aspekten zusammengefaßt in: Kohli, Martin (Hrsg.): Soziologie des Lebenslaufs, Darmstadt und Neuwied 1978. Ferner: Lehmann, Albrecht, Autobiographische Erhebungen in

den sozialen Unterschichten. Gedanken zu einer Methode der empirischen Forschung, in: Zeitschrift für Volkskunde 73, 1977, S. 161-180; neuerdings: Niethammer, Lutz (Hrsg.): Lebenserfahrung und kollektives Gedächtnis. Die Praxis der Oral History, Frankfurt/M. 1980.

Geschichte als Aufklärung Oder: Das Dilemma des historischen Denkens zwischen Herrschaft und Emanzipation

Jörn Rüsen

Wer den bitteren Christus nicht haben will
wird sich am Honig totfressen.
Thomas Müntzer[1]

1. Aufklärung im Meinungsstreit

Es gehörte lange Zeit zum festen Traditionsbestand der Bildung in Deutschland, die Aufklärung als eine in modernen Gesellschaften unzeitgemäße Denkform anzusehen, die überwunden werden müsse, damit eine zeitgemäße Interpretation der geschichtlichen Erfahrung möglich sei. Erst in den sechziger Jahren unseres Jahrhunderts ist dieses Klischee, in dem Aufklärung gleichbedeutend war mit der Unfähigkeit zur historischen Bildung, einer tiefgreifenden Kritik unterzogen und der Versuch gemacht worden, der Aufklärung eine völlig neue und diesmal positive Rolle in der historischen Bildung zuzusprechen. Diese Umwertung in den Grundlagen des historischen Denkens geschah unter dem Leitwort ‚Emanzipation'. Mit diesem sehr schnell zum Schlagwort griffig gemünzten Schlüsselbegriff sollten die ursprünglichen Bestrebungen der Aufklärung – Kritik an bestimmten Formen politischer Herrschaft und Ausrichtung des menschlichen Handelns an allgemeinen moralischen Normen – erneuert und kritisch gegen die bis dahin dominierenden historischen Deutungsmuster der gegenwärtigen gesellschaftlichen Verhältnisse und gegen die ihnen entsprechenden Formen und Inhalte des Bildungswesens zur Geltung gebracht werden. Bekanntlich hat dieser Versuch zu einem heftigen Streit über Eigenart und Rolle des historischen Denkens im geistigen Haushalt unserer Gesellschaft geführt. Geschichtswissenschaft und Geschichtsunterricht gerieten in eine tiefe Legitimationskrise: Neue Inhalte und auch Formen des historischen Lehrens und Lernens in Schule und Universität bedrohten bislang für unverzichtbar gehaltene Traditionsbestände des historischen Denkens; die Eigenart des Schulfaches Geschichte wurde mit der Forderung einer curricularen Revision des Bildungswesens ernsthaft in Frage gestellt; in der Geschichtswissenschaft wurden die bis dahin weitgehend unangefochten geltenden und in einer langen Tradition bewährten geisteswissenschaftlichen Forschungsstrategien durch neue, sozialwissenschaftliche ganz erheblich erweitert. Geschichte wurde im schrillen Pro und Contra der Leitidee der Aufklärung zur Angelegenheit einer öffentlichen Diskussion, nachdem sie zuvor eher das geruhsame Dasein eines Bildungsgutes geführt hatte, über das gelegentlich von interessierten Historikern geklagt wurde, es finde zu wenig öffentliche Resonanz.

Auf den ersten Blick könnte es heute so scheinen, als sei dieser Streit vorbei. Eilfertige Kulturpolitiker überbieten sich gegenseitig in der Versicherung, sich für die Belange des Geschichtsunterrichts einzusetzen, und in der Geschichtswissenschaft scheint die Ruhe einer stetigen Forschungsarbeit wieder eingekehrt zu sein: Die großen Grundsatzdebatten darüber, was Geschichte als Wissenschaft ist oder sein sollte, sind speziellen Erörterungen geschichtstheoretischer Probleme im Kreise von Spezialisten gewichen, und mancher Historiker mag es mit der Weisheit des orientalischen Spruches halten, daß die Karawane der Forschung weitergezogen sei, während die Hunde der Theorie gebellt hätten. Überdies wirken die hohen Besucherzahlen in historischen Museen und Ausstellungen und die Absatzchancen populärer Geschichtsschreibung beruhigend auf alle die, die die kulturelle Bedeutung der Geschichte durch die Propagierung des Aufklärungsideals der Emanzipation bedroht sahen.

Dieser erste Eindruck täuscht. Die Auseinandersetzungen darüber, ob und wie das historische Denken in seinen Grundlagen verändert werden müsse, um zeitgemäß zu sein, dauern an[2], und es ist auch nicht so, daß die Probleme der historischen Bildung nur noch in Kreisen der Fachleute erörtert würden, während die Öffentlichkeit sich längst über sie beruhigt hätte. Denn nach wie vor spielt

Geschichte als Bildungsproblem eine nicht unwichtige Rolle in der Öffentlichkeit: In Landtagen wird über Formen und Inhalte des Geschichtsunterrichts gestritten, und selbst Wahlkämpfer verschmähen es nicht, für ihre Zwecke die deutsche Geschichte (allerdings nur in Auswahl und leider auch in z.T. grotesker Verzerrung) zu bemühen.

Ich möchte nun im folgenden zunächst (2.) die Frontstellung im gegenwärtigen Streit um die Orientierung des historischen Denkens an der Idee der Emanzipation skizzieren. Dann (3.) möchte ich zurückfragen, was die Aufklärung ursprünglich unter Emanzipation verstand und welche Bedeutung sie ihr für die historische Erkenntnis beimaß. Dann (4.) möchte ich die Einwände zusammenfassen, die gegen dieses ursprüngliche Konzept erhoben worden sind und die (vor allem in der deutschen kulturellen Entwicklung) zu der schon genannten Auffassung geführt haben, historisches Denken sei nur als Überwindung der Aufklärung sinnvoll möglich. Abschließend (5.) möchte ich prüfen, ob und wie im Lichte dieser Kritik an der Aufklärung heute noch sinnvoll von Emanzipation als Prinzip des historischen Denkens gesprochen werden kann.

2. Emanzipation – Idee der Freiheit oder Herrschaftsideologie?

Wenn ich im folgenden die Position der Verfechter des Emanzipationskonzepts charakterisiere, dann geht es mir um die Grundgedanken, die m.E. letztlich den Ausschlag dafür gegeben haben, daß die Idee der Emanzipation in großen Teilen der akademischen Intelligenz (zumindest eine zeitlang) großen Anklang gefunden hat. Es versteht sich von selbst, daß es bei einer solchen Charakterisierung ohne idealtypische Vereinfachung nicht geht; gerade in der Form solcher Vereinfachungen werden ursprünglich komplexe Argumentationszusammenhänge rezipiert. Den Nachweis der Repräsentativität dieser Vereinfachung kann ich quantitativ nicht führen; qualitativ halte ich ihn dadurch für gegeben, daß die im folgenden dargelegte Grundposition wie ein Leitmotiv in der inzwischen unübersehbaren gewordenen Literatur wiederkehrt, wo Emanzipation als oberste Norm wissenschaftlicher Erkenntnis, gesellschaftlicher Praxis und insbesondere als oberstes Lernziel aller Bildung und Erziehung vertreten wird.

Mit der Darlegung des Standpunkts der Verfechter des Emanzipationskonzepts geht es mir nicht um eine Rekonstruktion der expliziten Theoriebildungen, auf die diese Verfechter sich in der Regel berufen (vor allem natürlich der Kritischen Theorie), sondern um die Identifizierung von Grundgedanken, die die Deutung historischer Erfahrung, mit ihr verbundene Zukunftserwartungen und Gegenwartsinterpretationen und die praktische Funktion der historischen Erkenntnis regeln, die also letztlich über Eigenart und Aufgabe des historischen Denkens im allgemeinen und der Geschichte als Wissenschaft im besonderen entscheiden und die in großen Teilen der geistes- und sozialwissenschaftlich gebildeten Intelligenz mentalitätsbildend gewirkt haben.

In dieser Elementarisierung bedeutet ‚Emanzipation' für ihre Verfechter eine Idee, die die Geschichte als universalen Prozeß der Selbstbefreiung des Menschen erkennbar macht und zugleich das aktuelle Handeln an der Vorstellung orientiert, diesen Prozeß weiterzutreiben. Mit ‚Emanzipation' wird ein Strukturwandel des menschlichen Handelns von Fremdbestimmung als Herrschaft zur Selbstbestimmung als Freiheit bezeichnet, der durch das menschliche Handeln selbst herbeigeführt wird. Emanzipation heißt also Befreiung des Menschen von all den Zwängen, die ihn daran hindern, autonom über sich selbst bestimmen zu können. Diese Zwänge werden zumeist als ‚Herrschaft' zusammengefaßt, so daß Emanzipation im Kern Negation von Herrschaft ist. Hier sehe ich den entscheidenden Punkt im Streit um die Emanzipation: Im Namen des Emanzipationskonzepts wird Herrschaft durchweg negativ bestimmt. Es ist eine Frage von sekundärer Bedeutung, ob Emanzipation so gedacht wird, daß Herrschaft prinzipiell negiert werden kann, d.h. ein herrschaftsfreier Zustand menschlicher Vergesellschaftung sinnvoll erscheint, oder ob man Emanzipation bescheidener als Negation ‚überflüssig' gewordener Herrschaft ansieht, also die schlechthinnige Aufhebung von Herrschaft nicht als maßgebende Bestimmung von Emanzipation betrachtet wird. In jedem Falle sind Emanzipation und Herrschaft negativ aufeinander bezogen: Emanzipation bemißt sich an der Überwindung von Herrschaft: sei es als realhistorischer Prozeß, dann bezeichnet Emanzipation eine geschichtliche Erfahrung, sei es als handelnd zu realisierender Zukunftsentwurf, dann bezeichnet Emanzipation eine Norm.

Emanzipation ist also eine Vorstellung, die auf alle drei zeitlichen Dimensionen des menschlichen Handelns bezogen ist: auf die Vergangenheit als Vorstellung eines realhistorischen Prozesses, auf die Gegenwart als normative Bestimmung aktuellen Handelns und auf die Zukunft als Erwartung der Fortsetzung und Steigerung des schon erfolgten und aktuell betriebenen Prozesses.

Diese drei Hinsichten lassen sich zu folgenden Bestimmungen von Emanzipation differenzieren.

a) Hinsichtlich des gegenwärtigen Handelns ist Emanzipation als Selbstbefreiung notwendig im Sinne einer allgemein verbindlichen Norm. Diese Norm richtet das menschliche Handeln an der Vorstellung der Mündigkeit ihres Subjektes aus, und diese Vorstellung verpflichtet das Handeln auf eine Negation (Abschaffung, Überwindung) von Herrschaft. Die Geltung dieser Norm wird mit der Vernunftnatur des Menschen schlechthin, also anthropologisch begründet: Der Mensch ist als vernunftbegabtes Lebewesen daran interessiert, seine Vernunft zu gebrauchen, um sein Leben einzurichten, und er richtet dieses sein Vernunftinteresse gegen alle Lebensverhältnisse, die ihn an einem solchen Vernunftgebrauch hindern. Da aber Vernunftgebrauch identisch ist mit menschlicher Freiheit als Autonomie, ist es schlechthin vernünftig, sein Handeln am Ziel der Verwirklichung dieser Autonomie zu orientieren, und d.h. immer auch: es auf die Aufhebung und Überwindung von Herrschaft zu verpflichten.

b) Hinsichtlich des vergangenen Handelns ist Emanzipation als Selbstbefreiung wirklich im Sinne einer geschichtlichen Erfahrung. Diese Erfahrung ergibt sich dann, wenn man die zeitlichen Zusammenhänge des vergangenen menschlichen Handelns so interpretiert, daß sie eine Bedeutung für das gegenwärtige Handeln bekommen. Eine solche Bedeutung bekommen sie dann, wenn in ihnen die Prozesse hervorgehoben werden, in denen Herrschaft abgeschafft und überwunden wurde. (Es ist daher kein Zufall, daß Emanzipation als geschichtliche Erfahrung vornehmlich an revolutionären Phänomenen festgemacht wird.)

c) Hinsichtlich des zukünftigen Handelns ist Emanzipation als Selbstbefreiung möglich im Sinne einer Erwartung. Diese Erwartung ergibt sich dann, wenn man Emanzipation als Handlungsnorm, die die Steigerung menschlicher Autonomie als Abschaffung und Überwindung von Herrschaft vorschreibt, zurückbezieht auf die Erfahrung, daß es in der Vergangenheit solche Steigerungen von Autonomie und Reduktionen von Herrschaft gegeben hat; dann kann von der Zukunft sinnvoll erwartet werden, daß es in ihr mit dem Gewinn an Freiheit und dem Verlust an Herrschaft weitergeht. (Es ist daher auch kein Zufall, daß im Rahmen des Emanzipationskonzepts ‚Realutopien' eine nicht geringe Rolle spielen.)

Nimmt man alle drei Hinsichten zusammen, dann bedeutet Emanzipation, daß das Zeitbewußtsein, in dem menschliches Handeln immer erfolgt, sich an der Idee der Freiheit als Negation von Herrschaft orientiert.

Die Einwände gegen das dargelegte Emanzipationskonzept sind ebenso vielfältig wie die unterschiedlichen Ausprägungen dieses Konzepts zu komplexen und differenzierten theoretischen Argumentationen. Mir geht es bei der folgenden Formulierung dieser Einwände ähnlich wie bei der Charakterisierung des Emanzipationskonzepts, gegen die sie sich wenden, darum, den ‚springenden Punkt' zu finden. Es muß deutlich werden, daß es sich um Überlegungen handelt, die man nicht dadurch auf die leichte Schulter nehmen kann, daß man sie auf das Konto uneinsichtiger Verteidiger derjenigen Lebensverhältnisse bucht, gegen die sich die Emanzipationsforderung richtet. So wenig sich eine Affinität derjenigen, die das Emanzipationskonzept kritisieren, zu konservativen politischen Strömungen übersehen läßt, so wenig ist mit dieser politischen Zurechnung schon über das Gewicht ihrer Argumente entschieden.

Was also läßt sich gegen das skizzierte Emanzipationskonzept einwenden? Ihm wird vorgeworfen, daß es soziale Realität und geschichtliche Erfahrung nicht hinreichend erschließe, kein tragfähiges politisches Normensystem begründe und keine realistische Zukunftsperspektive gewinnen lasse. Spitzt man diesen Vorwurf auf den Punkt zu, wo Emanzipation als oberstes Sinnkriterium dem aktuellen Handeln zugemutet, wo also das Interesse der Öffentlichkeit besonders stark berührt wird, dann läßt er sich folgendermaßen zusammenfassen: Die als Emanzipation ins Spiel gebrachte Vorstellung eines allgemeinen und elementaren Strukturwandels des menschlichen Handelns von Fremd- zu Selbstbestimmung sei im Kern ideologisch; denn sie verschleiere politische Interessen, indem sie ein falsches Bewußtsein über die realen Umstände und Verhältnisse konkreten menschlichen Handelns erzeuge. Emanzipation werde als Selbstbefreiung des Menschen auf der theoretischen Ebene oberster Sinnkriterien des menschlichen Handelns so konzipiert, daß sie auf der praktischen Ebene ihrer Umsetzung in reale Lebensumstände und -verhältnisse zu neuen Unfreiheiten, zu Handlungszwängen führe, gegen deren Erfahrung das Bewußtsein der Betroffenen zugleich theoretisch immunisiert werde, so daß sie sie nur stumm erleiden könnten. Außerdem sei das Emanzipationskonzept auch insofern ideologisch, als sich mit ihm partikulare Herrschaftsinteressen im Namen der Abschaffung von Herrschaft zugleich durchsetzen und verschleiern ließen.

Diese Ideologiekritik beruft sich auf die Erfahrung eines fundamentalen Umschlages von Freiheitsforderungen in Herrschaftsausübung, der immer dann eintrete, wenn Emanzipation, theoretisch als Negation von Herrschaft propagiert, praktisch in gesellschaftliche Verhältnisse durchgesetzt werden soll, die durch Herrschaft bestimmt sind. Diese Beseitigung von Herrschaft mache immer die Verwendung des Mittels von Herrschaft notwendig, und wenn diejenigen, die diese Mittel verwenden, in ihrer Handlungsorientierung über kein Kriterium einer sinnvollen Herrschaftsausübung verfügten, dann könnten sie von ihm auch bedenkenlos Gebrauch machen. Dies sei, wie nicht zuletzt die geschichtliche Erfahrung lehre, immer dann mit erschreckender Konsequenz der Fall, wenn unter der Vorstellung gehandelt werde, es bedürfe noch einer letzten Anstrengung, um vorgegebene Herrschaftsverhältnisse zu beseitigen. An deren Stelle träten dann, wenn ihre Gegner sich durchsetzten, neue Herrschaftssysteme, so daß die Praxis der Beseitigung von Herrschaft faktisch deren Aufrechterhaltung dienen könne.

Der skizzierte Vorwurf, mit dem obersten Sinnkriterium ‚Emanzipation' werde das menschliche Handeln ideologisch in die Irre geführt, läßt sich ebenso auf die drei Zeitdimensionen des Handelns hin konkretisieren und spezifizieren wie der Emanzipationsbegriff, gegen den er sich wendet:

a) Wenn man Emanzipation auf die Gegenwart bezieht und ihre Notwendigkeit als Norm betont, die Handeln auf die Abschaffung von Herrschaft verpflichtet, dann ergibt sich folgendes Problem: Ein Handeln, das diesem Gebot folgt, ist auf die Ausnutzung seiner Machtchancen angewiesen. Wie kann diese Verwendung von Machtchancen als politisches Handeln mit der Handlungsnorm ‚Emanzipation' vereinbart oder gar von ihr geregelt werden? Ein Rückgang auf die Vernunftnatur des Menschen als Grund für die allgemeine Geltung dieser Handlungsnorm löst das Problem nicht, da diese Vernunftnatur eine Abstraktion von der (natürlichen und gesellschaftlichen) Ungleichheit von Menschen darstellt, aus der gerade die in Frage stehenden Machtchancen herrühren. Die handelnden Subjekte werden also blind für die Erfordernisse einer politischen Regelung ihres Zusammenlebens mit anderen.

b) Wenn man Emanzipation auf die Vergangenheit bezieht und ihre Wirklichkeit als geschichtliche Erfahrung betont, dann ergibt sich folgendes Problem: Herrschaft stellt sich nur als Prozeß ihrer Überwindung dar, und die Tatsache, daß dieser Prozeß immer auch eine Erneuerung von Herrschaft mit sich gebracht hat, da die Selbstbefreiung des Menschen bisher immer an ungleiche Handlungschancen gebunden war und insofern auch immer in der Form von Herrschaft geregelt wurde, wird dabei ausgeblendet. Die handelnden Subjekte werden blind für die Erkenntnis, daß die Entwicklung freiheitlicher Lebensformen immer auch eine Entwicklung neuer Formen von Herrschaft war. Ein historisches Denken, das nur nach den Fortschritten der Freiheit fragt, läßt allzuleicht die Veränderung von Herrschaft in diesen Fortschritten unbegriffen; der dauernde Umschlag von Freiheitsstreben in Herrschaftsausübung wird dann zu einem irrationalen Schicksal, das man nur noch ohnmächtig erleiden, nicht aber begreifen und begreifend bewältigen kann.

c) Die Möglichkeit von Emanzipation als Erwartung zukünftigen Handelns ist an die Hoffnung geknüpft, gegenwärtige, durch Herrschaft bestimmte gesellschaftliche Verhältnisse ließen sich so verändern, daß sie zunehmend herrschaftsfreier werden. Angesichts der historischen Erfahrung sich ständig in und durch menschliches Handeln reproduzierender Herrschaft ist diese Hoffnung unrealistisch und illusionär. Handelnde Subjekte, die ihre Zukunftsentwürfe von dieser Hoffnung leiten lassen, setzen sich einer Enttäuschung aus, die sie auf Dauer handlungsunfähig macht. Sie verlieren gleichsam die Lust an der Wirklichkeit und flüchten sich in ein Reich von Illusionen.

Diejenigen, die Emanzipation als Negation von Herrschaft zur leitenden Idee des historischen Denkens erheben wollen, haben – so scheint es – einen schweren Stand. Was können sie auf diese Kritik erwidern? Muß der Gedanke der Emanzipation unvermeidlich diejenigen, denen er zur historischen Orientierung ihres Handelns angesonnen wird und die den Verlockungen der Selbstbefreiung nicht widerstehen können (und wer sollte in den Zwängen seines Lebens dem Ruf der Freiheit nicht folgen?), – muß sie der Gedanke der Emanzipation, wenn sie ihm gemäß handeln, nicht notwendig in Herrschaft verstricken und sie zugleich dieser Verstrickung gegenüber ohnmächtig machen? Bleibt ihnen als Praxis der Emanzipation nur der verzweifelte Versuch, mit einem Schlage, oder, wie man auch sagen könnte: in einem letzten und dann natürlich ganz furchtbaren Gefecht den Knoten dieser Verstrickung durchzuhauen und an die Stelle der bisherigen sozialen Realität des menschlichen Lebens eine ganz andere zu setzen?

Die Antwort auf diese Frage hängt davon ab, ob Emanzipation theoretisch nur als prinzipielle Negation von Herrschaft gedacht werden und praktisch nur als süßes Gift der Anarchie wirken kann und dann unvermeidlich in die Dialektik ihres blinden Umschlages in Herrschaft hineingetrieben wird oder nicht. Die Antwort auf diese Frage ist zugleich eine Entscheidung darüber, was heute Aufklärung heißt und welche Bedeutung sie für das historische Denken hat. Denn die Kritik am Emanzipationskonzept, die in diese Frage mündet, begnügt sich nicht damit, Emanzipation inhaltlich anzugreifen, indem sie nachdrücklich auf seine Leerstelle beim Problem der politischen Behandlung von Herrschaft hinweist. Indem sie nämlich ideologiekritisch diese Leerstelle als Verschleierung von Herrschaftsinteressen entlarvt, reklamiert sie zugleich das Erbe der Aufklärung für sich, das doch gerade von den Verfechtern der Emanzipation beansprucht wird. Aufklärung als Prinzip eines Denkens, das ungerechtfertigte Herrschaft kritisiert, wird gegen die Aufklärung ins Feld geführt, die ihrerseits im Namen der Emanzipation Herrschaft kritisiert.

Aufklärung als methodische Skepsis gegen allgemein verbindliche Normen steht gegen Aufklärung als methodische Begründung solcher Normen; Aufklärung als Mobilisierung der historischen Erfahrung gegen die Propaganda einer grundlegenden Veränderung gegenwärtiger gesellschaftlicher Verhältnisse kämpft gegen Aufklärung als Plädoyer für eine solche Veränderung als Fortsetzung und Vollendung vergangener gesellschaftlicher Entwicklungen zu mehr Selbstbestimmung; und Aufklärung als Tugend erfahrungskonformer Nüchternheit in der Erwartung einer allgemeinen Verbesserung der menschlichen Angelegenheiten wendet sich gegen Aufklärung als hoffnungsvoller Zukunftsentwurf einer solchen Verbesserung.

In diesem Streit um die Aufklärung scheiden sich die Geister durch eine unterschiedliche Sinnbestimmung von Geschichte: Auf der einen Seite wird Geschichte so begriffen, daß sie die gegenwärtige Praxis zur Verteidigung errungener und institutionell verankerter Freiheitschancen im Rahmen eines demokratischen Rechts- und Verfassungsstaates disponiert, und auf der anderen wird Geschichte so begriffen, daß sie die gegenwärtige Praxis zur Überwindung von Hemmungen und Einschränkungen solcher Freiheitschancen disponiert.

Dies schlägt sich konkret in unterschiedlichen Funktionszuweisungen des historischen Denkens nieder: Die einen gehen von einem nicht hintergehbaren Wertepluralismus aus und weisen dem historischen Denken den Spielraum einer durch staatliche Macht geschützten und durch methodische Verfahren der Erkenntnisbegründung gesicherten Werturteilsfreiheit zu; sie entlasten es von der Aufgabe einer politischen Pädagogik, indem sie den praktischen Kampf der politischen Interessen von der Wissenschaft und ihrem Wahrheitsanspruch ab- und den institutionellen Regelungen einer demokratisch organisierten Herrschaft zuweisen. Die anderen gehen von einem nicht relativierbaren allgemeinen und elementaren Vernunftinteresse handelnder Menschen aus und weisen dem historischen Denken die Aufgabe zu, dieses Interesse in Form einer politischen Pädagogik im praktischen Kampf der politischen Interessen zur Geltung zu bringen; sie vollziehen bewußt den Schritt von der Wissenschaft zur politischen Praxis, indem sie die Entscheidung praktischer Probleme von einem nur theoretisch zu begründenden Wahrheitsanspruch von Lösungsvorschlägen abhängig machen. Die einen sehen Aufklärung dadurch gewährleistet, daß Geschichte als Wissenschaft sich freihält von einer Parteinahme für oder gegen unterschiedliche Standpunkte im gesellschaftlichen Lebenszusammenhang der Historiker und ihres Publikums; die anderen sehen Aufklärung dadurch gewährleistet, daß Geschichte als Wissenschaft bewußt Partei ergreift für diejenigen, die die von ihr als Prinzip der Geschichte begriffene Selbstbefreiung des Menschen praktisch verwirklichen wollen.

Wenn es also so ist, daß beide: die Befürworter von Emanzipation als Gedanken der Befreiung durch Negation von Herrschaft und die Gegner von Emanzipation als Ideologie der Herrschaft, sich auf die Aufklärung berufen, um ihre Position zu begründen und zu verteidigen, dann liegt es nahe, die Entscheidung über die strittige Frage nach der

Orientierung des historischen Denkens an der Idee der Emanzipation von der Berufungsinstanz treffen zu lassen, die von beiden Parteien bemüht wird.

3. Aufklärung als Chiliasmus der Emanzipation durch mündigen Verstandesgebrauch

Die Frage ist also die: Was heißt Aufklärung im Hinblick auf Geschichte (wobei Geschichte den oben genannten komplexen Zusammenhang aller drei Zeitdimensionen des menschlichen Handelns meint)?

Nun ist es gar nicht so einfach, Aufklärung als Berufungsinstanz zur Schlichtung des Streites um die Emanzipation eindeutig zu identifizieren. Es empfiehlt sich, einen Autor zu wählen, der in unserer kulturellen Tradition maßgeblich gewirkt hat und der zugleich bei beiden Parteien in gleich hohem Ansehen steht. Diese Bedingungen erfüllt wie kein anderer Immanuel Kant.

Er hat auf die Frage „Was ist Aufklärung?“ die bekannte Antwort gegeben: „Aufklärung ist der Ausgang des Menschen aus seiner selbstverschuldeten Unmündigkeit. Unmündigkeit ist das Unvermögen, sich seines Verstandes ohne Leitung eines anderen zu bedienen. Selbstverschuldet ist diese Unmündigkeit, wenn die Ursache derselben nicht am Mangel des Verstandes, sondern der Entschließung und des Mutes liegt, sich seiner ohne Leitung eines anderen zu bedienen. Sapere aude! Habe Mut, dich deines eigenen Verstandes zu bedienen! ist also der Wahlspruch der Aufklärung.“[3]

Diese Definition läßt sich nur so verstehen, daß sich Aufklärung schlecht ohne Emanzipation denken läßt. Denn was ist Emanzipation anderes als der Vorgang, in dem Menschen die Fähigkeit erlangen, sich ihres Verstandes ohne Leitung eines anderen zu bedienen? Emanzipation meint eben diesen Prozeß der Befreiung von Menschen zur Selbstbestimmung durch ein Denken, das alle Zumutungen, sich von andern leiten zu lassen (und das ist Herrschaft) von sich abweist und denjenigen, die mit dieser Zumutung konfrontiert werden, die Fähigkeit zuspricht, gedankenfrei über sich selber zu bestimmen.

Dies hat für das historische Denken weitreichende Konsequenzen. Es wird in die Pflicht der Selbstverantwortung in der zeitlichen Orientierung des menschlichen Handelns genommen, und das heißt nichts anderes, als daß an die Stelle von traditionaler Handlungsorientierung eine Traditionskritik tritt, die alle vorgegebenen kulturellen Deutungsmuster des zeitlichen Wandels der menschlichen Welt in Vergangenheit, Gegenwart und Zukunft auf ihre Berechtigung nach Maßgabe des Gesichtspunktes überprüft, daß die Handelnden gedankenfrei über ihre Angelegenheiten selbst befinden sollen. Die Konsequenzen, die dieser Anspruch der Aufklärung an das historische Denken für die Rechtfertigung von Herrschaft hat, liegen auf der Hand: Traditionale Herrschaftslegitimation wird prinzipiell aufgehoben; über die Berechtigung von Herrschaft entscheidet allein ein Prozeß der rationalen Erwägung des Für und Wider, in dem das Kriterium entscheidet, ob und wie Herrschaft der Beförderung der menschlichen Autonomie dient oder nicht.

Nichts spricht dagegen, diese qualitative Veränderung in der zeitlichen Orientierung des menschlichen Handelns und insbesondere die qualitative Veränderung der Legitimation von Herrschaft ‚Emanzipation' zu nennen. Kant weist dem historischen Denken also die Aufgabe zu, emanzipierend zu wirken, indem es traditionskritisch verfährt. Die Aufklärung schmiedet das historische Denken zur Waffe der Kritik, mit der jede Rechtfertigung von Unmündigkeit durch Berufung auf die Geschichte radikal negiert wird. Die Aufklärung bestreitet prinzipiell derjenigen Form von Herrschaft ihre Berechtigung, die darin besteht, daß eine Gruppe von Menschen einer anderen die Geschichte vordenkt und vorschreibt, die ihnen sagt, wer sie sind, und die sie dadurch zu bestimmten Handlungen disponiert und ihnen andere Handlungen verwehrt. Aufklärung will stattdessen die miteinander interagierenden Menschen in den Stand versetzen, sich ihre Geschichte selber zu schreiben, indem sie ihren Verstand frei gebrauchen, und das bedeutet immer auch, indem sie ihnen vorgegebene historische Deutungen kritisch auf ihre Berechtigung hin überprüfen. Sie erhofft sich davon eine qualitative Veränderung der menschlichen Vergesellschaftung derart, daß die Handlungssubjekte im Umgang miteinander sich wechselseitig als autonome Personen anerkennen.

Dies bedeutet natürlich auch eine inhaltliche Bestimmung dessen, was als Geschichte gedacht wird. Was sollte von der menschlichen Vergangenheit durch Erinnerung lebendig gehalten werden, wenn Geschichte im Sinne der Aufklärung gedacht wird? Die Menschen sollten an nichts anderes erinnert werden als daran, daß schon in der Vergangenheit ein Prozeß der Emanzipation in Gang gesetzt worden ist, an den die Gegenwart anknüpfen und den sie in die Zukunft hinein fortsetzen kann. Geschichte wurde als Fortschritt begriffen, als Fortschritt in der Befähigung des Menschen, seine Angelegenheiten im Umgang mit der Natur, mit seinesgleichen und mit sich selbst frei zu regeln. Indem die Vergangenheit als Fortschritt von Freiheit historisch erinnert wurde, sollte eben dieser Fortschritt im gegenwärtigen Handeln bewirkt werden.

Kant hat den hier maßgebenden Gesichtspunkt, unter dem die zeitlichen Veränderungen des Menschen und seiner Welt als Geschichte begriffen werden können und müssen, als „Idee zur einer allgemeinen Geschichte in weltbürgerlicher Absicht" dargelegt. Die Pointe dieser Idee besteht für ihn darin, daß das historische Denken in der deutenden Aufarbeitung der geschichtlichen Erfahrung selber Einfluß nimmt auf den weiteren Gang der gesellschaftlichen Entwicklung. Er nannte dies den „Chiliasmus" seiner Geschichtsphilosophie.[4] Aufklärung als Befähigung handelnder Menschen, sich die Geschichten, mit denen sie ihr Handeln in der Zeit orientieren, mit freiem Verstandesgebrauch selber zu schreiben, lebt von der Hoffnung, daß ein so orientiertes Handeln eben die Emanzipation praktisch befördert, die ihm theoretisch als gedeutete historische Erfahrung vor Augen gestellt wird.

4. Die Dialektik der Aufklärung als Herausforderung ihrer Veränderung

Angesichts dieser durch Kant repräsentierten Weise, Geschichte als Aufklärung zu denken, stellt sich unvermeidlich die Frage, was eigentlich die Gegner des Emanzipationskonzepts dazu berechtigt, sich ihrerseits auf die Aufklärung zu berufen.

Der wichtigste Grund dafür ergibt sich aus der Anwendung der von Kant als Chiliasmus seiner Geschichtsphilosophie bezeichneten Beförderung von Emanzipation durch das von ihr als Sinnkriterium geleitete Handeln. Wer sich heute auf die Aufklärung beruft, um Geschichte als Emanzipation zu denken, muß in diese Gedanken auch die geschichtliche Erfahrung integrieren, die inzwischen mit dieser Beförderung gemacht worden ist.

Eben dies beanspruchen die Kritiker des Emanzipationsgedankens für sich: Sie wollen nur die Aufklärung gelten lassen, die sich ihrer eigenen Dialektik gestellt hat und mit ihr dadurch fertiggeworden ist, daß sie ihre Prinzipien des historischen Denkens verändert hat. Mit dieser Dialektik ist gemeint, daß die Aufklärung als Emanzipation im Sinne einer radikalen Kritik von Tradition ein Handeln zur Folge hat, dessen Subjekte den Boden der Wirklichkeit unter den Füßen verlieren und gegen ihre Absichten rigidere Herrschaftsformen praktizieren als diejenigen, gegen die sie sich wenden. Es handelt sich um die geschichtliche Erfahrung der Revolutionen, in denen die Aufklärung von der Waffe der Kritik zur Kritik der Waffe übergeht (um ein Wortspiel von Marx zu verwenden) und mit der Kritik der Waffe massiv – und das heißt bis zur physischen Vernichtung der Gegner – Herrschaft ausgeübt wird. Spätestens seit der Herrschaft des Schreckens in der Französischen Revolution hat der Gedanke der Emanzipation seine politische Unschuld verloren.

Soll diese Erfahrung in einem historischen Denken verarbeitet werden, das Aufklärung bleiben will, dann muß es sich mit dem zwingenden Einwand gegen Emanzipation als Traditonskritik auseinandersetzen: Sinnvolles Handeln von Menschen und Menschengruppen sei nur möglich, wenn mit denen, mit denen zusammen sie eine Gesellschaft bilden, eine gemeinsame umgreifende historische Erinnerung hätten; denn nur wirksame Traditionen stabilisierten individuelle und soziale Identität. Würden nun diese identitätsstabilisierenden Traditionen durch Traditionskritik radikal aufgelöst, dann führe dies unvermeidlich in schwere Identitätskrisen und in eine entsprechende Orientierungslosigkeit des Handelns. Ein selbstverantwortetes historisches Denken könne also die für jede soziale Interaktion notwendige Voraussetzung einer historisch abgesicherten, stabilen Wertordnung zersetzen. Und eben deshalb ermögliche ein solches Denken neue Formen von Herrschaft. Denn unvermeidlich würden diejenigen, die sich den Leitspruch der Emanzipation auf ihre Fahnen schreiben, die anderen, die sie noch nicht für emanzipiert halten, im Namen des Fortschritts sich unterwerfen.

Aufklärung setze an die Stelle einverständnisstiftender Tradition ein Diktat des Fortschritts, in dem im Namen einer historisch gerechtfertigten Zukunftsvorstellung alle dieser Vorstellung widersprechenden gesellschaftlichen Verhältnisse der Gegenwart als abzuschaffende erscheinen und dann auch abgeschafft werden müssen. Symbol von Emanzipation durch Traditionskritik ist im Lichte dieser Antikritik die Guillotine.

Dieser auf historischer Erfahrung begründete, prinzipielle Einwand gegen den Emanzipationsbegriff der Aufklärung als Prinzip politischen Handelns ist aufs engste mit einem zweiten Einwand verknüpft, der sich gegen den Fortschrittsgedanken als Prinzip einer deutenden Rekonstruktion der menschlichen Vergangenheit richtet. Mit diesem Prinzip werde nämlich die menschliche Vergangenheit ganz einseitig auf die Gegenwart und eine projektierte Zukunft hin ausgerichtet, und es sei fraglich, ob dieser Bezug der Vergangenheit auf die Gegenwart und Zukunft ausreiche, um den Reichtum der historischen Erfahrung zur Geltung zu bringen. Es könne nicht ausgeschlossen werden, sondern sei im Gegenteil ziemlich wahrscheinlich, daß der Bereich der historischen Erfahrung eher verstellt als erschlossen werde, wenn das historische Denken dem Gebot unterworfen werde, praktische Zwecksetzungen des gegenwärtigen Handelns zu legitimieren. Denn dann liege es nahe, all das in der menschlichen Vergangenheit dem Dunkel der Unbedeutendheit, ja des Vergessens, anheim zu geben, was nicht in die Zukunftsperspektive der Gegenwart hineinpasse.

Aus beiden Argumenten folgt, daß ein historisches Denken, das mit der leitenden Idee der Emanzipation Aufklärung zu sein beansprucht, diese seine leitende Idee revidieren muß, insofern Emanzipation seinem ursprünglichen Sinn zuwider den Bereich der geschichtlichen Erfahrung nicht erschließt, sondern verstellt. Die Gegner des Emanzipationskonzepts behaupten, daß diese Revision zur Preisgabe des ursprünglichen Emanzipationskonzepts führen müsse, damit Aufklärung weiter möglich sei.

Was aber wird dann eigentlich aus der Aufklärung?

Auf der einen Seite eine Verteidigung der Institutionen unserer Gesellschaft, die einen selbständigen Gebrauch des Verstandes garantieren, gegen alle Versuche, sie im Namen des Fortschritts von Emanzipation radikal zu ändern. Aufklärung wird zum Radikalenerlaß oder – in den Worten des Generaladjutanten des preußischen Königs Friedrich Wilhelm IV., Leopold von Gerlachs, am 17.12.1849 – zur „Aufgabe, die Freiheit nach rechts hin, die Obrigkeit nach links hin zu salvieren".[5] Die Aufklärung hat den Stachel der Herrschaftskritik eingezogen und damit vielleicht die Tugend eines politischen Realismus gewonnen, zugleich aber ihre Fähigkeit verloren, Handeln so in der Zeit zu orientieren, daß es seinen Freiheitsspielraum erweitert. Sie ist blind geworden vor der Veränderungsbedürftigkeit und Veränderungsfähigkeit der gegenwärtigen Lebensverhältnisse durch einen selbständigen Verstandesgebrauch in ihnen.

Auf der anderen Seite eine Verteidigung des Eigenwerts der Vergangenheit in der historischen Orientierung der Gegenwart. Sie wendet sich gegen alle Versuche einer Parteilichkeit eines historischen Denkens, das sich nicht darauf beschränken will, zu zeigen, wie es eigentlich gewesen, sondern auch beurteilen will, ob es eigentlich hätte gewesen sein sollen. Aufklärung wird zum historistischen Wertere-lativismus. Sie hat den Stachel der Traditionskritik eingezogen und damit vielleicht die Tugend der Skepsis gegen eine allgemeine Weltverbesserung gewonnen, zugleich aber ihre Fähigkeit verloren, in der Vergangenheit eine unabgegoltene Zukunft zu entdecken und mit der historischen Erinnerung an die Entwicklung der Formen und Inhalte des menschlichen Freiheitsstrebens Erwartungen neuer Formen und Inhalte zu begründen, die gegenwärtiges Handeln sinnvoll um die Erweiterung und Vertiefung seines Freiheitsspielraumes ringen läßt.

5. Vernunftchancen des emanzipatorischen Denkens in der Legitimation von Herrschaft

Wie läßt sich das Dilemma zwischen Emanzipation und Herrschaft lösen, in das ein historisches Denken fast zwangsläufig zu geraten scheint, das Aufklärung sein, d.h. zum selbständigen Gebrauch des Verstandes im Umgang mit Geschichte befähigen will? Gelöst werden kann es nur, wenn Emanzipation und Herrschaft miteinander vermittelt werden. Dabei darf die im Gedanken der Emanzipation steckende Herrschaftskritik nicht als Negation von Herrschaft schlechthin konzipiert werden, weil sonst die Erfahrung übersprungen würde, daß eine Befreiung von Herrschaft in ihre Ausübung umschlägt.

Um den Weg zu einer solchen Vermittlung zu finden, möchte ich von der Frage ausgehen, wo denn Aufklärung als Stachel der Herrschaftskritik ansetzt, worauf sich also der Gedanke der Emanzipation richtet, wenn er Herrschaft in den Blick bringen will. Er setzt dort an, wo Herrschaft immer schon der Frage nach ihrer Berechtigung ausgesetzt ist: dort also, wo es um ihre Zustimmungsfähigkeit und um ihre Kritikbedürftigkeit geht. Beides zusammen macht die Legitimität von Herrschaft aus. Legitimität ist kein Gesichtspunkt, der der Herrschaft bloß äußerlich wäre. Definiert man Herrschaft mit Max Weber als „Chance, Gehorsam für einen bestimmten Befehl zu finden“, dann gehört die Bereitschaft zu einem solchen Gehorsam aufgrund einer inneren Anerkennung durch die Betroffenen zu dieser Befehlschance selbst. Legitimität bedeutet eine solche Anerkennung aufgrund von allgemein gerechtfertigten Normen, die die Betroffenen für ihr Handeln als verbindlich ansehen. Fehlt eine solche Anerkennung, etwa dann, wenn Herrschaft auf bloßer Gewaltanwendung beruht, dann ist die Herrschaft dauernd gefährdet und instabil; sie ist also von sich aus, aus Gründen ihres Strebens nach Stabilität und Dauer, auf Anerkennung als legitime angewiesen.

Im Lichte dieses Arguments stellt sich das Verhältnis von Emanzipation und Herrschaft im Denken der Aufklärung nicht mehr prinzipiell negativ dar. Die Befähigung des Menschen zum selbständigen Gebrauch des Verstandes ist nur dann negativ auf Herrschaft bezogen, wenn diese davon lebt, die von ihr Betroffenen im Zustand der Unmündigkeit zu halten; aber das heißt nicht notwendig, daß Emanzipation mit der Abschaffung von Herrschaft schlechthin identisch wäre. Vielmehr läßt sich eine Legitimation von Herrschaft denken, die auf dem selbständigen Verstandesgebrauch der Betroffenen selber beruht, also auf Aufklärung gegründet ist. Die Idee der Demokratie ist nichts anderes. Emanzipation kann also nicht als prinzipielle Abschaffung von Herrschaft, sondern sie muß als eine Veränderung von Herrschaft begriffen werden, die ihre Legitimität (als integrales Moment ihrer selbst) wesentlich betrifft.

Für die drei Zeitdimensionen des menschlichen Handelns, die vom Emanzipationsbegriff angesprochen werden, bedeutet dies im einzelnen:

a) Emanzipation ist als Norm des gegenwärtigen Handelns notwendig, weil nur diese Norm eine Legitimität von Herrschaft begründet, die in Form einer (institutionell geregelten) Zustimmung durch selbständigen Verstandesgebrauch erfolgt, und weil die Norm, die einen solchen Verstandesgebrauch vorschreibt, in der Tat mit der Vernunftnatur des Menschen als allgemein verbindlich begründet werden kann. Herrschaft wird an die Bedingung der Mündigkeit der Betroffenen geknüpft, und genau dies ist das Prinzip der Demokratie. Machtchancen, die auf einer (natürlichen und sozialen) Ungleichheit von Individuen, Gruppen, Schichten, Klassen und Gesellschaften beruhen, können dann nicht mehr blind hingenommen oder ideologisch verschleiert werden; sie stehen unter der Sanktion einer Legitimität, die sie dauernd dem Zwang der Rechtfertigung nach dem Kriterium einer allgemein unterstellten Zustimmungsfähigkeit aussetzt. Mit diesem Kriterium ist Herrschaft zugleich auch einer dauernden (institutionell geregelten) Kritik unterstellt, in der die Ungleichheit der Betroffenen als Triebkraft von Veränderungen realer Formen und Inhalte von Herrschaft wirkt. Herrschaftsausübung wird an das Ziel gebunden, die Betroffenen in den Stand zu versetzen, ihren Verstand selbständig zu gebrauchen, um die Legitimität von Herrschaft zu gewährleisten.

b) Emanzipation ist als Erfahrung von vergangenem Handeln wirklich, weil sie einen Gesichtspunkt zur historischen Rekonstruktion der menschlichen Vergangenheit abgibt, in der die Veränderung von Herrschaft als Gewinn an Legitimierbarkeit durch selbständigen Verstandesgebrauch erscheinen. Die Erneuerung von Herrschaft durch ein Handeln, das ihm vorgegebene Herrschaftsformen überwinden oder abschaffen will, ist dann kein empirischer Schrecken mehr für den Gedanken des Fortschritts der Freiheit, weil dieser Fortschritt nicht mehr durch die schlichte Tatsache der Kontinuität von Herrschaft in den Strukturveränderungen menschlicher Vergesellschaftung widerlegt, sondern in diesen Strukturveränderungen selber als qualitative Veränderung von Herrschaft im Hinblick auf Art und Ausmaß ihrer Legitimierbarkeit aufgesucht und mit ihnen auch belegt werden kann. Das historische Denken wird fähig, die Dialektik der Aufklärung so zu interpretieren, daß Emanzipation in ihr nicht zuschanden, sondern als geschichtliche Veränderung von Herrschaft erkennbar wird.

c) Emanzipation ist als Erwartung zukünftigen Handelns möglich, weil sie nicht mehr eine illusionäre Hoffnung zunehmender Herrschaftsfreiheit bedeutet, sondern die durch historische Erfahrung abgesicherte Vermutung, Herrschaft lasse sich über die erreichten Formen ihrer Legitimation durch Zustimmung aufgrund selbständigen Verstandesgebrauchs hinaus mit größeren Chancen eines solchen Verstandesgebrauchs verbinden. Zukunftsentwürfe solcher Art verderben den Handelnden nicht die Lust an der Wirklichkeit, sondern öffnen ihnen den Blick dafür, wo und wie sie (in Webers Worten:) durch „starkes langsames Bohren von harten Brettern mit Leidenschaft und Augenmaß zugleich" daran arbeiten können, den Ausgang des Menschen von Unmündigkeit zu befördern. Sie sind, um noch einmal Max Weber zu zitieren, durch eine begriffene und nicht bloß erlittene Dialektik von Herrschaft und Emanzipation gewappnet „mit jener Festigkeit des Herzens, die auch dem Scheitern aller Hoffnungen gewachsen ist".[7]

Nimmt man alle drei Hinsichten zusammen, dann läßt sich die Idee der Emanzipation gegen ihre Widersacher als ein Prinzip des historischen Denkens verteidigen, das zu einer zeitlichen Orientierung des menschlichen Handelns eben dort führt, wo die Handelnden in die Widersprüche von Freiheit und Herrschaft verstrickt sind.

Die Aufklärung ist also nicht so stillgestellt, wie es scheinen mag, wenn Anhänger und Gegner der Idee der Emanzipation sich heute in einander ausschließender Weise auf sie berufen. Denn weder führt sie als Traditionskritik notwendig in Identitätskrisen und Handlungsunfähigkeit durch Traditionsverlust, noch entspricht ihrer Theorie der Selbstbefreiung des Menschen zwingend eine Praxis der Unterdrückung (im Extremfall des Terrors), und sie verstellt auch nicht unzulässig den Blick auf die historische Erfahrung.

In der Tat ist Emanzipation, wenn man sie als bloße Verneinung von Tradition versteht, keine wirklich tragfähige zeitliche Orientierung der gegenwärtigen gesellschaftlichen Praxis und kein Gesichtspunkt, unter dem sich die Frage nach der historischen Identität von Individuen, Gruppen und Gesellschaften hinreichend beantworten läßt. Doch macht die Aufklärung ja gar nicht reinen Tisch mit geschichtlichen Überlieferungen. Sie kennt sehr wohl identitätsstiftende positive Traditionen: nämlich diejenigen, die zur Durchsetzung des selbständigen Verstandesgebrauchs in vielfältigen Istitutionen des gesellschaftlichen Lebens geführt haben, und insbesondere natürlich die demokratischen Traditionen, in der die

Legitimität von Herrschaft an eben diesen Verstandesgebrauch gebunden wird. Zu diesen Traditionen gehören diejenigen des Widerstandes gegen illegitim gewordene Herrschaft, und die vielleicht bedeutendste Tradition, die die Aufklärung für sich geltend machen kann, ist die Entwicklung und Durchsetzung der Freiheit des Andersdenkenden.

Und mit der Berufung auf diese Traditionen kann auch das Argument widerlegt werden, die Aufklärung werde notwendig zum Zwang und unter extremen Bedingungen auch zum Terror gegenüber denen, denen sie zugemutet wird. Wenn die Aufklärung das Prinzip der Selbstverantwortung des historischen Denkens vertritt, dann muß sie dieses Prinzip jedem einräumen, ohne daß dieser damit schon auf eine vorgegebene Geschichtsinterpretation festgelegt würde. Aufklärung ist entweder pluralistisch oder sie ist keine mehr. Dies bedeutet freilich keine bloße Beliebigkeit und Willkür des historischen Denkens in seinen Wertbezügen, sondern es bedeutet eine Freigabe der Geschichte an den Erkenntnisfortschritt, der durch die Kraft des besseren Arguments bewirkt wird. Und diese Kraft entfaltet sich nur, wenn das Prinzip der Aufklärung gilt, das Prinzip der Selbstverantwortlichkeit des Denkens, das als Prinzip eines rationalen Umgangs mit dem Wertepluralismus diesem selbst nicht anheim gegeben werden kann.

Der Einwand, die Betrachtung der menschlichen Vergangenheit als Emanzipationsprozeß verenge den Bereich der historischen Erfahrung, trifft in der Tat immer dann zu, wenn Emanzipation ausschließlich als realer zeitlicher Ablauf in der Vergangenheit gedacht wird und wenn Zukunftsprojektionen unkritisch auf die Vergangenheit übertragen werden. Die Vergangenheit wird dann zum Wald, aus dem es nur so herausschallt, wie man hineinruft. Nur: Von sich aus entschlüsselt sich die menschliche Vergangenheit überhaupt nicht als eine Geschichte, die für die Gegenwart irgendeine Bedeutung hätte. Ohne Fragen von der Gegenwart aus an die Vergangenheit gibt es keine irgendwie sinnvolle Geschichte. Denkt man nun Emanzipation als eine allgemeine fragende Sinnvermutung, es könne so gewesen sein, dann wird sie zu einem fruchtbaren leitenden Gesichtspunkt der historischen Interpretation.

Dann wird gar nicht vorab schon festgelegt, wie es eigentlich gewesen ist, sondern es wird gefragt, wie es gewesen sein könnte, und die historische Erfahrung wird als Antwort auf diese Frage auch dort ernstgenommen, wo sie eine negative Antwort gibt. Nicht ohne Grund waren viele große Aufklärer skeptisch, ja gelegentlich auch melancholisch.

Kant hat die qualitative Veränderung in den Formen der menschlichen Vergesellschaftung durch Aufklärung als „Gründung einer Denkungsart“ beschrieben, die „eine pathologisch-abgedrungene Zusammenstimmung einer Gesellschaft endlich in ein moralisches Ganzes verwandeln kann“.[8] Er hat zwar die fortdauernde Notwendigkeit von Herrschaft nicht bestritten, ihre Ausübung aber dennoch auf moralische Prinzipien der wechselseitigen Anerkennung aller Mitglieder einer Gesellschaft bezogen, die sie letztlich überflüssig macht. Ohne einen solchen Bezug ist für ihn Emanzipation „nichts als lauter Schein und schimmerndes Elend“.[9]

Ist eine mit Herrschaft zu deren Legitimität vermittelte Emanzipation nicht ein solcher Schein und ein solches Elend? Dies wäre dann der Fall, wenn Emanzipation ausschließlich als Legitimitätskriterium von Herrschaft ins Spiel der zeitlichen Orientierung des menschlichen Handelns eingebracht würde. Eine Legitimationsfunktion von Emanzipation ist zwar unvermeidlich, wenn das Problem der Dialektik der Aufklärung gelöst werden soll. Es bedeutet aber nicht, daß Emanzipation nicht darüber hinaus noch auf andere Weise zur Geltung gebracht werden könnte und müßte. Gibt es einen Ort im gesellschaftlichen Leben, wo die Idee der Emanzipation ihre ursprüngliche utopische Qualität als Prinzip der herrschaftsfreien Kommunikation zur Geltung bringen kann, ohne sich heillos und ohnmächtig in die Machtkämpfe unterschiedlicher Interessen zu verstricken?

Unbestreitbar gilt die Norm eines selbständigen Verstandesgebrauchs als regulative Idee einer herrschaftsfreien Kommunikation dann, wenn Geschichte als Aufklärung wissenschaftlich betrieben wird. Die Geschichte ist als Wissenschaft nur dann möglich, wenn eben diese regulative

Idee als gültig vorausgesetzt wird. Indem sich das historische Denken dieser Idee verpflichtet, entzieht es sich einer Instrumentalisierung im Machtkampf der Interessen; es kann für sich eine Freiheit der rationalen Argumentation in Anspruch nehmen, die mehr ist als bloß eine Methode zur Sicherung des Wahrheitsanspruches der historischen Erkenntnis. Denn in diesem Regulativ der rationalen Argumentation steckt immer auch eine Vorstellung davon, wie eine wirklich humane Gesellschaft organisiert sein sollte, so nämlich, daß die Menschen sich gegenseitig die Fähigkeit zur selbstverantwortlichen Regelung ihrer Angelegenheiten unterstellen und demzufolge auch die gesellschaftlichen Verhältnisse, in denen sie zusammenleben, nach diesem Prinzip der gegenseitigen Anerkennung beurteilen und d.h. zugleich legitimieren und kritisieren. Diese Vorstellung ist es auch, die als allgemeine Sinnvermutung fragend an die menschliche Vergangenheit gerichtet wird und die diese dann als Geschichte beantwortet; denn an sich ist die Vergangenheit noch keine Geschichte; zur Geschichte wird sie erst im Lichte unseres Interesses daran, uns von ihr sagen zu lassen, wer wir sind. Diese Idee der Freiheit als zugleich methodisches und inhaltsbezogenes Regulativ der historischen Erkenntnis ist eine Utopie. Das historische Denken macht von dieser Utopie Gebrauch, wenn es diejenigen, die sich mit ihm über sich selbst und über diejenigen, mit denen sie es zu tun haben, aufklären wollen, in der Form einer konsensorientierten, rationalen Argumentation in der Zeit orientiert. Dieser Utopiegebrauch befähigt das historische Denken zur Aufklärung. Geschichte ist Aufklärung, indem sie historische Handlungsorientierungen durch selbständigen Verstandesgebrauch gibt – Orientierungen, in denen die Handelnden sich ihrer Identität als Subjekte vergewissern können, die in ihrem Kampf mit anderen Menschen um Anerkennung sich selbst ins Spiel bringen und nicht Spielball anderer sein wollen.

Selbständiger Verstandesgebrauch ist ein Prinzip, das das historische Denken in doppelter Hinsicht konsensfähig macht: Methodologisch durch seine Verpflichtung auf die Regeln einer rationalen Argumentation, und geschichtstheoretisch durch seine Verpflichtung auf das Sinnkriterium der Utopie einer gelingenden wechselseitigen Anerkennung in der gesellschaftlichen Kommunikation. Wird diesem Prinzip gemäß historisch gedacht, dann – so könnte man in Kants Worten sagen – „entspringt allmählich, mit unterlaufendem Wahne und Grillen, Aufklärung als ein großes Gut ..."[10]

Anmerkungen

1 Zitiert bei Matthias Krüger: Reformation und Revolution, in: Wenzel Lohff und Bernhard Lohse (Hrsg.): Christentum und Gesellschaft. Göttingen 1969, S. 162. – Der vorliegende Text stellt eine stark gekürzte Fassung meiner ausführlichen Ausarbeitung der in Nürnberg vorgetragenen Thesen dar. Diese Ausarbeitung ist erschienen in: Geschichte und Gesellschaft, Zeitschrift für historische Sozialwissenschaft 7 (1981), S. 189-218. Für die Wiederabdruckgenehmigung danke ich dem Verlag Vandenhoeck und Ruprecht

2 Vgl. dazu: Jörn Rüsen: Für eine erneuerte Historik. Studien zur Theorie der Geschichtswissenschaft. Stuttgart 1976; ders. und Hans Süßmuth (Hrsg.): Theorien in der Geschichtswissenschaft. Düsseldorf 1980

3 Immanuel Kant: Beantwortung der Frage: Was ist Aufklärung? A 481 (Werke in 10 Bänden, hrsg. von Wilhelm Weischedel, Bd. 9, S. 53)

4 Immanuel Kant: Idee zu einer allgemeinen Geschichte in weltbürgerlicher Absicht, A 404 (Werke, hrsg. von Wilhelm Weischedel, Bd. 9, S. 45)

5 Denkwürdigkeiten aus dem Leben Leopold von Gerlachs. Bd. 1. Berlin 1891, S. 392

6 Max Weber: Die drei Typen der legitimen Herrschaft, in: ders.: Gesammelte Aufsätze zur Wissenschaftslehre, 3. Aufl. Tübingen 1968, S. 475

7 Max Weber: Politik als Beruf, in: ders.: Gesammelte politische Schriften, 3. Aufl. Tübingen 1971, S. 560

8 Kant: Idee zu einer allgemeinen Geschichte in weltbürgerlicher Absicht, A 393 (Werke, hrsg. von Weischedel, Bd. 9, S. 38)

9 Ebd. A 403 (S. 45)

10 Ebd.

Die Autoren

Karl Bosl, geb. 1908 in Cham, emeritierter Prof. für Bayerische Landesgeschichte an der Universität München

Rudolf zur Lippe, geb. 1937 in Berlin, Professor für Sozialphilosophie und Ästhetik in Oldenburg

Hans Mayer, geb. 1907 in Köln, emeritierter Professor für Deutsche Literatur und Sprache an der Technischen Universität Hannover

Lutz Niethammer, geb. 1939 in Stuttgart, Professor für Neuere Geschichte an der Universität/Gesamthochschule Essen

Jörn Rüsen, geb. 1938 in Duisburg, Professor für Neuere Geschichte an der Universität Bochum

Wolfgang Ruppert, geb. 1946 in Hof, Historiker und Kulturwissenschaftler

Klaus Tenfelde, geb. 1944 in Erkelenz, Privatdozent an der Universität München